ANNALES MUNICIPALES

DE LA

VILLE DE BÉZIERS

ANNALES MUNICIPALES

DE LA

VILLE DE BÉZIERS

PAR

M. Auguste FABREGAT

Vice-Président de la Société Archéologique.

Et pius est patriæ facta referre labor.
OVIDE.

____

Édition populaire

Vendue au prix de 0,20 c. la livraison, au profit de la
Souscription pour la libération
des Départements occupés par les Prussiens.

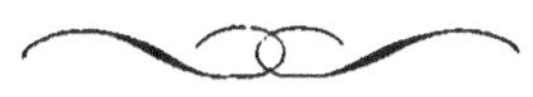

BÉZIERS

IMPRIMERIE DU COMMERCE DE C. BERTRAND.

1872

ANNALES MUNICIPALES

DE LA

VILLE DE BÉZIERS

INTRODUCTION

Les villes naissent, vivent et meurent comme les peuples, comme les individus. Aussi ont elles leurs annales comme les peuples, comme les princes, comme les familles. A toutes les époques, des érudits, justes appréciateurs du passé, impartiaux observateurs du présent, réunirent en un même faisceau les traditions orales des temps antiques et la physionomie vivante des événements accomplis sous leurs yeux. Dès le XIme siécle, chaque principale ville de l'Italie a son historien ; et ces chroniques recueillies par le savant Muratori ont jeté un grand jour sur l'histoire de ces villes au moyen-âge. Cet usage, suivi généralement dans la péninsule Italique, ne tarda pas a être adopté par les villes de la Gaule méridionale. C'est ainsi que des magistrats, préposés à la garde et à la tenue des régistres publics, confiaient à la durée et à l'inviolabilité de ces livres leurs observations historiques. C'est ainsi que des consuls, des greffiers, des notaires et d'autres officiers de l'ancienne maison consu·laire de Béziers ont transformé en un mémorial historique des registres, en parchemin, alors, primitivement et uniquement destinés à *l'inscription des actes de réception des citoyens nouvellement admis.*

Notre Société archéologique s'est imposée la tâche et a eu le mérite d'arracher à la poussière des archives de notre Hôtel-de-Ville ces recueils précieux dont l'existence n'était pas même soupçonnée par la génération contemporaine. Le bulletin de ses travaux s'est successivement enrichi du *Libre de memorias de Mascaro* et de la *Chronique de Mercier et Regis*.

Le mémorial de Mascaro, écrit en langue romane, embrasse une période de 143 ans. Il commence au 7 avril 1247 et finit au 20 septembre de l'année 1390. A cette date du 7 avril 1247 est signalé un événement qui exerça une grande influence sur l'état politique de notre cité : l'abdication du dernier de ses vicomtes, Raymond Trencavel, 2me du nom.

Le chroniqueur place, chaque année, avant le récit sommaire des faits, les noms des consuls, des collecteurs des deniers publics, des répartiteurs de l'impôt, des citoyens chargés de distribuer les aumônes et des inspecteurs des rues et chemins. Vient ensuite le récit des événements les plus importants arrivés dans la cité, ou qui ont retenti dans son enceinte, tels que prises de villes, passages de princes, mort de personnages illustres, famines, pestes, dissensions dans la Cité. Tout ce qui a rapport aux privilèges de Béziers y est fidèlement rapporté, et cette relation nous offre d'autant plus d'intérêt qu'elle nous fournit une foule de documents précieux sur l'histoire des libertés et des franchises de nos pères.

La Chronique de Mercier et Regis est écrite aussi en langue romane et porte le titre de *Chronique consulaire de Béziers.* Elle a son point de départ au 25 juin 1352 et s'arrête au 15 novembre 1608.

Dans cette période de 256 années, se déroule une série de documents la plupart hétérogènes et sans suite,

sans aucune classification de matières, sans ordre chrono-
logique. Le plus curieux et qui n'occuppe pas moins de
treize feuillets du manuscrit est la relation de l'entrée de
François 1er, à Béziers, le 15 août 1533.

Tout informes et incomplets que sont ces documents,
on regrette que l'exemple des écrivains amis de l'histoire
et de la Cité, qui nous les ont transmis, n'ait pas trouvé
d'imitateurs. Aussi sera-t-il bien difficile de remplir
la lacune que l'absence des traditions écrites laisse dans
notre histoire locale pour les 17me et 18me siècles.
Comment se reconnaître au milieu du désordre de nos
archives municipales de ces deux époques ? Elles ont
été, dit-on, pendant l'époque révolutionnaire, détruites ou
vendues en partie comme papier sans valeur. On assure
pourtant qu'indépendamment des lambeaux que renferme
encore notre Hôtel-de-Ville, on pourrait en trouver d'autres non moins précieux au dépôt des archives départe-
mentales.

J'ai reculé devant la difficulté des recherches, devant
la presque certitude de l'insuccès. Je me borne donc à une
étude des annales municipales de notre ville à partir de
l'année 1800 jusqu'à nos jours. Cette période d'ailleurs
est plus intéressante pour nous, en ce sens qu'elle est,
par sa proximité, moins suspecte d'erreur ou de mensonge
et qu'elle se trouve en quelque sorte notre justiciable.

Si les actes des maires, leurs paroles, leurs écrits, les
mesures par eux adoptées au point de vue moral, intellectuel ou matériel de la Cité dominent les événements recueillis dans ces annales on ne doit pas s'en étonner, car
sous l'Empire de la législation qui régit les communes depuis le commencement du 19me siècle, le rôle des maires
est prépondérant. Leur personnalité se détache du groupe
des conseillers qui les entoure ; leurs actes sont plus en

relief, leur responsabilité plus grande vis-à-vis du pouvoir central et de leurs administrés. On peut dire qu'ils tiennent parmi nous la place des officiers que les Romains appelaient *défenseurs des Cités, defensores civitatum.* Comme ces défenseurs en effet, ils sont investis du droit de régir les biens communaux, de conserver les registres publics, de rédiger les actes de naissance, de mariage et de décès, de maintenir la tranquilité publique.

Un coup d'œil rétrospectif sur l'ancienne législation française révélera les phases diverses qu'à subi le principe générateur de leur pouvoir.

C'est sous le règne de Louis VII que les villes achetèrent des seigneurs le droit de s'élire des maires et des échevins.

Saint Louis fit, en 1256, deux ordonnances relatives à l'élection, aux attributions et aux priviléges des maires. Ces magistrats furent électifs et leurs fonctions temporaires jusqu'à l'Édit de 1692 par lequel Louis XIV créa des maires perpétuels en titre d'office dans chaque ville et Communauté du Royaume, avec le titre de Conseillers du roi. On supprima ces officiers en 1717 pour en revenir à l'Élection ; on les rétablit en 1722 pour les supprimer une seconde fois en 1724 et en 1733.

La liberté municipale alla ainsi en déclinant jusqu'à la Révolution française. Les Communes de 1789 n'étaient plus que l'ombre des anciennes Communes. On y trouve des Consuls, des Échevins, des Syndics, des Conseillers, des Maires, des Jurats, des Prudhommes, des Capitouls. Tout avait passé sous le niveau du pouvoir royal.

Un ordre nouveau fut inauguré par le décret du 14 décembre 1789 sur la constitution des municipalités.

Ce décret proclame que les officiers et membres des municipalités actuelles seront remplacés par voie d'élection

et que le chef de tout corps municipal portera le nom de
maire. Ces maires devront être élus à la pluralité absolue
des voix. Les grands réformateurs de la Constituante
comprenaient tout ce que le suffrage libre et spontané de
leurs concitoyens devait donner d'autorité morale et de
prestige à ces magistrats locaux.

On ne tarde pas à rompre avec cette conquête de la Révolution de 1789. Par un décret du 28 pluviose an VIII
(17 février 1800), le premier Consul s'attribua la nomination des maires et adjoints des villes de plus de cinq mille
habitants et délégua aux Préfets le soin de ces nominations
dans les villes d'une population inférieure.

Devenu Empereur, Napoléon continua à s'arroger ce
privilége. Toutefois, à sa rentrée de l'île d'Elbe, et après
la publication de l'acte additionnel, ce tardif retour aux
principes de liberté abandonnés pendant dix ans de règne,
il concéda par un Décret du 30 avril 1815, la nomination
des maires aux électeurs dans les Communes où cette
nomination était dévolue aux Préfets.

Le Gouvernement de la Restauration reprit bien vite
le droit de nomination directe des fonctionnaires municipaux pour les tenir sous sa dépendance absolue.

Un semblant d'affranchissement fut introduit sous le
règne de Louis Philippe dans la loi du 21 mars 1831.

En rendant aux populations l'antique droit d'élire
leurs représentants communaux, le Gouvernement s'imposa l'obligation de choisir les maires dans les rangs du
Conseil municipal.

L'avénement de la République, en 1848, et l'établissement du suffrage universel pour l'élection des représentants du peuple à l'Assemblée constituante ne permettaient
pas que l'ancien système de nomination des Conseils municipaux et des Maires subsistât plus longtemps. Aussi,

lors de la discussion du décret du 11 juillet 1848, relatif au renouvellement de ces Conseils, ainsi que de ceux d'Arrondissement et de Département, on agita sérieusement la question de la nomination des Maires.

Trois systèmes furent produits : le premier qui conservait au Gouvernement le droit de nommer les maires fut repoussé ; le second, qui demandait l'élection directe des maires par les électeurs, ne reçut pas un meilleur accueil ; le troisième, qui réservait aux conseils municipaux la désignation des maires et qui était du à l'heureuse initiative du citoyen Picard, depuis député de l'Hérault et Ministre, prévalut et forma le texte des articles 10 et 11 du Décret : *Le Maire et les adjoints seront choisis par le Conseil municipal et pris dans son sein. L'élection aura lieu au scrutin secret et individuel.*

L'ère des restrictions succéda vite à cette courte halte dans la voie du progrès. Trois ans s'étaient à peine écoulés et la Constitution de 1852, édictée par Louis Napoléon, Président de la République, portait dans son article 57, le droit pour le pouvoir exécutif de nommer les maires et de les prendre même hors du Conseil municipal.

Par trois fois, sous le second empire, en 1865, 1868 et 1870, notre Assemblée législative a été appelée a voter des projets de loi municipale, ou à s'occuper du mode d'élection des Maires ; par deux fois a été consacré par elle le droit, pour le chef de l'Etat, non-seulement de nommer les maires, mais de les choisir en dehors du Conseil municipal.

N'est-il pas dans le souvenir de tous que, au mois de juin 1870, Napoléon III, feignant d'entrer dans la voie libérale, qui devait être, d'après lui, le couronnement de l'édifice, présenta un projet de loi relatif à la nomination des maires et des adjoints? Ce projet réservant toujours au chef de l'Etat le choix des maires donna lieu à un contre-projet, formulé par M. de Choiseul et dont l'article premier demandait que, dans toutes les Communes de la France, les maires fussent élus par le suffrage universel direct.

Les excellents arguments de M. de Choiseul furent à peine écoutés par la majorité hostile. En dépit de l'appui que leur prêta la parole plus autorisée et plus éloquente de MM. Jules Favre et Grévy, la Chambre maintint dans les mains du pouvoir le privilége de la nomination des maires.

La déchéance de l'empire et l'avénement du Gouvernement de la Défense nationale le 4 septembre 1870 permettaient d'espérer qu'on rendrait enfin aux populations l'antique privilége de la nomination des Maires. Il n'en a pas été ainsi. Dans la loi provisoire, votée au mois d'avril 1871, on s'est borné à reproduire les dispositions de la loi du 5 juillet 1848 qui attribue aux Conseils municipaux le choix des Maires dans les Communes d'une population inférieure à six mille habitants et le réserve au Gouvernement dans les Communes à population supérieure, ainsi que dans tous les chefs-lieux d'Arrondissement et de Département. Nous vivons encore sous l'empire de ce privilége conféré au chef du pouvoir exécutif et contre lequel s'élèvent les enseignements de l'histoire et l'exemple des pays étrangers : l'Angleterre, la Suisse et les Etats-Unis.

La raison d'ailleurs ne dit-elle pas qu'en s'arrogeant le droit exclusif de nommer les Maires, le Gouvernement méconnait l'essence et le caractère des fonctions qu'ils exercent? Pour peu, en effet, que l'on réfléchisse sur l'importance et la multiplicité des droits et des devoirs de ces magistrats, on reste convaincu qu'ils vivent de la vie de leurs administrés et que toute leur influence morale repose sur la confiance qu'ils inspirent. Pour eux semble avoir été spécialement formulée la célèbre maxime de Sieyès: *Le pouvoir doit venir d'en haut, la confiance doit venir d'en bas.*

Qu'est-ce en réalité qu'un maire? un être complexe, une individualité en deux natures, un magistrat en deux personnes. Consubstantiel, pour ainsi dire, au peuple de la Commune par les intérêts de la Commune qu'il administre et qu'il représente, consubstantiel au Gouvernement dont il fait exécuter les lois générales dans sa localité. En d'autres termes, le Maire est le trait-d'union entre le peuple et le pouvoir, entre la Commune et l'Etat; mais s'il puise une partie de sa force dans le mandat qu'il reçoit du pouvoir souverain et central, il doit toute son influence à l'estime et à la sympathie dont l'entourent ses administrés.

Cette vérité ressort du simple examen des fonctions multiples qu'il exerce, pour ainsi dire, en partie double.

En sa qualité de représentant du pouvoir central, il se borne à publier les lois, à les rappeler, au besoin, à exécuter les mesures de sûreté générale, à dresser et à réviser les listes électorales, à veiller au logement des troupes et aux diverses opérations du recrutement.

En sa qualité de représentant de la Commune, il préside le Conseil municipal, dresse les budgets, propose les crédits extraordinaires et supplémentaires et préside à l'exécution des travaux. Il a l'administration directe des biens communaux et, par la police urbaine et rurale qui est dans ses mains, il peut servir ou blesser les intérêts de ses concitoyens dans une proportion considérable.

Ce n'est pas seulement par le mariage que le Maire intervient dans la famille; c'est lui qui constate l'état civil des citoyens. De plus, il est véritablement le chef de l'école communale. On le trouve partout comme un témoin nécessaire, ou comme un surveillant, ou comme un magistrat dans tous les actes de famille. Ainsi, comme mandataire de ses concitoyens, il touche à la fois à leurs revenus, à leurs droits politiques et à leurs intérêts les plus chers et les plus intimes.

N'est-ce pas une choquante anomalie que de voir refuser au suffrage direct le droit de nomination d'un fonctionnaire qui appartient par tant de points à la famille communale, quand ce même suffrage est en possession du privilége de nommer un Empereur, un Président de République, des Députés, des Conseillers généraux, des Conseillers municipaux, des Juges consulaires ?

Espérons que la France reprendra prochainement ce droit de nomination des Maires dont elle a joui pendant des siècles et dont elle n'a été privée qu'aux époques de despotisme. En attendant que les populations soient remises en possession de cet antique et précieux privilége, constatons que tous ceux qui se sont pénétré de l'importance et de la dignité des nombreuses attributions qui font d'un Maire non-seulement le défenseur de la cité, mais encore le père de la Commune, ont placé leur satisfaction et leur orgueil dans l'accomplissement de leurs devoirs, dans l'approbation et l'affection de leurs administrés et gardé vis-a-vis du pouvoir central, sans parti pris d'opposition, une noble et indépendante attitude.

Il en est d'autres au contraire qui, trouvant cette satisfaction insuffisante et rêvant de plus hautes destinées, se sont posés en satellites de ce pouvoir, ont poussé le dévouement jusqu'à la bassesse, le respect jusqu'à l'adulation, la déférence jusqu'à la servilité ; sont devenus les ardents exécuteurs des volontés du maître et quelquefois les aveugles instruments et les complices de l'arbitraire et du despotisme soit monarchique soit démocratique. Nos annales municipales présenteront peut-être plus d'un exemple de ces types divers.

Le récit que nous entreprenons est fertile en évènements, en discordes, en séditions. Neufs gouvernements tombés en moins de trois quarts de siècle ont plus d'une fois mis les Maires de la Cité aux prises avec les exigences, les anxiétés et les périls de la vie publique. Nous rendrons justice à ceux qui se sont montrés à la hauteur de leur difficile mission et nous n'épargnerons pas nos censures à ceux qui auront mal compris ou méconnu les devoirs que cette mission impose. Nous ne perdrons jamais de vue cette sage réflexion faite par Tacite au début de son histoire des Empereurs : *parler sans haine et sans adulation est le devoir de quiconque professe un amour inaltérable pour la vérité* (1).

La vie des fonctionnaires publics appartient à tous. Par quel privilége la placerait-on hors du domaine de l'examen et de la discussion, quand Dieu lui-même, selon l'expression des livres saints, a livré le monde à la discussion des hommes?

Dans l'antiquité, deux sectes principales étaient en discord sur ce point, celle des Epicuriens et celle des Stoïciens. Epicure disait : *Le sage n'approchera point des affaires publiques, à moins d'y avoir été poussé par quelque circonstance.* Zénon disait : *Le sage approchera des affaires publiques, à moins d'en avoir été empéché.* Cette dernière doctrine, au dire de Sénèque, était fondée sur ce principe, qu'on doit être utile à ses semblables : *Hoc nempe ab homine exigitur, ut prosit hominibus.*

____

(1) Incorruptam fidem professis, nec amore quisquam et sine odio dicendus est.

Nous partageons, sans réserve, l'avis de Zénon et de Sénèque; mais nous estimons que ceux que la louable ambition d'être utiles à leurs semblables pousse à briguer des fonctions municipales doivent, avant tout, faire un retour sur eux-mêmes, peser la *somme* d'énergie dont Dieu les a doués et se demander s'ils sauraient à un moment donné, faire le sacrifice de leur vie pour le salut commun.

Quel est, en effet, dans les jours d'émotion populaire, le fonctionnaire le plus exposé à se trouver en contact avec la multitude? C'est le Maire. Qu'a été de tout temps la multitude? Tacite a pris soin de nous l'apprendre et sa leçon sera éternellement vraie : *Nihil in vulgo modicum ; terrere ni paveant ; ubi pertimuerint, impune contemni* (1). *Tout est extrême chez la multitude : elle fait peur si elle n'a pas peur ; dès qu'elle est effrayée, on la brave impunément.*

Quand les honnêtes gens se cachent et laissent faire, à qui le droit et le devoir de se montrer? Au Maire. Si Dieu lui a refusé la première qualité du magistrat municipal, l'énergie; si la vue du péril le fait lâchement s'enfermer dans sa demeure, quand son devoir l'appelle au dehors, c'en est fait de la sécurité des citoyens; la rue gouverne, la barbarie commence : témoin l'assassinat du commandant Arnaud à Lyon, l'assassinat des Généraux et des otages à Paris. Ne trouvons-nous pas aussi dans l'histoire contemporaine de notre cité, trois pages sanglantes qui sont sa honte et l'éternel remords de ses magistrats municipaux? *Le meurtre des Garde-Sel* (1er février 1790) ; *le meurtre des Dragons* (mai 1832); *la manifestation armée du 4 décembre 1851.*

Que ceux qui seraient tentés d'aborder les fonctions municipales aient sans cesse présents à leur mémoire ces

---

(1) **Annales,** Livre premier, chapitre 29.

sanglants épisodes de notre histoire locale; qu'ils n'oublient jamais le jugement sévère porté par la postérité contre ceux qui y ont été mêlés, soit comme acteurs, soit comme complices, soit comme inertes spectateurs; et que, descendant dans leur conscience, ils prennent d'avance avec eux-mêmes l'engagement de ne reculer devant aucune mesure, pour en prévenir le retour.

Si le souvenir du sang versé et des heures de défaillance de quelques fonctionnaires municipaux est de nature à jeter une triste lueur sur les récits que nous allons entreprendre, on y trouvera aussi le spectacle consolant de quelques actes d'énergie et de courage dont la population a gardé la mémoire et qui ont acquis à leurs auteurs la sympathie et la reconnaissance de ceux qui en furent les témoins (1) (2).

(1) Chaque ville a dans ses annales quelque trait d'héroïsme qui honore ses magistrats municipaux. En voici deux entre mille.

La Rochelle, le boulevard du Calvinisme, est assiégée, en 1627, par les armées royales. Les Rochelois élisent pour leur maire, leur capitaine et gouverneur, Jean Guiton. Ce brave homme se refuse d'abord à ce choix par modestie; mais se voyant pressé par les instances de ses compatriotes, il prend un poignard et leur dit : *Je serai maire, puisque vous le voulez, mais à condition qu'il me sera permis d'enfoncer ce poignard dans le sein du premier qui parlera de se rendre. Je consens qu'on en use de même envers moi, lorsque je parlerai de capituler, et je demande que ce poignard demeure tout exprès sur la table dans la maison de ville où nous nous assemblons.* Quelqu'un dit à Guiton que la famine ferait mourir ceux que le fer de l'armée royale épargnerait : *Eh bien ? dit-il : il suffit qu'il en reste un pour fermer les portes.*

En 1841, le Conseil municipal de la Rochelle vota une statue à Guiton : le Gouvernement refusa l'autorisation.

(Henri Martin, Histoire de France, Tome XI, page 286).

(2) Le maire républicain de Rennes, LEPERDIT, un tailleur, qui sauva cette ville et de la terreur et de la Vendée, est assailli un jour par une populace furieuse qui, sous prétexte de famine, veut lapider ses magistrats. Il descend intrépide de l'Hôtel-de-Ville, au milieu d'une grêle de pierres. Blessé au front, il essuie son sang en souriant et dit : *Je ne puis pas changer les pierres en pain.,... mais si mon sang peut vous nourrir, il est à vous jusqu'à la dernière goutte;* Les assaillants tombèrent à genoux, l'intrépide magistrat domina l'émeute.

(Michelet, Histoire de la Révolution française, Tome III, page 480).

Je ne me dissimule pas que, en publiant les Annales municipales contemporaines, je marche sur un terrain brûlant, *incedo per ignes*. Est ce un motif pour reculer ! Il est vrai que Voltaire a dit : « On doit des égards aux vivants, on ne doit aux morts que la vérité. » S'étayant sans doute de cette réflexion du patriarche de Ferney, beaucoup d'écrivains hésitent devant la publication de faits d'un haut intérêt sous prétexte qu'elle aurait l'inconvénient de mettre en scène d'une manière fâcheuse des hommes vivants qui ont été révètus de fonctions publiques. De là peut être l'origine des mémoires d'outre-tombe.

Je ne partage ni ces scrupules, ni ces faiblesses. Je pense au contraire que pour mériter confiance, on doit écrire et publier ses souvenirs au milieu des hommes mêlés aux faits que l'on raconte. Si l'on accuse, les accusés peuvent se défendre ; si l'on dit faux, on peut être démenti. Le silence comme les réfutations, en ce cas, établissent la vérité.

Le même Voltaire fournit à mon sentiment un puissant appui à la fin de son discours sur l'histoire de Charles XII : « Si quelque prince et quelque ministre trouvaient, dans « cet ouvrage, des vérités désagréables, qu'ils se sou- » viennent qu'étant hommes publics, ils doivent compte « au public de leurs actions ; que c'est à ce prix qu'ils « achètent leur grandeur ; que l'histoire est un témoin « et non un flatteur ; et que le seul moyen d'obliger les « hommes à dire du bien de nous, c'est d'en faire. »

Enfin pourrais-je mieux faire que de placer mon œuvre sous la protection de cette admirable réflexion de Tacite ? *Quod præcipuum munus annalium reor, ne virtutes sileantur, utque pravis dictis factis que ex posteritate et infamiá metus sit* (1).

____

(1) Annales, Livre III, chapitre 65.

« *Je crois que le premier devoir de l'historien est de*
« *ne taire aucune vertu, et de faire craindre aux auteurs*
« *de paroles et d'actions coupables la postérité et l'infamie* ».

Je ne voudrais pas qu'en me voyant invoquer, à l'appui de ma thèse, d'aussi éminentes autorités, on me prêtât l'ambition de donner à un simple recueil d'annales locales une portée et un retentissement qui ne peuvent être que le privilège d'une œuvre historique d'un ordre supérieur. Simple annaliste de clocher, je n'aspire qu'à prouver mon respect absolu pour la vérité, heureux si je fournis quelques matériaux à ceux qui seraient tentés d'écrire l'histoire, encore à faire, de notre ville !

Béziers, le 30 Janvier, 1872.

ANNALES MUNICIPALES

Suum cuique decus posteritas rependit.
Tacite, Annales Livre 4.

1er MAIRE

M. DONADIEU (Jacques-Toussaint).

1800-1815.

I.

La journée du 18 brumaire venait de mettre fin à l'existence du Directoire. On instituait le lendemain (10 novembre 1799) un Consulat provisoire qui ne devint définitif que le 4 nivôse an VIII (25 décembre 1799).

Dès son avènement, Bonaparte, premier Consul, fit présenter au Corps législatif deux projets de loi de la plus haute importance. Le premier avait pour objet l'administration départementale et municipale et devint la fameuse loi du 28 pluviôse an VIII (15 février 1800), qui a constitué en France la centralisation administrative ; le second avait pour objet l'organisation de la justice, organisation qui existe encore aujourd'hui.

L'article 18 de la loi de pluviôse conférait au premier Consul le droit de nomination des Maires et adjoints des villes de plus de cinq mille habitants.

Au moment de la mise en vigueur de cette loi, la commune de Béziers avait à sa tête six administrateurs : les citoyens Abadie, Barrière, Cassagne, Cazals, Nicolas et Ardignac; ce dernier avec le titre de Président. Ce ne fut pas dans leurs rangs que fut choisi le premier Maire. A un système d'administration nouvelle, il fallait un homme nouveau. Le choix du premier Consul porta sur un ancien négociant des plus honorables, devenu grand propriétaire, M. Donadieu (Jacques-Toussaint). Bien que d'origine plébéienne, M. Donadieu avait la tenue, le ton, les manières d'un seigneur de l'ancien régime. Son instruction était solide et variée, son abord bienveillant et gracieux. Un souverain demandant un jour à un échevin de Paris qu'elle devait être la qualité la plus précieuse dans un fonctionnaire, l'échevin répondit : *La courtoisie*. Cette qualité, M. Donadieu la possédait au suprême degré. Dieu l'avait en outre doué de ce zèle ardent et de ce dévouement aux intérêts locaux que le peuple aime à trouver chez son premier magistrat. Aussi sa nomination fut-elle accueillie par une acclamation unanime. Cette nomination porte la date du 9 germinal an VIII (29 mars 1800).

M. Grenier (1), premier sous-préfet de Béziers, procéda le 12 floréal suivant à son installation, ainsi qu'à celle de ses deux adjoints : MM. Mazuc (Pierre-Bernard), homme de loi et Guibal-Laconquié, ingénieur.

Le lendemain, 13 floréal, M. Izombard fut nommé secrétaire en chef de la Mairie.

(1) M. GRENIER, natif de Béziers, avait été membre du Tribunal. En quittant la Sous-Préfecture, il fut pourvu d'une charge de Conseiller à la Cour impériale de Montpellier qu'il conserva jusqu'à sa mort. Il présidait avec distinction les assises. Sa dernière présidence fut celle de la grande affaire Fualdès. On a conservé le souvenir de l'éloquente apostrophe qu'il adressa, au cours des débats, à la dame Manson qui hésitait à dire la vérité.

— 3 —

La loi de pluviôse an VIII déterminait les attributions des Conseils municipaux, fixait le nombre des conseillers d'après l'importance des villes, conférait aux préfets le droit de les nommer pour trois ans et de les suspendre.

Béziers ayant une population excédant cinq mille habitants (1), avait droit à une représentation communale de trente membres. Voici les noms de ceux qu'appela le premier préfet, M. Nougaret, à cette représentation et qui furent installés le 25 floréal an VIII (15 mai 1800).

1. ROUBE, agriculteur.
2. PASSEBOSC, ex-notaire.
3. COSTE-BLANC, agriculteur.
4. AUDIBERT, propriétaire.
5. FRAISSE, aîné.
6. OLIVIER-BOUISSON, agricult.
7. JOUVE, marchand.
8. GUILHEMON, pharmacien.
9. HÉRISSON, négociant.
10. COSTE, homme de loi.
11. GEOFFROI, ingénieur.
12. MURAT, agriculteur.
13. THÉVENEAU, marchand.
14. BARRAL, fabricant.
15. FAYET, négociant.
16. MIMARD, homme de loi.
17. BERNARD, médecin.
18. BRÈS, agriculteur.
19. PAGÈS, homme de loi.
20. CASSAGNE, pharmacien.
21. PÉZET, aîné, agriculteur.
22. NICOLAS, architecte.
23. HÉRAIL, notaire public.
24. COSTE, notaire public.
25. RAOUL, (Guillaume).
26. BONNET, marchand.
27. GAILHAC, agriculteur.
28. CHAVERNAC, offic. de santé.
29. D'ESTAGNOL, propriétaire.
30. ALICOT, cultivateur.
31. BARTHÉLEMY, anc. maçon.
32. CABANEL, agriculteur

II

Peu de temps après son installation, la nouvelle municipalité eut occasion de faire entendre sa voix à ses administrés, au sujet de la négligence des Biterrois à observer

(1) D'après les recensements officiels la population de Béziers était, en l'an V (1796-1797), de 12,533 habitants et en l'an IX (1802-1803), de 14,054 habitants.

les jours de repos, designés dans le calendrier républicain. Cette négligence provoqua une admonestation sévère dont nous croyons devoir reproduire fidèlement les termes :

« Citoyens,

« La République proclamée, il était nécessaire, pour son affermissement, de former des institutions qui resserrassent les liens de la fraternité entre tous les Français et de coordonner les jours de repos avec le Calendrier Républicain.

« La loi du 17 thermidor de l'an vi fut publiée : Elle veut que les Décadis et les jours de fêtes nationales soient des jours de repos dans la République.

« Et comment se fait-il que, depuis quelque temps, les dispositions de cette loi soient méconnues ? Comment se fait-il que des malveillants répandent le bruit que le décadi n'est plus un jour de repos ?

« Citoyens, en acceptant les fonctions honorables de vous administrer, nous avons contracté l'obligation de surveiller et de suivre l'exécution des lois. Nous la remplirons cette obligation, et nous déjouerons les complots des ennemis de la liberté. Ils vous égarent lorsqu'ils vous disent qu'il n'y a plus ni Décadis, ni fêtes nationales. C'est ainsi qu'ils veulent vous accoutumer à l'inexécution des lois, parce qu'ils savent que là où les lois sont méconnues, le Gouvernement croule bientôt. C'est à ce but qu'ils visent, mais ils ne l'atteindront pas.

« Plus jaloux de vous éclairer que d'appliquer contre vous les peines prononcées par les lois, nous vous rappelons les dispositions des articles 8 et 10 de la loi du 17 thermidor an vi qui sont ainsi conçus :

« Article 8 : Durant les Décadis et jours de fêtes nationales, les boutiques, magasins et ateliers seront fermés, sous les peines portées en l'art. 605 du Code des délits et des peines... En cas de récidive, il y aura lieu à l'amende portée à l'art. 6 et à un emprisonnement qui ne pourra excéder une Décade.

« Article 10 : Tous travaux dans les lieux et voies publiques, ou en vue des lieux et des voies publiques, sont interdits durant les mêmes jours, sous les peines édictées, sauf les travaux urgents spécialement autorisés par les corps administratifs et les exceptions pour les travaux de la campagne pendant le temps des semailles et des récoltes conformément à la loi du 6 octobre 1791.

« Citoyens, telle est la volonté de la loi. Elle est sage et conforme au nouvel ordre de choses. Elle doit concourir à la stabilité de la République, motif suffisant sans doute pour son exécution pleine et entière. »

On ne saurait trop applaudir au sentiment qui inspira cette proclamation. En considérant comme nécessaire à l'affermissement de la République l'observation du jour de repos, M. Donadieu rendait hommage à un principe puisé dans les lois de Moïse et du Christ et qu'on retrouve dans presque toutes les religions répandues sur le globe.

Robespierre lui-même, six ans auparavant, en proposant à la Convention nationale d'instituer des fêtes pour rappeler l'homme à la pensée de la divinité, n'avait-il pas dit : « Ce qui supplée à l'insuffisance de l'autorité hu- « maine, c'est le sentiment religieux que nourrit et dé- « veloppe l'exercice obligé du culte ; c'est ce respect mêlé « de crainte qu'inspire pour les préceptes de la morale le « spectacle plein de majesté des solennités qui les con- « sacrent et les célèbrent. » (1)

De nos jours, Proudhon, ce philosophe sceptique, n'a-t-il pas écrit, ces remarquables paroles : « Le di- « manche, sabbat chrétien, dont le respect semble avoir « diminué, revivra dans toute sa splendeur, quand la

____

(1) Séance de la Convention nationale du 18 Floréal an II (7 mai 1794). Présidence de Carnot, Rapport de Robespierre au nom du Comité du Salut public.

« garantie du travail aura été conquise avec le bien-être
« qui en est le prix. Les classes travailleuses sont trop
« intéressées au maintien de la fériation dominicale pour
« qu'elle périsse jamais. » (2)

III

Parmi les fêtes nationales dont la célébration était recommandée avec le même soin que celle des fêtes religieuses, il en était deux auxquelles se rattachaient de grands souvenirs : l'anniversaire du 14 juillet 1789, *jour de la conquête de la liberté sur le despotisme* et celui de la fondation de la République, conquise le 10 août 1792. Instituées par la commission du Conseil des anciens, sur la proposition des Consuls, elles rappelaient deux époques mémorables de la Révolution. On sait que la première de ces solennités républicaines fut célébrée, cette année, dans la capitale, avec un éclat inaccoutumé, grâce aux succès de l'armée du Rhin et de l'armée d'Italie, grâce également et surtout à l'élévation de la cote des fonds publics qui de 15 fr. avant le 18 brumaire, étaient montés à 40 fr. Elle commença aux Invalides et se termina au Champ de Mars où le premier Consul alla recevoir la Garde consulaire, arrivée le matin, couverte de poussière, les vêtements en lambeaux, apportant les drapeaux conquis dans la dernière campagne terminée par la victoire de Marengo (14 juin 1800).

L'enthousiasme de la capitale gagna la province. Il suffit, pour s'en convaincre, de lire le programme en onze

(2) De la célébration du Dimanche considérée sous les rapports de l'hygiène publique, de la morale, des relations de famille et de Cité. Page 9.

articles édité, à cette occasion, par notre municipalité dans les rangs de laquelle figure pour la première fois, comme adjoint, le citoyen Coste-Moreau remplaçant le citoyen Guibal-Laconquié, démissionnaire.

La fête fut divisée en deux parties : La matinée fut consacrée à une cérémonie qui s'accomplit dans la salle décadaire où se rendirent en pompe le sous-préfet, le maire et ses adjoints, les membres des tribunaux, les autorités civiles et militaires, les soldats blessés au champ d'honneur, les veuves des défenseurs de la patrie, les instituteurs avec leurs élèves. Une double haie de vétérans encadrait le cortége. La gendarmerie ouvrait la marche que fermait un détachement de la colonne d'élite. On chanta une stance de l'hymne à la liberté au pied de l'arbre planté sur chaque place. Un orateur prononça un discours relatif à la fête, discours qu'on ne retrouve pas dans les archives de la commune.

L'après-midi, le cortége se rendit dans le même ordre, sur la promenade publique où furent exécutés, au son d'une musique guerrière : 1° la course à pied par les garçons, 2° le saut du ruban par les jeunes filles. Les vainqueurs des deux sexes reçurent des prix (1). La fête se termina par une illumination générale et un feu de joie sur la place aux Herbes. On ne peut s'empêcher d'admirer la sagesse qui présidait, dans ces temps, à l'administration des deniers communaux quand on lit que toute cette pompe, toutes ces largesses n'entraînèrent qu'une dépense de *cent quarante trois francs soixante dix centimes.*

---

(1) Le prix de la course fut un sabre ; celui du saut du ruban un crochet en argent.

On donna pour prix d'émulation aux élèves des écoles primaires : les synonimes français, les Commentaires de César, l'histoire de Bayard et de Duguay-Trouin, enfin un exemplaire du calcul décimal.

IV

La suppression des anciens octrois par la loi du 19 février 1791 avait privé les communes des ressources les plus indispensables pour subvenir à leurs dépenses, et de là résultaient les inconvénients les plus graves. Frappé de ces inconvénients, le Législateur de l'an v avait, par une loi du 9 germinal, ordonné qu'en cas d'insuffisance des centimes additionnels de la contribution personnelle et mobilière pour les dépenses communales, il y serait pourvu par des contributions indirectes et locales. On trouvait dans cette disposition législative le germe du rétablissement des octrois. Aussi la ville de Paris n'hésita pas, dix huit mois après, à invoquer l'insuffisance de ses ressources pour solliciter la création d'un octroi qu'elle obtint par une loi du 7 vendémiaire an VII.

A l'exemple de la capitale, les villes de province sollicitèrent et obtinrent la même création. Un bon nombre de ces villes étaient déjà pourvues lorsque le Gouvernement tenta d'arrêter le mouvement des sollicitations en déterminant les cas dans lesquels seraient accordées les autorisations. C'est ce qui résulte du texte de la loi du 5 ventôse an VIII qu'on peut considérer comme la loi organique des octrois et qui déclare expressément qu'il sera établi des octrois municipaux *et de bienfaisance dans les villes dont les hospices civils n'ont pas de revenus suffisants pour leurs besoins.* C'était là une condition limitative qui disparut plus tard pour faire place à une disposition plus large insérée dans un décret du 17 mai 1809 ainsi conçu : *Les octrois sont établis pour subvenir aux dépenses qui sont à la charge des communes.*

M. Donadieu, dévoué à la cause des pauvres et à celle du progrès, s'était empressé d'annoncer aux membres de son conseil dans la séance même de leur installation, le 25 floréal an VIII, qu'il les convoquerait incessamment à l'effet de délibérer sur l'établissement d'un octroi.

Cet établissement fut délibéré le 15 prairial suivant (4 juin 1800) et le premier messidor (20 juin), on procéda à l'installation du citoyen Lepic (Jean-Baptiste) en qualité de directeur de cet octroi qui compte aujourd'hui soixante-douze ans d'existence et qui, comme on le verra, a été alternativement soumis au régime de la régie et à celui de la ferme.

V

Si la question d'accroissement des revenus communaux excitait la sollicitude de M. Donadieu, il ne se préoccupait pas moins de l'avenir intellectuel de la Cité. Nous en trouvons la preuve dans les démarches qu'il fit de concert avec ses adjoints, à la date du 25 juillet 1800, dans le but de rétablir le collége.

Les motifs de la délibération prise à cette occasion méritent les honneurs de la publicité.

« Considérant que la suppression du ci-devant Collége a ravi depuis longtemps à la commune de Béziers les avantages les plus précieux de l'instruction publique, et qu'outre la privation de l'enseignement des langues et des belles-lettres, les administrés ont encore à regretter la perte d'une chaire particulière de mathématiques, dont ils jouissaient ;

« Considérant que la ville de Béziers, populeuse en elle-même, et située au centre d'un arrondissement d'environ cent mille âmes, est distante de sept myriamètres du chef-lieu du département où peu de citoyens ont la faculté d'envoyer des élèves pour y suivre les cours de l'école centrale, ce qui rend illusoire, pour cette contrée, l'institution des écoles polytechniques ;

« Considérant que, entre les écoles primaires et les écoles centrales, il n'existe dans le vaste arrondissement de Béziers aucun enseignement public intermédiaire, et que l'établissement des écoles secondaires, annoncé depuis si longtemps, paraît encore éloigné;

« Considérant que la proximité de la mer et le commerce de la ville de Béziers par terre et par le canal des deux mers font appliquer à l'etude de la navigation une foule de jeunes citoyens auxquels l'établissement d'une chaire de mathématiques devient plus nécessaire sous le rapport de l'hydrographie et de la construction nautique ;

« Considérant enfin combien il importe à la patrie que les jeunes citoyens en qui repose tout son espoir se livrent à l'étude des sciences exactes, puisque la République ne peut être assise sur des bases solides que lorsque les membres du corps social réuniront les connaissances propres à former d'habiles négociateurs, de grands capitaines et de bons marins ;

« Arrêtent : 1° Que le premier Consul de la République est invité, au nom du bien public et des sentiments de justice qui le caractérisent, à faire jouir la ville de Béziers du bénéfice de la loi portant établissement d'écoles secondaires ;

« 2° Que, dans le cas que des combinaisons politiques retarderaient encore la mise en activité de cette salutaire institution, le Maire et adjoints sollicitent de la bienveillance du premier magistrat le rétablissement provisoire d'une chaire de mathématiques dont ils sont privés depuis longtemps et que tous les habitants réclament avec l'empressement le plus vif ;

« 3° Que la masse de contributions que cette ville paye, l'existence dans ses murs d'un local approprié à l'éducation, l'aptitude des jeunes Biterrois à l'étude des sciences les plus abstraites sont autant de motifs, qui joints aux considérations déjà développées, justifient la présente demande ;

« 4° Qu'expédition du présent arrêté sera adressé au ministre de l'Intérieur qui demeure prié de provoquer la décision du Gouvernement. »

Celte louable initiative n'eut pas un succès immédiat.

Plus de deux ans s'écoulèrent en vaines démarches et ce n'est que dans la séance du 17 frimaire an XI (8 décembre 1802) que le Conseil municipal fut appelé à voter une somme de dix mille francs destinée à la réparation des bâtiments du ci-devant Collége et au traitement des professeurs (1).

VI

Une loi du 28 ventôse an IX (19 mars 1801) venait à peine d'autoriser le Gouvernement consulaire à établir des bourses de commerce, que M. Donadieu s'empressa des faire des démarches pour doter Béziers d'un établissement de ce genre. Un an après on lisait au bulletin des lois un arrêté des Consuls en date du 25 pluviôse an X (14 février (1802) portant :

Article 1er. — Il y aura une Bourse de Commerce dans la ville de Béziers, département de l'Hérault.

Arricle 2. — La salle connue sous le nom de temporalité, et faisant partie du ci-devant évêché, est affectée à la tenue de la Bourse.

Les autres dispositions de cet arrêté se réfèrent à la nomination des Courtiers au nombre de 6 et à leur cautionnement, fixé à deux mille francs.

Pour ramener à exécution cet arrêté, M. Donadieu rédigea et fit publier le 8 avril 1802 un règlement relatif à la police intérieure de la nouvelle Bourse. La première partie de ce Règlement, qui n'embrasse pas moins de

---

(1) Les bâtiments dé notre collége avaient été, en 1793, nationalisés, c'est-à-dire réunis au domaine de l'Etat. Son Eglise affectée d'abord aux réunions du club, servit ensuite de dépôt aux livres des couvents devenus nationaux. Les autres bâtiments furent loués à un médecin-vétérinaire au service de la République, ou affermés à des particuliers.

treize articles, indique les jours et heures de la tenue de la Bourse et interdit l'admission aux assemblées à tout *individu en état de faillite, ayant fait abandon de biens ou atermoiement sans s'être réhabilité, ou ne jouissant pas des droits de citoyen français.*

Dans la seconde partie, sont tracés les droits et les devoirs des Courtiers, ainsi que le mode de constatation des mercuriales. On ne saurait trop applaudir à l'obligation qui est faite, dans ce réglement, aux courtiers de tenir un registre des achats et ventes avec indication des noms et prénoms des vendeurs et acheteurs, registre auquel ont la faculté de recourir tous les intéressés.

Nos négociants, il faut bien le dire, profitèrent peu d'un établissement qui sauvegardait à la fois la dignité et les intérêts du commerce. Les contemporains nous apprennent qu'ils se rendirent à peine deux ou trois fois aux assemblées tenues dans la salle de la temporalité et que, par une déplorable coalition, ils inaugurèrent sur la place aux Herbes l'usage de la Bourse en plein vent, qui s'est perpétué jusqu'à nos jours et qu'un de nos derniers Maires a tenté vainement de détruire en faisant étudier un plan de Bourse monumentale.

VII.

On sait que le 20 floréal an x (10 mai 1802) les Consuls de la République décrétèrent qu'il serait ouvert dans chaque Commune des registres où les citoyens seraient invités à consigner leur vœu sur cette question : *Napoléon Bonaparte sera-t-il consul à vie?* s'inspirant de la pensée du premier Consul qui voulait, en cette circonstance, rendre un éclatant hommage à la souveraineté du peuple, M. Donnadieu invita toutes les autorités ci-

viles, judiciaires et militaires à assister à la publication
de l'Arrêté consulaire ; puis il fit ouvrir au Secrétariat de
la Mairie et chez tous les Notaires des Registres pour
recevoir les votes des citoyens. Il ne reste pas trace dans
les archives communales du chiffre auquel s'élevèrent ces
votes, ni de l'écart constaté entre les oui et les non.

Pour la première fois, depuis son avènement, M Donadieu fut appelé, en 1802, à célébrer la fête du 1er vendémiaire, anniversaire de la fondation de la République.
Il voulut que cette solennité fut marquée par un acte de
générosité municipale qui restât dans la mémoire de ses
administrés.

« Considérant, dit-il, que la fête du 1er Vendémiaire doit être
pour tous les Français l'époque d'un bonheur durable ; que les
mœurs, la sagesse et la concorde devant nécessairement maintenir
l'édifice de grandeur et de liberté qu'a élevé le courage des Français, il convient de célébrer, en ce jour, le mariage d'une jeune
fille sage et de la doter ;

« Que c'est ainsi qu'on honore les mœurs en leur décernant des
récompenses publiques ;

« Arrête : La fête du 1er vendémiaire an xi aura lieu avec toute
la solennité dont elle est susceptible. Il sera célébré le mariage
d'une jeune fille avec un jeune garçon. Une dot de cinq cents francs
sera accordée à la fille et prise dans la caisse communale. »

Tout se passa suivant les prescriptions du programme.

Dans la séance du 3 brumaire an xi (25 octobre 1802)
M. Donadieu adopta une mesure importante à un double
point de vue, la viabilité et la sécurité.

Béziers était divisé en 15 bourgs ou sections , désignés
chacun par un nom qui s'est perpétué jusqu'à ces derniers temps. Il fit procéder à la subdivision de ces bourgs
en îles dont le nombre s'éleva au chiffre de 122. A la
tête de chacune de ces îles il plaça un commissaire sur-

veillant, choisi dans les rangs des citoyens probes et chargé d'informer la Mairie des événements survenus dans son quartier ; de faire connaitre le mouvement de la population, les étrangers qui viennent s'établir dans la commune, enfin de concourir au maintien du bon ordre. Admirable institution qui ne grevait aucunement la caisse communale, mettait en lumière les hommes de dévouement , rendait d'immenses services et dont on doit regretter la suppression !

Dans les temps anciens, on célébrait à Béziers le jour de l'Ascension, la fête de *Caritachz*, fête essentiellement religieuse. M. Donadieu choisit ce même jour de l'Ascension pour la célébration de la fête de l'Agriculture le 19 mai 1803.

Voici les termes dans lesquels il formule le programme de cette fête :

« Considérant que tous les peuples ont honoré l'Agriculture, source nourricière des hommes, par une fête civique qui était célébrée tous les ans à l'approche de la maturité des récoltes ;

« Considérant que, dans un moment où le Gouvernement s'occupe des arts, celui de l'agriculture qui fait fleurir tous les autres doit être plus spécialement encouragé ;

« Qu'il est du devoir des magistrats d'attirer tous les regards vers la source des seules richesses solides ; qu'ils doivent protéger et favoriser les habitants des campagnes, ces estimables cultivateurs qui multiplient nos ressources en augmentant la prospérité commune ;

« Considérant que c'est dans ce but louable que la majorité des habitants de cette ville a témoigné le désir de voir rétablir cette fête civique qui avait lieu tous les ans en l'honneur de l'agriculture et que le Conseil municipal a délibéré la célébration au jour de l'Ascension. »

Ainsi que l'annonçait le Maire, la fête était dans les vœux de la population. Chaque corporation ouvrière figura dans le cortége avec les attributs et les instruments de sa profession. Le chameau *ressuscité*, (1) précédé de ses cinq sauvages, marchait en tête, les jeunes gens à cheval, les bergers, les treilles, la trompette, le timbalier : Rien n'avait été oublié des traditions du passé. On pouvait croire à la résurrection de la fète de *Caritachz*.

Bien que les fètes nationales et publiques se renouvellent alors à de courts intervalles, on ne trouve au budget communal que le modeste chiffre de mille francs, affecté à leur célébration. Le budget lui même de l'an xi ne s'élève pour la dépense qu'à la somme de 154,932 fr. Et toutefois, dans le cours de cette année, s'accomplissent d'importantes et utiles améliorations parmi lesquelles on doit signaler le numérotage des maisons et l'établissement de cent lanternes à huile pour l'éclairage public.

VIII.

L'an xii de la République fut moins fécond en évènements locaux et, partant, fournit moins d'occasions à notre Maire de se livrer aux élans de son zèle et de son dévouement à la chose publique. La question des sépultures fut seule soumise à l'administration municipale.

(1) Une pieuse légende veut que saint Aphrodise, premier évêque de Béziers, y soit arrivé d'Egypte monté sur un chameau. Après le martyre du Saint, ce chameau fut recueilli et entretenu par les habitants. La rue où était située la maison qu'il habita, prit à sa mort, et porte encore le nom de rue du Chameau. Pour perpétuer son souvenir, on fit construire une énorme machine en bois, revêtue d'une toile peinte sur laquelle se distinguaient les armoiries de la ville et deux inscriptions : l'une en latin *ex antiquitate renascor*, (je renais de l'antiquité), l'autre en langue romane *sen fosso* (nous sommes nombreux). Cette machine qui ne ressemblait guère à un chameau que par la tête, recélait dans ses flancs quelques hommes qui la faisaient mouvoir et imprimaient par intervalles un jeu saccadé à son long cou et à sa mâchoire aux dents de fer. On la voyait figurer dans toutes

S'inspirant des principes de la législation Romaine, qui voulait que les cimetières fussent placés hors des villes, le législateur français de l'an XII rendit, le 23 prairial (12 juin 1804), un décret qui porte qu'aucune inhumation n'aura lieu dans les églises, temples, synagogues, hôpitaux, chapelles publiques, et généralement dans des édifices clos et fermés où les citoyens se réunissent pour la célébration de leurs cultes, ni dans l'enceinte des villes et bourgs. Le décret ajoute dans son article 2 : « Il « y aura, hors de chacune de ces villes ou bourgs, à la « distance de trente cinq à quarante mètres au moins de « leur enceinte, des terrains spécialement consacrés aux « inhumations ».

Pour se conformer aux prescriptions de ce décret, il fallait abandonner les cimetières existant dans l'intérieur de la ville et s'en procurer un nouveau hors de son enceinte.

Le Conseil Municipal fut réuni, et une Commission nommée pour aller à la recherche d'un terrain convenable.

Le choix de la Commission porta d'abord sur un terrain dépendant de la succession du chanoine Delfau et situé entre le chemin de Boujan et le grand chemin de Pézénas, au Nord-Est de la ville ; mais ce choix avait

les fêtes locales, religieuses et politiques, conduite par un personnage bizarrement costumé et armé, ayant nom *Papari*, et escortée par un groupe d'autres déguisés en sauvages, la tête ornée de feuillage. On lit dans les archives de l'Hôtel-de-Ville que, le 2 juin 1632, nos édiles sous la présidence de messire Joseph de Cabrairoles, juge criminel, allouèrent avec un abandon quasi filial la dépense faite *sans autorisation préalable* pour la reconstruction et la peinture du Chameau, le tout se portant à *cinquante une livres huit sols*. Ce Chameau fut brûlé solennellement en 1793, sur la place de la Citadelle, avec tous les titres féodaux que la loi du 17 juillet de la même année avait voués à la destruction. Le fief d'un revenu de 1,500 livres, affecté à son entretien fut mis sous le séquestre et, pour s'en emparer avec une apparence de légalité, le Chameau, pourrait-on le croire ! fut porté sur la liste des émigrés.

l'inconvénient d'être en opposition avec les instructions qui accompagnaient le décret du 25 prairial et avec les lois de l'hygiène publique. Aussi ne fut-il point soumis à la sanction du Conseil Municipal.

Quelques mois plus tard et sur un rapport de l'ingénieur en chef du département, on se pourvut au Nord de la ville, d'un terrain appartenant à MM. Rey Pailhade, Etienne Carles, Noël Bernard, Gabriel Grénier, Roque, Monestié et Grillet. Ces sept propriétaires consentirent à vendre de gré à gré à la commune leurs parcelles respectives dont la valeur fut fixée par deux experts amiablement nommés (1). C'est sur ce terrain que fut établi le nouveau cimetière qui existe encore et qu'il a fallu agrandir dans ces derniers temps.

IX.

L'institution du Consulat à vie n'avait été, en 1802, que le prélude du rétablissement de la monarchie. En effet, deux ans plus tard. le sénat proclamait Napoléon empereur des français (18 mai 1804).

La municipalité de Béziers s'empressa de donner son adhésion à ce changement radical qui s'opérait dans la forme du Gouvernement. Elle prit le 27 prairial an XII (16 juin 1804), un arrêté ainsi conçu :

« Considérant qu'il convient de donner à la publication du Sénatus-Consulte organique du 28 floréal dernier tout l'éclat et la solennité que les localités peuvent permettre, qu'il convient aussi que les habitants manifestent toute la satisfaction qu'ils ont ressentie à la nouvelle de la nomination de Napoléon Bonaparte comme empereur des français.

(1) MM. Regnier et Fabre. Le chiffre de l'estimation est 5,163 fr. 90 c.

« Arrête : Le Conseil Municipal, les militaires retirés et tous les citoyens exerçant quelque art ou métier, sont invités à assister avec leurs drapeaux, demain à cinq heures précises de relévée, à la publication du sénatus-consulte organique du 28 floréal dernier.

« Tous les habitants illumineront, à l'entrée de la nuit, le devant de leurs maisons »

On sait que ce sénatus-consulte présentait à l'acceptation du peuple français la proposition suivante : *Le peuple veut l'hérédité de la dignité impériale dans la descendance directe, naturelle, légitime et adoptive de Napoléon Bonaparte et dans celle de ses deux frères Joseph et Louis.*

Dans le relevé général des votes émis, l'arrondissement de Béziers figure pour un chiffre de 8405 oui ; il ne s'y produisit pas un seul non, tandis qu'on en compta 5 dans l'arrondissement de Montpellier et 2 dans celui de Lodève.

X.

Napoléon, alors qu'il n'était que premier consul, avait créé un système de récompenses civiles et militaires destiné à remplacer les armes d'honneur imaginées par la Convention. Il l'appela la légion d'honneur, voulant perpétuer l'idée d'une réunion d'hommes voués au culte de l'honneur et à la défense des principes démocratiques modernes. Cette institution, bien que datant du 19 mai 1802 ne reçut son organisation complète et définitive qu'après l'établissement de l'empire en 1804.

Le 1er Consul était le chef de cette légion qui se composait d'un grand conseil d'administration et de quinze cohortes de dignitaires à vie, disposées dans un ordre hiérarchique ayant un centre et des revenus. Notre département faisait partie de la 9e cohorte.

Le Maire ayant été informé par le chancelier de cette cohorte de sa prochaine arrivée à Béziers pour y prendre possession de sa division et inaugurer le buste en marbre de l'empereur, fit réunir extraordinairement le Conseil municipal le 8 vendémiaire an XIII (30 septembre 1804) et prendre la résolution suivante :

Considérant qu'il convient de donner à cette prise de possession et à cette inauguration toute la solennité que commande une circonstance aussi heureuse pour la ville et de rendre au buste du grand Napoléon tous les honneurs qui sont dûs à son auguste personne.

ARRÊTE : 1° M. le chancelier de la 9° cohorte arrivant le 13 du présent mois avec le buste de sa Majesté Impériale, toutes les autorités constituées de la ville sont invitées à se rendre le dit jour, dix heures du matin, dans la salle des séances de là Mairie, pour se porter avec les membres de la Mairie et du Conseil municipal sur la route de Pézénas et tout près de l'hôpital civil, à l'effet d'y recevoir le buste d'un héros si cher à tous les français.

2° Le dit jour sera fêté dans la commune. Les boutiques seront fermées ; les rues, depuis la porte dite des Carmes, la rue française, la place aux herbes, seront tapissées jusqu'à l'Hôtel-de-Ville. Le soir, il y aura illumination générale.

3° Des arcs de triomphe seront placés sur la porte du dit Palais, de l'Hôtel-de-Ville et de la porte des Carmes par où entrera le cortége et qui sera à l'avenir appelée porte Napoléon.

4° Le buste sera placé sur un palanquin et porté par des militaires jusqu'à l'Hôtel-de-Ville où il sera déposé sur un trône provisoire préparé à l'avance par les soins de la Mairie, d'après les ordres donnés à l'ingénieur des ponts et chaussées.

5° Les commandants de la force armée et de la gendarmerie seront invités d'assister à la cérémonie et d'y faire trouver les troupes qu'ils commandent et en grand costume.

6° Les citoyens exerçant quelque art ou profession seront aussi invités à se trouver à la cérémonie qui sera embellie par la danse des treilles et par une musique militaire.

7° La veille, à 6 heures du soir, et le lendemain à 6 heures du matin, la fête sera annoncée au son des cloches et par une décharge d'artillerie. Le jour de la fête, les cloches seront sonnées pendant la cérémonie et le canon tirera de quart d'heure en quart d'heure.

8° Le Maire renvoie à l'arrivée de M. le Chancelier de la 9ᵉ cohorte pour prendre, de concert avec lui, les dispositions relatives à l'inauguration du buste.

9° Le commissaire de police demeure chargé de la publication du présent arrêté et de l'exécution de l'article 2.

Le Maire arrête au surplus qu'il sera établi une garde d'honneur commandée par un officier dans l'Hôtel-de-Ville.

14 vendémiaire an x III, nouvel arrêté relatif à la cérémonie de la réception du buste dans l'église St-Nazaire, du dépôt des tables d'honneur et du buste dans le palais de la cohorte, le ci-devant évêché, récemment concédé par le gouvernement à la Légion d'honneur.

Conformément au programme municipal, le 15 vendémiaire an XIII (7 octobre 1804), les autorités constituées réunies à l'Hôtel-de-Ville, se rendirent, à onze heures du matin, à l'église St-Nazaire. La musique, les corporations avec leurs drapeaux accompagnaient le buste de l'Empereur porté par quatre militaires les plus élevés en grade. Les rues par où défila le cortége étaient ornées de tapisseries. Le clergé en habits sacerdotaux attendait à la porte de l'église le buste de l'Empereur qui fut harangué par le curé M. Daumas et placé sur un trône dressé dans le chœur.

A l'issue de la messe, on chanta un *Te Deum* et on alla avec le même cérémonial déposer le buste dans le Palais de la Cohorte (1).

---

(1) Ce buste exécuté d'après l'original de Canova avait, dit-on, quelque valeur artistique. Conservé à l'Hôtel-de-Ville jusqu'en 1830, il disparut à cette époque. Fut-il soustrait frauduleusement ? Fut-il religieusement recueilli par un partisan fanatique du 1er Empire ? *That is question.*

XI.

Le temps consacré aux actes politiques et aux fêtes publiques n'empêchait pas M. Donadieu de veiller avec sollicitude à tout ce qui se rattachait aux industries locales et aux découvertes qui tendaient à en favoriser le développement. A peine les contrées vinicoles venaient elles d'accueillir avec enthousiasme l'invention des appareils distillatoires d'Adam, qu'il s'associa à l'initiative des honorables négociants qui en demandaient l'établissement dans notre ville. Nous en trouvons la preuve dans un arrêté en date du 1er octobre 1804 qui est ainsi conçu :

9 vendémiaire, an XIII (1er octobre 1804 (vu la pétition des sieurs Lagarrigue aîné, Debès et Sahuc, Gauthé cadet, Barre-Moureau et autres négociants de cette ville relativement à la fabrique du sieur Edouard Adam, et les observations de l'ingénieur des ponts et chaussées sur le renvoi à lui fait.

Le Maire de la ville de Béziers considérant que, si l'administration publique doit favoriser un établissement pareil à celui du sieur Edouard Adam, il est aussi de son devoir de veiller que cet établissement ne compromette point la vie et la fortune des citoyens.

Qu'on ne peut se dissimuler que le mécanisme et l'exécution de la fabrique du sieur Adam, livrés à des mains peu aptes, peuvent donner lieu à des incendies dans le cas d'entraîner la mort de beaucoup de personnes et la perte non seulement des magasins qui avoisinent cette fabrique, mais encore des marchandises considérables qui y sont déposées.

Qu'il est possible de concilier la protection due à un établissement encouragé par le gouvernement et la sûreté réclamée avec fondement par les pétionnaires soit pour leur personne, soit pour leurs propriétés, en plaçant la fabrique du sieur Adam dans un local isolé.

Estime qu'il y a lieu d'arrêter que le sieur Edouard Adam se procurera un local isolé pour y établir sa dite fabrique et qu'en attendant il suspendra cette fabrication attendu que, malgré la surveillance la plus active des personnes mêmes expérimentées, un simple oubli, même une petite négligence peut donner lieu à un évènement des plus fâcheux.

Après le luxe déployé dans la cérémonie de la réception du buste de l'Empereur, il fallait s'attendre à des manifestations non moins enthousiastes pour le couronnement et le sacre, double cérémonie fixée au 2 décembre 1804. Le Maire désigna pour y assister deux anciens militaires : les sieurs Valat (François Guillaume) et Raisin (Louis) qui furent armés et équipés aux frais de la Commune.

Le corps municipal assista à l'acte civil du mariage d'une jeune fille dotée par le Gouvernement, puis à la cérémonie religieuse qui eût lieu dans l'église Saint-Aphrodise, enfin à un *Te Deum* chanté dans l'église Saint-Nazaire. Il y eut le soir illumination générale.

XII.

On n'a pas oublié que les membres des Conseils municipaux n'étaient, aux termes de la loi du 28 pluviose an VIII, nommés que pour trois ans ; un Décret impérial du 5 ventose an XIII prescrivit le renouvellement de ces conseils par moitié. Ce renouvellement eut lieu dans la séance du 10 germinal an XIII (51 mars 1805). M. Donadieu procéda à l'installation et reçut le serment des nouveaux Conseillers. Le Conseil se trouva dès ce jour, composé de la manière suivante :

MM.	MM.
Passebosc, ex-notaire.	Destagnol (Nicolas-Louis).
Coste, homme de loi.	Lagarrigue (Jn. Jh.) négt.
Geoffroy, ingénieur.	Boucar, homme de loi.
Murat (Alexis), agriculteur.	Gailhac (Joseph), p.-foncier.
Thévenbau, marchand.	Péret-Audoux (Jacques), id.
Bassal (Pierre), distillateur.	Salvan (Antoine), négociant.
Fayet, propriétaire-foncier.	Jouve (Antoine), négociant.
Mimard, homme de loi.	Cavaillé-Mascou (Paul), négt.
Brès, agriculteur.	Cassagne (Antoine), p.-foncier
Pagès, homme de loi.	Martin (Jean, notaire.
Hérail, notaire.	Viennet (Jh.), r. des finances.
Barthélemy, ancien maçon.	Bernard-Nattes, médecin.
Fraisse aîné, agriculteur.	Audibert (Jean-Jacques), pro.
Raoul, juge de paix.	Bonnet (Louis), propriét. (1).

M. le docteur Roch Bourguet, qui alliait à un haut degré l'amour de la science avec l'amour de l'humanité, demanda, cette année, à M. Donadieu, maire, l'autorisation d'ouvrir un cours gratuit de chirurgie, de dissection et d'accouchement. M. le Maire s'empressa d'accorder cette autorisation par un arrêté en date du 20 avril 1805.

Cet arrêté honore autant le dévouement désintéressé du pétitionnaire que la sollicitude du premier magistrat de la Cité pour les classes indigentes. On en jugera par les termes dans lesquels il est conçu :

Considérant que l'offre du pétitionnaire ne peut qu'être avantageuse à l'humanité et qu'il est du devoir de l'autorité de favoriser de tout son pouvoir tout ce qui peut contribuer à étendre et propager les connaissances de l'art médical ;

Estime qu'il y a lieu :

(1) Si le nombre de trente, prescrit par la loi, n'est pas atteint dans cette liste, c'est par suite du décès de deux conseillers. MM. Guilhaume Roube et Mainy, qui furent plus tard remplacés par MM. Esprit-Ginestet.

1°. D'accepter l'offre du pétitionnaire lequel sera chargé, en qualité de médecin opérant, consultant de l'hôpital, de faire gratuitement, dans cet hôpital, toutes les opérations qui se présenteront, de concert avec MM les officiers ordinaires de santé, auxquelles opérations seront présents les élèves du pétitionnaire, qui seront tenus de servir, sous leur direction, les malades de l'hôpital ;

2°. Le pétitionnaire se rendra dans cette maison toutes les fois qu'il y sera demandé en consultation et, à raison de ce service gratuit, il lui sera permis de prendre à l'hôpital les cadavres qui lui seront nécessaires pour la démonstration ; les frais de transport et d'inhumation seront à sa charge ;

3°. Suivant son offre, le pétitionnaire opérera et fera soigner gratuitement, sous ses yeux, par ses élèves, les malades indigents de la ville ;

4°. Il sera fait un réglement soumis à la sanction de l'autorité relativement aux dits élèves ;

5°. Il sera libre aux sages-femmes de la ville de profiter du cours d'accouchement.

A quelques jours de cet arrêté d'intérêt local, apparait un arrêté politique :

« Considérant que le Couronnement de sa Majesté impériale « comme roi d'Italie, doit avoir lieu le 3 prairial prochain (23 mai « 1805), jour de l'Ascension ; que cet évènement, fameux dans « les annales de la France, doit être solennisé de la manière la « plus éclatante, arrête :

La fête de Caritachz sera célébrée ce jour là.

Elle le fut en effet et avec grande pompe. Bénédiction des pains à l'église de l'hôpital St-Joseph, promenade à cheval, dans les rues, de toutes les autorités civiles et militaires, mitraillades de dragées, feu d'artifice, rien ne manqua à la fête.

Une seconde fête publique suivit de près celle du Couronnement du Roi d'Italie : la fête du 15 août, anniversaire de la naissance de sa Majesté impériale et royale. On chanta un *Te Deum* le matin ; il y eut l'après-midi des danses sur la promenade et le soir feu de joie sur la place de l'Hôtel-de-Ville.

Le bruit de toutes ces fêtes ne détournait pas notre édile du soin des affaires de la Cité. Il entretint son Conseil de l'établissement d'aqueducs publics ; mais ce Conseil, tout en reconnaissant l'opportunité et l'utilité de cette création, en délibéra l'ajournement par le motif que les ressources de la Commune devaient s'appliquer de préférence au paiement des terrains et à la clôture du nouveau cimetière, comme aussi à faire fermer la halle au blé *qui n'était dit-il, qu'un cloaque infect et un lieu dangereux pendant les mois d'hiver.*

Grâce à cette excessive prudence et à ces principes d'économie, le budget pour l'année 1806 put être voté avec un insignifiant déficit.

Il ne présente en dépense que le chiffre de 89,662 fr. 50

et en recette que celui de . . . . 89,567 fr. 50

Déficit . . . 95 fr. 00

Le bail à ferme de l'octroi expirant dans le cours de cette année, le conseil se livra à l'étude d'un nouveau tarif et réglement.

Puis furent votées quelques réparations à la toiture et à la porte d'entrée de l'église St-Nazaire. La dépense s'éleva à la somme de mille francs.

Enfin, un Décret en date du 9 septembre ayant proclamé la suppression du *Calendrier républicain,* qui avait existé 13 ans, 2 mois et 24 jours, le Conseil décida que les deux foires établies dans Béziers et qui avaient lieu les 1er ventôse et 1er fructidor de chaque année, demeuraient fixées au 1er septembre et au 1er mars et auraient chacune une durée de huit jours.

XIII.

Cependant une grande lutte s'engageait entre le nouvel Empereur et les puissances coalisées. Les causes de cette lutte dont le souverain venait d'entretenir le sénat dans un magnifique langage, excitèrent l'ardent patriotisme de notre Edile qui crut devoir adresser le 6 octobre 1805 à ses administrés la chaleureuse proclamation qu'on va lire :

« La foi solennelle des traités est violée ; la paix du continent « est troublée.

« L'ancienne haine qu'a vouée à la France la cour de Vienne, l'ambition toujours croissante de la Russie, l'or corrupteur du cabinet de St-Jammes sont les véritables causes de l'agression inopinée de l'Autriche.

« L'empereur marche à la tête des armées pour déconcerter les projets de nos ennemis.

« Jeunes Français, c'est-à vous plus particulièrement qu'est réservé l'honorable devoir de défendre votre pays. Volez sur les traces de vos frères d'armes, réunis sous les étendards de Napoléon 1er.

« Conscrits de toutes les classes, disputez-vous l'honneur de servir sous celui que la victoire n'abandonnera jamais.

« Jeunes Biterrois, sa Majesté impériale et royale vous appelle aux combats. Avec quel empressement vous allez vous précipiter sur ses pas ! C'est la patrie, c'est votre Empereur qu'il s'agit de défendre : Tout le bien qu'il a fait, celui qu'il doit faire encore vous en imposent le devoir. Eh ! quel est celui de vous qui voudrait rester impassible en cette circonstance !

« Sous-officiers et soldats retirés ou réformés, qui êtes en état de faire la guerre, partez, pressez-vous autour de votre auguste chef : il vous guidera toujours dans le chemin de la gloire. Citoyens, vous qui ne pouvez courir aux armes, prouvez que vous êtes animés du même sentiment : *l'Amour de la Patrie.*

« Ne souffrez point que nos braves armées manquent un seul instant des moyens de subsister et de vaincre. Acquittez promptement vos contributions ; que la rentrée des revenus publics, loin d'éprouver du retard, soit anticipée.

« S'il se trouve des lâches, des malveillants, des traitres à la patrie, qu'ils soient signalés et bientôt la loi les aura frappés.

« *Français, votre Empereur fera son devoir ; l'armée fera le sien ; vous ferez le vôtre.*

« Que ces expressions retentissent dans tous les cœurs ; qu'un saint enthousiasme s'empare de tous ; contribuons par un commun effort à soutenir la plus juste des guerres ; concourons de tous nos moyens au succès des desseins magnanimes de notre auguste souverain ; n'ayons qu'un même esprit, un même cœur; faisons tous notre devoir. »

XIV.

Vers la fin de l'année 1802, M. Donadieu avait pris l'initiative de l'utile création des commissaires de quartier. Soit que l'institution eut été mal comprise, soit que le défaut de zèle des titulaires en paralysât le fonctionnement, on le voit, trois ans après, en décembre 1805, reprendre son œuvre et lui donner un nouvel et plus large essor.

Un arrêté en dix articles constitue un véritable code de police municipale dont l'exécution est confiée au zèle et au dévouement gratuit de citoyens honorables. Les uns portent les noms de commissaires iliers, les autres de commissaires de quartier. Leur mission est de faire connaître à l'autorité administrative :

1° Les délits qui se commettent dans leurs arrondissements respectifs ;

2° Les abus qui viendront à leur connaissance ;

3° Les mesures qui pourraient être prises pour y re-médier ;

4° Les familles indigentes de leurs îles et quartiers et les causes de cette indigence.

A côté de ces attributions générales se plaçaient pour les commisssaires des attributions spéciales : Ainsi, ils étaient autorisés à traduire devant le Commissaire de police non-seulement les délinquants, mais encore les contrevenants aux arrêtés qui prescrivaient le balayage des rues, l'éclairage des maisons en construction ou réparation, la fermeture des cabarets, auberges et cafés, etc.

Pourquoi cette institution, empruntée aux temps anciens, comme le dit M. Donadieu en tête de son arrêté, ne s'est-elle pas perpétuée jusqu'à nous et a-t-elle été remplacée par une police salariée, trop souvent vénale et dont les gouvernements eux-mêmes se défient tout en en faisant un instrument d'espionage, de compression et de servitude ?

XV.

La fin de l'année 1805 avait vu s'accomplir de prodigieux évènements militaires. Quelques mois avaient suffi à l'Empereur pour détruire les armées des souverains de l'Europe coalisée. Ulm faisait oublier Trafalgar, et la victoire d'Austerlitz couronnait merveilleusement la campagne.

A peine la nouvelle de cette grande victoire et de la signature de la paix avec le souverain de l'Allemagne fut-elle apportée par le *Moniteur*, que M. Donadieu s'empressa de faire chanter un *Te Deum* en action de grâces, invita ses administrés à illuminer la façade de leurs maisons et fit allumer un feu de joie sur la place de l'Hôtel-de-Ville.

Puis, de concert avec ses adjoints (Mazuc et Coste), il envoya à Sa Majesté l'adresse suivante :

« SIRE,

« Lorsqu'il y a moins de quatre mois, vous partîtes pour aller combattre sur une terre étrangère, avec quelle inquiétude nous vîmes Votre Majesté s'enfoncer au milieu de ses ennemis coalisés! avec quelle ferveur nous avons constamment élevé nos vœux vers le ciel pour la prospérité de vos armes! avec quel empressement et avec quelle avidité nous attendions et nous lisions les récits des prodiges de la grande armée!

« Aujourd'hui, comment trouver des expressions assez fortes pour peindre dignement tout ce que Votre Majesté a fait pour la gloire et le bonheur de son peuple et toute la joie que nous avons éprouvée à la nouvelle de votre retour.

« Que de prodiges opérés dans une campagne aussi prompte et aussi glorieuse! Votre Majesté a surpassé les espérances des Français. Vous avez éclipsé tout ce qui a été fait de grand dans les siècles précédents.

« Grâces immortelles vous soient rendues au nom des Biterrois dont nous sommes en ce moment les organes! Recevez, Sire, le tribut de leur admiration et de leur respect.

« Pour nous, Sire, après avoir admiré le héros, après avoir béni le pacificateur, ce sera par notre constante fidélité à nos devoirs, ce sera en redoublant de zèle dans l'exercice de nos fonctions que nous nous efforcerons de prouver à Votre Majesté notre amour, notre dévouement et notre respect. »

XVI.

Comme l'année 1802 avait été la plus belle du Consulat, on peut dire que l'année 1806 fut la plus belle de l'Empire. Dans cette année, en effet, Napoléon fonda des royautés vassales sur la tête de ses frères, des duchés pour ses généraux et ses serviteurs, de riches dotations pour ses soldats, supprima l'Empire Germanique et laissa l'Empire Français remplir seul l'Occident. Il continua, en fait de routes, de ponts, de canaux, les travaux déjà commencés et en entreprit de plus importants, tels que les canaux du Rhône au Rhin, du Rhin à l'Escaut, les routes de la Corniche, de Tarare, de Metz à Mayence. Il projeta les grands monuments de la capitale, la colonne de la place Vendôme, l'arc de l'Etoile, l'achèvement du Louvre, la rue qui se dirigeant des Tuileries à la barrière du Trône, devait s'appeler Impériale, enfin les principales fontaines de Paris. Il commença la restauration de l'église St-Louis, il ordonna l'achèvement du Panthéon; il promulgua le code de procédure, perfectionna l'organisation du Conseil d'Etat, créa l'Université, liquida définitivement les arriérés financiers, compléta le système des impôts, réorganisa la Banque de France et prépara le nouveau système de Trésorerie française. Tout cela, entrepris en janvier 1806, était terminé en juillet de la même année.

Il ne faut rien moins que le souvenir de tant de prodiges accomplis en si peu de temps, pour expliquer et comprendre l'enthousiasme et le lyrisme de l'adresse que M. Donadieu proposa d'envoyer à Sa Majesté et qui fut votée à l'unanimité par son Conseil municipal.

« Sire,

« Tout ce que l'on nous raconte de ces héros et de ces demi-Dieux si célèbres dans la fable ou dans l'histoire, Votre Majesté vient de le rendre croyable en égalant, disons mieux, en surpassant, dans un petit nombre d'années, ce que les travaux de toute leur vie paraissent avoir de plus surnaturel.

« Nous n'essaierons pas, Sire, de retracer ici cette longue suite de merveilles dont votre génie a successivement et avec tant de rapidité frappé nos yeux et notre esprit. Un tel essai est au-dessus de nos forces ; nous le croyons même au-dessus de toute force humaine. La langue peut-elle avoir des expressions dont l'énergie réponde à la grandeur de vos exploits, et l'homme a-t-il pu inventer des signes pour représenter des prodiges dont l'imagination n'avait pas encore enfanté l'idée?

« Mais ce que la langue ne saurait exprimer, le cœur sait le sentir, et, sous ce rapport, l'hommage que nous devons aujourd'hui vous présenter est, nous osons le dire, vraiment digne de Votre Majesté.

« Que demande-t-elle en effet au peuple français pour prix de tant de peines, de tant de travaux, de tant de fatigues, de tant de sacrifices? Elle lui demande de la reconnaissance, de l'admiration, du respect, de l'amour. Eh bien! tous ces sentiments se mêlent, se confondent, se réunissent dans nos cœurs. Ils sont à jamais gravés en caractères ineffaçables. Nous les transmettrons à nos enfants, en leur prescrivant de les transmettre aux leurs, pour que, à leur tour, ceux-ci les transmettent à ceux qui naîtront d'eux.

« C'est ainsi que la génération qui passe, instruisant celle qui doit la suivre, propagera d'âge en âge les sentiments qui l'animent et qui se retrouveront dans le cœur de nos derniers neveux.

« C'est ainsi que le héros du xix⁰ siécle, après avoir longtemps rempli l'univers du bruit de son nom, le remplira, dans tous les siècles, de son auguste et précieux souvenir.

« Enfin, Sire, c'est ainsi que nos descendants apprendront de nous à répéter à vos successeurs, dans toute l'effusion d'un cœur sensible et reconnaissant, le serment de fidélité que nous vous renouvelons aujourd'hui avec cet empressement que commande l'enthousiasme tout à la fois le plus vif et le plus juste. »

Il semble que l'attention de tous étant surexcitée, absorbée par les événements politiques, le mouvement des affaires municipales devait être un peu paralysé. On ne trouve en effet dans les registres de la commune de cette année que la mention des affaires courantes. Ainsi le budget, formé pour l'année 1807, présente une dépense équilibrée par la recette. Le chiffre ne s'élève qu'à 97,105 fr. 45 c.

Parmi les faits locaux à signaler, on ne voit qu'une délibération relative à la réorganisation de la Garde nationale. La mort ou le changement de résidence de plusieurs de ses membres ayant considérablement réduit les cadres, le Maire, dans un intérêt d'ordre et de sécurité, fit dresser une liste de huit cents citoyens au-dessous de l'âge de 50 ans et les soumit à toutes les pratiques, à tous les exercices, à toutes les corvées prescrites par les lois en vigueur sur la matière.

XVII.

Un évènement politique d'une haute portée avait marqué la fin de l'année 1806 : c'est le Décret daté du Camp impérial de Berlin, le 21 novembre, déclarant les Iles Britanniques en état de blocus. Ce Décret fut diversement interprêté. Les uns y virent une sorte de reprise du projet avorté de descente en Angleterre et comme le réveil de l'antagonisme de vieille date contre nos voisins d'Outre-Manche. Les moins belliqueux comprirent que le blocus n'avait pour but que l'interdiction de tout commerce, de toute correspondance avec les Iles Britanniques et la confiscation de tout bâtiment anglais qui tenterait d'aborder un de nos ports. Toutefois la préoccupation et l'agitation furent grandes partout. Les contemporains nous apprennent qu'à Béziers se répandit un jour la nouvelle d'un débarquement imminent des Anglais sur la plage de Sérignan. Aussitôt, grand émoi dans la Cité et à la Sous-Préfecture. Monsieur Fournier, sous-préfet, fanatique de la gloire impériale et patriote sincère, se rend chez le Maire et l'invite à faire battre immédiatement la générale. La population et la garnison doivent, dit-il, accourir ensemble sur la plage et s'opposer au débarquement des Anglais. Le Maire écoute en silence la chaleureuse et patriotique allocution du sous-préfet, mais peu convaincu de la réalité du danger, il se borne à lui dire d'un ton calme : *Allez chez vous et écrivez-moi.*

Bien prit au Maire de ne pas partager la panique qui avait gagné les habitants et le sous-préfet. Tous avaient été dupes d'une mystification, car il ne parut sur la côte aucun vaisseau Anglais. Si le sol de notre ville ne fut pas alors souillé par la présence d'étrangers entrés en vainqueurs, il fut foulé par des étrangers arrivés en vaincus. Après la destruction des armées prussiennes par nos phalanges victorieuses, une multitude de prisonniers, on le sait, furent internés dans beaucoup de villes de France. Béziers en reçut jusqu'à mille. C'était au mois de février 1807. Le Maire voulut affranchir ses administrés de la lourde charge de les loger et les fit placer dans les casernes et dans les bâtiments de l'ancien hôpital civil qui existaient encore et qu'on ne vendit nationalement qu'en l'année 1811. Il fallut toutefois pourvoir à la garde de ces prisonniers. On imposa cette corvée aux habitants qui l'accomplirent avec zèle, à la voix de leur Maire. L'instruction publiée par ce magistrat à l'occasion de cette surveillance témoigne de son respect pour le malheur et d'un profond sentiment d'humanité. Pourquoi ces souvenirs ne se sont-ils pas conservés dans la mémoire de la nation prussienne? Quel contraste avec les traitements barbares infligés aux prisonniers français pendant la dernière et déplorable guerre de 1870 !

Le budget pour 1808 fut fixé en recette à 105,453 fr. 88 c. et en dépense à 105,222 fr. 50 c. Excédant de recette : 231 fr. 38 c.

Dans la séance du 14 mai 1807 où fut voté ce budget, on nomma une commission pour examiner un projet hydraulique émanant des sieurs Claret et Bory, projet auquel il ne fut donné aucune suite.

On célébra cette année avec un grand éclat la fête de saint Napoléon (15 août) qui coïncidait avec la nouvelle du traité de paix signé avec la Russie et la Prusse. La façade de l'Hôtel-de-Ville fut ornée de guirlandes formées de branches de chêne, d'olivier et de laurier. Toutes les autorités civiles et militaires assistèrent à la proclamation de la paix qui fut faite la veille aux flambeaux, au bruit de l'artillerie et des cloches et au son de la musique. La journée du 15 août se passa en cérémonies religieuses et en fêtes nautiques sur l'Orb où s'exécutèrent le jeu du chapeau et la course aux canards. Elle se termina par un feu de joie sur la place de l'Hôtel-de-Ville.

Au mois d'octobre, l'archi-chancelier Cambacérès venu à Montpellier, sa ville natale, qu'il n'avait pas visitée depuis longtemps, annonça son passage à Béziers. On lui fit une réception princière, si l'on en juge par les termes de l'avis que le Maire adressa à ses administrés. Cet avis invite tous les habitants des rues situées entre la porte Napoléon et celle de Tourventouse, par où devait passer le prince, à orner la façade de leurs maisons avec des guirlandes de laurier et de chêne.

Aucun incident ne marqua cette visite qui fut de courte durée. Béziers pourtant avait quelques droits à la reconnaissance de l'archichancelier, car les électeurs de cette ville l'avaient fait député à l'assemblée des Cinq-Cents. Ce souvenir eût dû lui inspirer la pensée de laisser dans ses murs quelque témoignage de sa toute puissance.

XVIII.

Les ordonnances de 1675 et 1681, rédigées sous l'influence du génie de Colbert, formaient, depuis un siècle et demi, le droit commercial de la France, lorsque l'Empereur voulut, en 1807, comprendre dans son projet de codification générale de nos lois toutes les dispositions relatives aux matières commerciales, éparses çà et là. Il fit, à cette occasion, étudier la question du nombre des tribunaux de commerce à établir et de la désignation des villes appelées au privilége de cet établissement.

Béziers avait déjà un tribunal et une bourse de commerce. M. Donadieu craignant de voir la ville privée de ce double avantage se hâta d'exprimer au Gouvernement ses appréhensions et d'invoquer avec une intelligente sollicitude les droits acquis.

On ne lira pas sans intérêt le texte même de sa supplique, où respire le sentiment du plus pur patriotisme local.

« Sire,

« Dans un moment où des formes rapides mais sévères, des juges choisis parmi les commerçants vont donner à des tribunaux dont la spécialité est maintenue tout l'avantage qui résulte pour l'application de la loi du concours des connaissances pratiques ;

« Dans un moment où il va s'établir entre les places de commerce une salutaire uniformité pour la contexture, pour les échéances, pour les effets et pour les formes conservatrices des transactions.

« Dans un moment enfin où Votre Majesté I. et R. va déterminer le nombre des tribunaux de commerce, les lieux dans lesquels ils doivent être établis et leurs arrondissements, il est de notre devoir de mettre sous les yeux de Votre Majesté les considérations majeures qui militent pour le maintien du tribunal de commerce établi dans Béziers, puisque notre silence serait en opposition avec le cri de l'intérêt public.

« La ville de Béziers est, par sa population, par son tribut aux charges publiques, la seconde du département de l'Hérault : elle en est la première par l'activité de son commerce dont l'étendue se trouve singulièrement favorisée par sa position sur le Canal des deux Mers qui baigne ses murs, par ses marchés hebdomadaires les plus considérables du département et des départements voisins et par ses deux foires.

« Toutes ces circonstances réunies ont, dans tous les temps, fait fleurir le commerce dans Béziers. Depuis la révolutiou et plus récemment, depuis les époques à jamais mémorables des 18 brumaire et 28 floréal, ses liaisons commerciales se sont considérablement accrues par l'effet des encouragements et de la protection spéciale donnée par Votre Majesté à l'agriculture et au commerce.

« Une bourse de commerce y a été établie : six courtiers, agents intermédiaires de cette bourse, qui ont tous fourni leur cautionnenement, peuvent à peine suffire à constater les transations commerciales qui ont lieu sur cette place, preuve non équivoque de l'étendue et de l'activité de son commerce.

« La multiplicité des tribunaux de commerce est à la fois un secours pour le commerce et un signe de sa prospérité ; il n'en réclame point dans les lieux où son activité ne les lui rend pas nécessaires.

« L'expérience a déjà consacré l'utilité du tribunal du commerce établi dans Béziers et, s'il est vrai, comme l'on ne peut en douter, que la facilité des transactions, la rapidité de la circulation et la sûreté du crédit font la puissance du commerce, que ces sortes de transactions sont plus susceptibles de formalités, que les actions auxquelles elles peuvent donner lieu sont des actions de chaque jour qui doivent être décidées chaque jour.

« En matière de commerce tout est urgent, tout porte sur des conventions rapidement arrêtées. S'il y a un doute, il faut qu'il soit promptement éclairci ; s'il s'agit d'exécution, il est essentiel qu'elle ne soit point retardée.

« Ici l'intérêt général plus encore que l'intérêt particulier veut que la justice ait des ailes et qu'elle soit présente presque partout où un négociant a besoin de l'invoquer. Le temps est pour lui d'un prix inestimable. Un procès est une avarie qu'il a hâte de faire cesser.

« Sire, tout ces motifs concourent pour faire maintenir dans Béziers, le tribunal de commerce qui y existe et nous avons lieu de l'attendre d'un souverain dont la sagesse et l'amour du bien public dirigent toutes les opérations. ».

Cette adresse en date du 2 décembre couronnait dignement les travaux municipaux de notre édile pour l'année 1807. Elle obtint un plein succés et, depuis cette époque, l'existence de notre Tribunal de Commerce n'a plus été mise en question.

XIX.

A M. Donadieu revient l'honneur d'avoir, le premier, dans ce siècle, soulevé et tenté de résoudre la grande question de l'accroissement du volume d'eau de nos fontaines. Le nom de l'ingénieur Ovide, connu à Toulouse par les perfectionnements apportés au système des machines du moulin du Basacle, étant parvenu jusqu'à lui, il se mit en rapport avec cet ingénieur qui se rendit à Béziers et offrit d'établir une pompe à manége qui devait élever sur la place Saint-Louis 8 mètres 55 décimètres cubes d'eau de l'Orb, par heure, soit 205,320 litres par jour.

Le projet de M. Ovide fut soumis au Conseil municipal dans les premiers jours de l'année 1808 et renvoyé à l'examen d'une commission. Celle-ci fit un rapport favorable qui fut lu dans la séance du 14 février. Après la lecture de ce rapport, M. le Maire prit la parole en ces termes :

« Vous l'avez entendu, Messieurs, les eaux des coteaux qui avoisinent la ville sont insuffisantes pour les besoins de ses habitants, et les dépenses pour se les procurer sont considérables. Nos pères ont tenté inutilement d'en augmenter la quantité. Les différents essais et les dépenses qu'ils ont faites à diverses époques les ont convaincus de cette triste vérité.

« Souvent l'on a parlé de la source de Gabian, mais pour abandonner ce projet, il suffit de connaître les sommes considérables qu'il faudrait employer pour conduire cette source à Béziers.

« Votre commission a donc pensé sagement en vous présentant pour unique ressource une prise d'eau sur la rivière d'Orb. Ce serait affaiblir les motifs qu'elle nous en a donné par l'organe de son rapporteur que de vouloir y ajouter de nouvelles idées.

« Sur le choix des moyens à employer pour élever l'eau de la rivière, votre commission a préféré la grande roue à la pompe à manége et à la pompe à feu. Simplicité dans la machine, entretien peu coûteux sont les motifs de ce choix.

« Cette prise d'eau sur la rivière a amené nécessairement une question importante des droits de la ville aux eaux de l'Orb relativement aux propriétaires des moulins, à l'usage qu'ils peuvent en faire, et à l'intérêt du Gouvernement sur une innovation quelconque à l'état des choses par rapport à la navigation du Canal des deux mers.

« Sur ces divers objets, M. Ovide, ingénieur-mécanicien dont le plan a été adopté par votre commission, applanit toutes les difficultés; il fait cesser toutes les craintes; il concilie tous les intérêts.

« Le Conseil verra donc dans l'établissement proposé par votre commission un avantage réel pour les habitants de la Cité. Le Gouvernement y est aussi intéressé puisque cet établissement le dispensera, par la suite, de l'indemnité qu'il paie annuellement aux propriétaires des moulins. Il n'est pas douteux que prenant cette circonstance en considération, vu aussi l'importance de cette cité, l'impôt considérable qu'elle verse dans le trésor public et la pénurie de ses moyens, il secondera les efforts de l'administration pour parvenir à ce but.

« Je propose en conséquence au Conseil :

« 1º D'adopter l'avis de votre commission dont le rapport sera joint à la présente délibération ;

« 2º De supplier Sa Majesté Impériale et Royale d'accorder à cette cité un secours pour fournir à la dépense de l'établissement proposé par M. Ovide et adopté par votre commission :

« 3º De voter des remerciements à votre commission ainsi qu'aux citoyens estimables qui ont bien voulu s'y adjoindre à raison du zèle qu'ils ont mis dans leurs opérations. »

Vote unanime et conforme en tous points à la proposition du Maire.

Il semblait que le projet allait entrer dans la période d'exécution quand les Ingénieurs Tandol et Fontenay le combattirent et voulurent faire prévaloir le système, dès longtemps condamné, de la réunion des sources et des filtrations du *Pech de Baume.*

Tandis que s'élevait ce conflit, le Gouvernement rejeta le projet Ovide *à cause de l'imperfection de la machine et de l'incertitude des calculs.*

Béziers fut pour longtemps encore affligé de la disette d'eau qui ne cessa qu'en 1827, grâce au génie inventif d'un de ses enfants, Cordier, ainsi qu'on le verra plus tard.

XX.

Depuis l'entrée des armées françaises en Espagne dans le courant de février et de mars 1808, Napoléon Iᵉʳ, pour suivre de plus près les événements qui allaient s'accomplir, passa deux mois à Bayonne et dans les départements situés au pied des Pyrénées. Il visita successivement Pau, Auch, Toulouse, Montauban, Bordeaux, partout fêté, partout reçu avec transport par les populations.

Le Maire de Béziers, dans la prévision d'une visite du Souverain , dont le départ pour ⌊les départements du Midi était annoncé par la *Gazette nationale* dans le numéro du 2 avril, s'empressa d'entretenir son Conseil municipal, dans la séance du 15 avril 1808 , des dispositions à prendre pour la réception de Sa Majesté, *voulant*, dit-il, *que ces dispositions soient telles que Sa Majesté I. et R. ne puisse se méprendre sur les sentiments de respect, d'amour et de reconnaissance dont sont animés pour elle ses fidèles sujets de Béziers.*

Il proposa en conséquence :

1° La formation d'une garde d'honneur de cent hommes dont 60 à pied et 40 à cheval pour le service auprès de Sa Majesté.

2° L'organisation de la danse des treilles qui serait exécutée par soixante garçons et autant de filles.

Une commission de quatre membres fut nommée pour présider aux préparatifs de la réception. Cette commission reconnut qu'il fallait élever des arcs-de-triomphe à la porte Tourventouse et à la porte Napoléon ; acheter des drapeaux, des guidons et des trompettes, habiller les tambours et musiciens, allouer une somme de trente francs à chaque couple de danseurs des treilles, fournir un sabre et un baudrier à chaque garde d'honneur. Le chiffre de la dépense ne s'élevait pas à moins de quinze mille francs. Le Conseil municipal le vota à l'unanimité.

Le 12 juin suivant, la garde d'honneur organisée, habillée et équipée recevait sur la place de l'Hôtel-de-Ville des mains du Maire les drapeaux offerts par la Commune.

Il y eut échange de discours entre le premier magistrat de la Cité et le Commandant en chef de cette garde ; puis on se rendit en pompe à l'Eglise St-Nazaire où le curé procéda à la bénédiction des drapeaux et prononça un discours *qui fut*, nous dit le secrétaire, *écouté avec plaisir*.

On n'avait pas consacré moins de deux mois à préparer une réception digne de la ville et du Souverain. Les revers éprouvés par nos armées en Espagne, la désastreuse capitulation de Baylen survenue dans ses entrefaites, créaient d'assez graves soucis à l'Empereur pour interrompre le cours de sa visite aux départements du Midi. Béziers en fut pour ses frais et n'eût pas l'honneur de recevoir dans ses murs le héros du siècle.

XXI.

S'il est une pensée digne de la sollicitude d'un Maire, c'est à coup sûr celle d'abolir, dans sa ville, la mendicité, en fournissant aux mendiants du travail et du pain. Cette pensée avait vivement préoccupé l'empereur Napoléon au mois d'août 1807.

« *J'attache*, écrivait-il à son ministre de l'intérieur, *une*
« *grande importance et une grande idée de gloire à dé-*
« *truire la mendicité... Il ne faut point passer sur cette*
« *terre sans y laisser des traces qui recommandent notre*
« *mémoire à la postérité... Il faut qu'avant le 15 décembre*
« *vous ayez trouvé, sur les quarts de réserve et sur les fonds*
« *des communes, les ressources nécessaires à l'entretien de*
« *soixante ou cent maisons pour l'extirpation de la mendi-*
« *cité...* »

M. Donadieu ne fut pas des derniers à mettre en œuvre la grande et philantropique idée du Souverain. Il en saisit son Conseil dès les premiers mois de l'année 1808 et nous trouvons à la date du 15 juin un rapport de la commission municipale chargée par lui d'étudier les moyens de la réaliser.

Dans ce rapport qui a pour auteur M. Boucar-Martin (1), la question de la mendicité est examinée sous cinq points de vue :

« 1° Quel est le nombre des mendiants? 2° Où peut-on les abriter? 3° Comment les occuper? 4° A quel prix s'élèvera la dépense de nourriture et de vêtement? 5° Quels sont les voies et moyens pour parer à cette dépense?

Abordant la première question, le rapporteur classe les mendiants par catégories : les uns craignant moins la misère que le travail, se livrent sans remords à l'oisiveté et à tous les vices qu'elle entraîne ; les autres accablés par des malheurs ou des infirmités réelles sont forcés de tendre la main. A ces derniers on doit des secours ; les premiers ne méritent que des châtiments. Puis, invoquant les dispositions d'une ordonnance de Louis XIV et de la loi du 7 frimaire an V, il propose l'expulsion des mendiants étrangers et trouve que le nombre de ceux nés et domiciliés dans la commune, ayant seuls droits à des secours, se réduit à soixante.

Passant à la question du logement, le rapporteur rappelle qu'en l'année 1647, l'évêque Clément de Bonsÿ loua de ses deniers une maison pour abriter tous les mendiants ; mais la mort de ce prélat arrêta l'exécution de cet acte de bienfaisance.

Jean de Rotondis de Biscarras reprit l'œuvre de son illustre prédécesseur. Il fonda et dota l'hôpital général pour y placer et entretenir les pauvres.

(1) M. Boucard-Martin fut, en 1815, nommé juge au tribunal civil et mourut président de ce tribunal.

Ses successeurs et plusieurs particuliers, MM. Maussac, Pradines, Coustol enrichirent l'établissement de leurs dons ; mais l'hôpital et les dotations furent emportés par la révolution de 1789.

Le nouvel hospice Saint-Joseph qui l'a remplacé ne reçoit que quelques jeunes enfants et quelques vieillards ; il est urgent de le rendre à sa destination primitive, soit en utilisant les locaux existants, soit en les agrandissant.

Le logement trouvé, le rapporteur veut qu'on y ouvre des ateliers de travail qui seront à la fois des éléments de moralisation et des sources de revenu. Dans ces ateliers il place des cordonniers, des tailleurs et des tisserands. Les mendiants impropres à ces diverses professions seront employés à éplucher, à peigner, à carder, à filer de la laine, du coton, du fil, etc.

Pour l'installation et la dépense d'entretien, de nourriture et de vêtements de ces mendiants, le rapporteur pose un chiffre de douze mille francs par an.

Au lieu de mettre cette dépense à la charge de la commune qui ne pourrait la couvrir qu'en augmentant le tarif de l'octroi, c'est-à-dire en la faisant retomber sur la généralité des habitants, le rapporteur propose d'ouvrir une souscription chez les personnes riches ou aisées.

Cette souscription, formée seulement des sommes données par chacun individuellement aux mendiants de la rue, couvrirait au-delà la dépense présumée. Liberté serait donnée aux souscripteurs de verser mensuellement ou par trimestre le montant de leurs dons entre les mains du receveur de l'hospice.

« *Puissent les moyens que nous vous avons indiqués,* dit le rapporteur en terminant, *mériter votre approbation ! Puissions-nous avoir rempli les vues du magistrat qui sans cesse occupé de l'amélioration du sort de ses concitoyens, vous a proposé ce louable projet et*

qui s'est acquis, par là, de nouveaux droits à leur reconnaissance !
Puissent ces moyens délivrer à jamais la ville de l'affligeant fléau de
la mendicité qu'un écrivain célèbre a appelé avec raison une lèpre pes-
tilentielle ! »

Le Conseil municipal approuva à l'unanimité les conclusions du rapport, invita le Maire à solliciter l'approbation de sa délibération et à prendre tous les moyens
qu'il croira propres à assurer l'abolition tant désirée de
la mendicité.

Il faut déplorer qu'une question étudiée avec tant de
soin, théoriquement résolue avec tant de sagesse et à
laquelle le souverain attachait une si grande importance,
n'ait jamais eu dans Béziers de solution pratique et que
la plaie de la mendicité se soit perpétuée jusqu'à nous.

XXII.

Par un décret du 19 juin 1790, la noblesse héréditaire,
les titres et armoiries privés avaient été abolis ; mais dans
cette proscription, n'étaient point comprises les armoiries
des villes. En 1809, l'Empire jaloux de relier la chaîne
des temps, accorda aux villes et corporations la faculté
d'obtenir des armoiries spéciales. Notre édilité fut des
premières à demander son admission à la faveur nouvelle. Nous la voyons, dans la séance du 6 avril 1809,
provoquer une délibération portant qu'il sera demandé
des armoiries spéciales pour la ville. Elles seront composées
de deux abeilles et un aigle au milieu dont la tête sera sur-
montée d'une couronne, posée en ligne sur un champ d'azur
et trois gueules rouges par dessous, posées sur un champ
d'argent, un chameau et un sauvage avec sa massue pour
support, entourés d'une branche de chêne d'un côté et d'une
branche de laurier de l'autre, le tout conforme au modèle
annexé à la présente délibération.

Ce modèle, on le voit, associe les attributs de l'Empire avec les traditions de l'origine du Christianisme dans nos murs, mais ne rappelle ni le sigyllum de nos vicomtes, ni les armoiries octroyées à la ville par nos rois. Il semblait dès lors qu'il dût recevoir l'approbation du Gouvernement. Une lettre du Ministre de l'Intérieur en date du 18 octobre 1809 nous apprend qu'il fut rejeté tout d'abord par le motif *qu'on devait en exclure les aigles et les abeilles, ainsi que les pièces de l'ancienne dynastie.*

Quelques mois plus tard, l'armorial fut autorisé avec la seule suppression des aigles et des abeilles. Réduit à l'emblème du chameau et du sauvage, cet armorial ne fut ni édité, ni placé sur nos édifices publics durant la période impériale. Béziers ne reprit ses anciennes armoiries que sous la Restauration , comme on le verra plus tard.

Dans cette année 1809, la municipalité, reçut par l'intermédiaire du Préfet, une communication importante. On se souvient que le palais de nos évêques avait été compris dans la dotation de la Légion d'Honneur et était affecté à la 9ᵉ cohorte.

On proposa à la ville la cession de ce palais moyennant une rente de cinq mille francs.

Le Conseil municipal assemblé pour examiner cette proposition, la repoussa par la délibération suivante :

« Considérant que la maison dont il s'agit ne peut être nullement utilisée par la ville ;

« Que conséquemment ce serait sans objet qu'elle accepterait la cession offerte, cession qui d'ailleurs serait excessivement onéreuse vu la modicité des revenus de la ville et les charges dont elle est grevée,

« A unanimement délibéré qu'il ne peut accepter la proposition qui lui est faite. »

On ne saurait trop déplorer la résolution prise par le Conseil, en cette circonstance, ainsi que la pauvreté des motifs sur lesquels elle est basée.

D'abord l'état des finances de la ville permettait l'acquisition, car ce Conseil votait le budget de 1810 en équilibre, le chiffre des recettes et celui des dépenses s'élevant chacun à 115,354 fr. 71.

D'autre part, nier l'utilité de l'acquisition, c'était méconnaître à la fois les besoins du présent et ceux de l'avenir. Alors comme aujourd'hui, la ville manquait de locaux pour ses écoles primaires ; sa bibliothèque était réléguée loin du centre, dans l'enceinte du collége et sans autre accès que l'entrée de cet établissement. Le vaste palais de nos évêques se prêtait merveilleusement à cette double et utile destination. Les générations futures auraient acquitté, sans se plaindre, la charge annuelle dont on les eût grevées en considération des immenses avantages que la propriété de ce palais leur aurait procurés. Enfin, la loi obligeant le département à fournir un Hôtel aux Sous-Préfets et un Palais-de-Justice aux Tribunaux, la ville aurait vu s'élever dans son enceinte deux monuments dont elle manque encore et qui eussent contribué à son embellissement.

XXIII.

Si M. Donadieu se donna le tort d'attacher son nom au refus d'acquisition du Palais de nos évêques, il eût, dans la même année, le mérite de prendre vivement à cœur une question d'une importance capitale pour notre ville : un plan d'alignement.

Notre ancienne législation, on le sait, renferme peu de dispositions relatives à l'alignement. A peine rencontre-t-on dans les ordonnances de nos rois et les arrêts de réglement les mots de voirie et de grand voyer. Encore les prescriptions en cette matière, à l'exception de celles portées par l'édit de 1607, ne s'appliquent-elles qu'à la ville de Paris.

Malgré le peu de soin donné, à ces époques, dans les provinces, à la matière des alignements, nous signalons avec bonheur dans les archives de notre Hôtel-de-Ville, à la date du 8 novembre 1784, une délibération du Conseil tenue par M. de Portalon, seigneur de Rosis, 1er Consul, qui alloue la somme de 360 livres pour les frais d'obtention d'un arrêt du Conseil du Roi du 18 juillet précédent, homologuant les plans d'alignement des rues de Béziers. Ces plans ne se retrouvent plus au milieu du désordre des archives de notre Hôtel-de-Ville. Plus tard, on voit M. de Barrès, autre consul, auquel nous devons l'établissement de notre promenade, prendre un arrêté pour la suppression des angles des maisons formant saillie à toutes les extrémités des rues.

C'était là l'unique amélioration apportée à la viabilité intérieure de notre ville, quand furent promulguées la loi du 16 septembre 1807 imposant des plans d'alignement et le Décret impérial du 22 juillet 1808 n'accordant qu'un délai de deux années pour la confection de ces plans.

M. Donadieu s'empressa de se conformer aux prescriptions du nouveau législateur. Il chargea un géomètre habile, M. Revel, notaire impérial à Cazouls-les-Béziers, de lever un plan de notre ville et d'indiquer les améliorations à apporter à la viabilité intérieure, soit par l'élargissement des rues existantes, soit par le percement de rues nouvelles.

M. Revel se mit immédiatement à l'œuvre et produisit un plan d'ensemble, accompagné d'un rapport explicatif, qui fut placé sous les yeux du Conseil municipal dans la séance du 4 février 1810 et reçut de ce Conseil une approbation unanime. Ce plan n'embrasse que les rues et places comprises dans l'enceinte des anciens remparts, Béziers étant encore, à cette époque, place de guerre de 3e classe. Il n'entre pas dans notre cadre de faire connaître en détail toute l'économie de ce plan qui nous a paru parfaitement étudié et présenter d'heureuses améliorations. Nous nous bornons à en citer quelques-unes. On remarque le tracé d'une large rue reliant la place de l'Hôtel-de-Ville avec celle de la Citadelle, tracé si nécessaire qu'il a été remis à l'étude dans ces derniers temps ; puis le redressement et l'élargissement de la petite rue centrale qui a nom Saint-Eutrope. On admire aussi la gracieuse forme octogone donnée à la place de la Citadelle restée à l'état de ruine depuis l'explosion de la colère de Louis XIII contre les Biterrois coupables d'adhésion au parti de Montmorency. Une idée non moins heureuse de M. Revel est la prolongation de la promenade dite du Fer-à-Cheval jusqu'au plateau des Poètes. On doit déplorer que ce plan soit resté à l'état de lettre morte. Dans les soixante ans qui ont passé sur lui, la plus grande partie des maisons de notre ville a été reconstruite ou réparée ; et l'inextricable labyrinthe de nos rues, que condamnent les exigences de la circulation nouvelle, atteste l'incurie et l'arbitraire des édiles qui se sont succédé. Il eut suffi de la plus mince allocation portée aux budgets annuels, réunie au concours volontaire des propriétaires intéressés, pour améliorer notre viabilité urbaine.

Un peu d'esprit de prévision et quelques acquisitions successives faites à des prix modérés eussent épargné à la caisse communale les énormes indemnités récemment imposées par le jury pour l'exécution du plan de la Citadelle et de la promenade des Poètes.

XXIV.

Il n'y aurait rien d'important à signaler dans nos archives municipales pour l'année 1810, si n'était le grand événement du mariage de l'Empereur avec une archiduchesse d'Autriche, qui eut lieu le 1er avril pour l'acte civil à Saint-Cloud, et le 2 avril aux Tuileries pour la cérémonie religieuse.

Napoléon Ier voulut marquer cette époque par des actes de clémence et de bienfaisance. Il fit mettre en liberté les condamnés pour délits et les prisonniers pour dettes ; puis il ordonna que six mille militaires en retraite, ayant fait au moins une campagne, fussent mariés avec des filles de leurs communes auxquelles il serait accordé une dot de douze cents francs à Paris, et de six cents francs dans les autres villes de l'Empire. Le nombre de ces mariages fut calculé en raison de l'importance des populations. Paris en eut 60 ; les villes de premier et de second ordre 10. Béziers fut classé dans la catégorie de celles qui étaient désignées pour 5. Aux Conseils municipaux était dévolu le soin de désigner les militaires et les filles à marier.

Notre Conseil fut appelé dans la séance du 18 avril à faire son choix.

Voici les noms des élus :

1° Jean Guilhen, voltigeur au 15me régiment d'infanterie, réformé pour blessures, qui choisit pour épouse Gabrielle Mas ;

2° Etienne Mary, fusilier au 9me régiment de ligne, en retraite pour blessures, qui fit choix de Rose Arvieu ;

3° Pierre-Jean-Baptiste Vibert, mis en retraite pour blessures, avec pension, qui désigna pour sa femme Marie Barthès ;

4° Jacques-Alexandre Olivier, membre de la Légion d'honneur, en retraite pour blessures, avec pension, qui déclara vouloir se marier avec Marie-Ursule Marty ;

Le 5e élu, Pierre-Denis Boyer, ayant déclaré, séance tenante, que des raisons particulières ne lui permettaient pas d'accepter le bienfait de l'Empereur, l'Assemblée autorisa M. le Maire à rechercher un autre candidat.

La célébration de ces mariages, fixée d'abord au 22 avril, fut renvoyée au 31 mai, jour de l'Ascension. Ce jour était choisi pour la fête à donner à l'occasion du mariage de l'Empereur et pour laquelle avait été ouvert au maire un crédit spécial de deux mille francs. Les contemporains se plaisent à dire que jamais la fête de Caritachz n'avait vu un plus grand déploiement de jeux publics, des illuminations plus brillantes.

Toutes les classes s'y mêlèrent avec un élan qui tenait du délire. On commençait à croire à la durée de la dynastie Napoléonienne.

Il est une particularité à remarquer dans le budget supplémentaire de 1810. On y trouve inscrite une somme de 1,000 francs pour l'entretien et réparation du bâtiment des casernes dont la propriété, passée dans les mains de la nation en 1792, venait d'être rétrocédée à la ville par un Décret impérial du 23 avril 1810 (1).

(1) Nos casernes furent bâties, en 1695 et 1696, sur les plan et devis du sieur d'Ayiler, architecte du roi et de la province. La construction fut adjugée à Jean David, Antoine Libes et Joseph Bertrand, maîtres-maçons de Béziers et exécutée sous la direction du sieur Perrin, Ingénieur de la ville.

A côté de ce budget supplémentaire de 1810, se dresse le budget de 1811 dont les recettes s'élèvent à la somme de . . . . 107,539 fr. 48 c.
et les dépenses à celles de 104,820   54

Excédant de recette . . . . 2,708 fr. 94 c.

Les registres de cette année nous apprennent aussi que M. Guibal fit hommage à la ville d'un ouvrage contenant la description et l'itinéraire du Canal du Midi. Sensible à cet hommage, le Conseil chargea le Maire de transmettre ses remerciements à l'auteur avec un extrait de la délibération qui les mentionne.

<h2 style="text-align:center">XXV.</h2>

L'année 1810 a vu nos édiles accueillir, par de brillantes fêtes, l'événement du mariage de l'Empereur avec

Le chiffre de la dépense s'éleva à la somme de 203,251 livres 14 sols 8 deniers. La ville et communauté de Béziers supporta les deux tiers de cette dépense, le diocèse l'autre tiers. L'initiative de la construction fut prise par l'évêque de Béziers, Pierre de Bousi, qui consulta, à cette occasion, son collègue de Nimes, l'illustre Fléchier. Celui-ci lui fit la réponse suivante conservée dans les archives de l'Hôtel-de-Ville :

« Nismes, ce 18 février 95.

« MONSEIGNEUR.

« L'affaire de la capitation que nous avons faite icy, a retardé l'exécution de notre projet des casernes. Nous avons destiné un endroit dans la ville, où nous ferons bastir du logement pour mille soldats et des écuries pour quatre ou cinq cents chevaux. Le plan en est dressé, le devis fait. Nous comptons qu'il coûtera pour le sol ou pour la bastisse environ quatre-vingt mille livres, compris les gages et les meubles des casérniers. Tous les corps de la ville marchants et autres y veulent contribuer, la ville s'y joindra, le diocèse aussi. Le dessein est beau, mais il est cher. Les bourgeois seront soulagés, mais il faut que les troupes puissent être contenues. Cette capitation vient mal à propos ; cependant j'espère que nous viendrons à bout de tout. Voilà les comptes, Monseigneur, que vous m'avez fait l'honneur de me demander. Je pourrai vous en dire davantage dans quelque temps quand je passerai par Béziers et que j'aurai le plaisir de vous voir, et de vous renouveler le respect et l'attachement très sincère, avec lequel je suis, Monseigneur, votre très humble et très obéissant serviteur,

« † ESPRIT, évêque de Nismes. »

Marie-Louise. Le même enthousiasme éclata en 1811 à la naissance du roi de Rome, de cet enfant auquel de si hautes destinées étaient promises et qui, depuis, n'a trouvé sur ses pas que l'exil et la mort à la fleur de son âge.

A peine la nouvelle lui est-elle officiellement transmise que M. Donadieu s'empresse d'en faire part à son Conseil et celui-ci vote, à l'unanimité, un crédit de trois mille francs pour fournir aux frais de la fête à célébrer en cette heureuse circonstance. Cette délibération en date du 21 avril, exprime le regret du Conseil de ne pouvoir consacrer à la manifestation de sa joie une somme plus importante.

Quel fut le programme de cette fête? On n'en trouve pas trace dans les archives; mais on peut supposer que le crédit ouvert fut dépassé, car le budjet de l'année 1812, voté peu de jours après, présente un excédant de recette de 6,412 fr. 11 c. dont on ne dut pas manquer de se servir.

Les recettes y figurent pour un chiffre de. . . . . 109,145 fr. 45 1|2

Les dépenses pour un chiffre de. 102,733   34 1|2

Excédant . . . . 6,412 fr. 11 c.

Bien que né le 20 mars, le roi de Rome ne fut baptisé que le 9 juin. A la cérémonie de ce baptême furent conviés cent évêques et 20 cardinaux, le Sénat, le Corps législatif, les Maires des bonnes villes et les représentants de l'Europe.

Par une faveur spéciale, car Béziers ne comptait pas parmi les bonnes villes (1). M. Donadieu fut invité à se

____

(1) Le titre de bonnes villes était donné à celles qui jouissaient de plusieurs priviléges, et dont les maires touchaient un traitement déguisé sous la dénomination de frais de représentation.

rendre à Paris, mais il en fut empêché par le mauvais état de sa santé. Le Conseil municipal informé et flatté de cette invitation, s'empressa de déclarer qu'il partageait la douleur profonde qu'éprouvait M. le Maire de ne pouvoir assister à la cérémonie *du baptême de l'auguste enfant et déposer aux pieds du trône l'hommage et les vœux des Biterrois; qu'il serait bien à désirer que cette fête mémorable pût être embellie par le mariage de quelques anciens militaires avec des filles pauvres et orphelines; mais qu'il y avait impossibilité de le faire, la liste des anciens militaires ayant été épuisée à l'occasion du mariage de Leurs Majestés.*

A la suite de cette déclaration que le Maire fut chargé d'adresser au Gouvernement, une commission s'occupa de rédiger un programme et Béziers s'associa par une brillante fête à la joie manifestée, en cette circonstance, par toutes les provinces de l'immense Empire.

XXVI.

Pour la seconde fois, en cette année 1811, se révèle l'ardent patriotisme du digne curé Martin qui devait laisser sur cette terre tant de traces de son passage et rendre sa mémoire chère à la postérité.

Après avoir racheté de ses deniers l'église Saint-Aphrodise, il créa et meubla à ses frais une maison d'éducation gratuite pour les filles pauvres. Cette maison a besoin d'être réparée et appropriée : il sollicite de la commune un secours de six mille francs, plus une rente de douze cents francs, pour la nourriture et l'entretien de trois religieuses de l'ordre de Saint-Maur qu'il va appeler à diriger le nouvel établissement.

Le Conseil municipal, à l'unanimité, applaudit au zèle et aux vues bienfaisantes du digne pasteur, lui témoigne sa reconnaissance d'avoir songé à doter la ville d'un établissement dont le besoin se faisait sentir et qui est appelé à améliorer les mœurs des classes pauvres. Puis il ajoute que n'ayant pas de ressources disponibles pour assurer le concours demandé, il va solliciter du gouvernement la renonciation aux 6,617 francs 50 centimes imposés à la commune pour contribution au dépôt de mendicité établi à Montpellier, sous l'offre qu'il renouvelle de détruire à Béziers la mendicité à l'aide de souscriptions privées.

Quel fut le résultat de ce recours au Gouvernement? Les archives municipales ne le disent pas.

Durant cette même année, le Gouvernement ayant fait vendre aux enchères publiques les bâtiments de l'ancien hôpital général dont le sol forme aujourd'hui la place d'Orléans, il fut proposé à la ville d'acquérir quatre lots pour établir un écorchoir. Le Conseil municipal, consulté, repoussa la proposition par un double motif : 1° l'énormité de la dépense des déblais à opérer et d'un aqueduc à construire ; 2° L'intérêt de la salubrité publique qui ne permettait pas de tant rapprocher des habitations un établissement réputé par la loi insalubre au 2ᵉ degré.

Toutes les œuvres de bienfaisance étaient assurées de rencontrer dans M. Donadieu un chaleureux appui. Aussi le voyons-nous prendre le 27 septembre un arrêté pour hâter la formation d'une société maternelle destinée à concourir au soulagement des pauvres femmes en couche, création due à l'initiative de l'Empereur.

Cet arrêté invite les commissaires de quartier à remettre à la Mairie la liste des pauvres femmes qui ont droit aux secours de la société.

XXVII.

Nous avons vu M. Donadieu honorer les débuts de sa magistrature par l'initiative d'une demande de rétablissement de notre collége. Nous le retrouvons, onze ans après, animé du même zèle pour tout ce qui touche à l'enseignement et à ses progrès dans la cité. Le numéro du *Moniteur universel* portant le décret impérial du 15 novembre relatif au régime de l'Université était à peine arrivé à Béziers que, dans la séance du 24 de ce mois, il est pris sous sa présidence, une délibération pour obtenir l'érection de notre collége en lycée. On ne pouvait clore plus dignement la série des actes municipaux de l'année 1811. Qu'on en juge par le texte de cette délibération :

« Considérant qu'il résulte du décret impérial sus-énoncé que le nombre des lycées dans toute l'étendue de l'Empire doit être porté à cent, et qu'à ces fins une partie des colléges existants doivent être érigés en lycées ;

« Considérant qu'il existe dans la ville de Béziers, de temps immémorial, un collége où les élèves recevaient tous les degrés de l'instruction qui était nécessaire et auquel étaient attachées deux chaires de philosophie, deux chaires de théologie et de plus une chaire de mathématiques transcendantes ; que Béziers avait encore une académie des sciences, inscriptions et belles-lettres.

« Considérant qu'à la même époque, cette ville était le siége d'un évêché et d'une sénéchaussée présidiale et d'un juge châtelain pour le Canal du Midi ; qu'après la suppression des anciens établissements, Béziers a obtenu, au commencement de la Révolution, le siége de l'évêché du département, un tribunal de district et un tribunal de commerce : qu'il a conservé ensuite ces deux tribunaux.

« Considérant que Béziers est du nombre des premières villes de second ordre, en raison de sa population qui est d'environ seize mille âmes, et que l'arrondissement dont cette cité est le chef-lieu est l'un des plus populeux de l'Empire ; que Béziers est, par sa situation, le centre de toutes les relations commerciales et agricoles non-seulement de son arrondissement, mais encore des départements voisins dont les habitants fréquentent le marché qui s'y tient le vendredi de chaque semaine, et le port du Canal qui sert de débouché à leurs denrées ;

« Considérant que cette ville est à la distance de sept myria-mètres de Montpellier où se trouve établi un lycée, tandis qu'elle est environnée de plusieurs villes assez considérables telles que Narbonne, Saint-Pons, Agde, Pézénas, Bédarieux, Saint-Chinian et d'un grand nombre de gros bourgs et villages ;

« Considérant que la ville de Béziers est connue avantageuse-ment dans tout l'empire par sa situation heureuse sur une colline au pied de laquelle coule la rivière d'Orb, qui se réunit au Canal des Deux-Mers, par la beauté de son climat et par la salubrité de l'air qu'on y respire ;

« Considérant que le local où se trouve placé le collége tient immédiatement au rempart, qu'on y découvre le point de vue le plus agréable, qu'il y a deux cours-terrasses, un vaste jardin, une belle église et les bâtiments nécessaires à une maison d'éducation que l'on pourrait aisément approprier à un lycée ;

« Considérant enfin que les administrateurs de la commune s'étant empressés de rétablir le collége du moment où les circons-tances l'ont permis, il est également de leur devoir de prendre les moyens convenables pour attribuer à cet établissement le degré de perfection et d'utilité dont il est susceptible.

« A délibéré de demander que le collége existant à Béziers soit érigé en lycée. En conséquence, M. le Maire est invité à faire par-venir de suite une expédition de la délibération à M. le ministre de l'intérieur et une semblable expédition à Mgr de Bausset, an-cien évêque d'Alais, chanoine du chapitre impérial de Saint-Denis et conseiller à l'Université impériale, et un autre exemplaire à M. le baron de Bausset, préfet du palais de sa majesté l'Empereur, afin qu'ils veuillent bien appuyer de leur crédit la demande de la

ville de Béziers dont ils ont toujours témoigné que les intérêts leur
étaient chers et à laquelle la famille a constamment donné des
préuves d'une bienveillance particulière. »

On doit s'étonner qu'une demande formulée avec
tant d'intelligence et de raison et patronée par d'aussi
puissants protecteurs n'ait pas eu plus de succès. De
hautes influences durent sans doute, comme toujours,
agir en faveur du chef-lieu et empêcher l'érection d'un
lycée rival.

XXVIII.

Au commencement de l'année 1812, la population de
Béziers fut au moment de manquer de blé pour son alimentation. Son Maire prit immédiatement des mesures
pour conjurer le fléau. Après avoir fait opérer un récen-
sement exact des quantités en magasin, soit chez les
négociants, soit chez les boulangers, il réunit d'urgence
le Conseil municipal et les principaux contribuables et
ouvrit l'avis d'envoyer des agents dans les départements
de l'Aude et de la Haute-Garonne pour faire l'achat de
deux mille hectolitres de blé. M. Cairol (Jean-Louis) fut
délégué officiellement pour opérer ces achats et les
craintes qui avaient un moment agité la population ne
tardèrent pas à se dissiper.

Peu de temps après, le Maire fut appelé à donner son
concours à une mesure humanitaire. Par un décret en date
du 24 mars, l'Empereur ordonna qu'il serait fait aux indigents à compter du 1er septembre, une distribution jour-
nalière et gratuite de deux millions de soupes dites *à la
Rumfort.* La répartition des quantités allouées à chaque

département devait être faite par les soins des préfets et des maires. Une somme de 22,500,000 francs était appliquée à cette dépense.

Sous la présidence de M. Donadieu assisté de deux notables, d'un curé et d'un membre du bureau de bienfaisance, on procéda à Béziers à l'établissement des fourneaux nécessaires à la préparation de ces soupes économiques. Si ce mode de secours destiné au soulagement de la classe indigente ne fut pas longtemps pratiqué, il faut reconnaître qu'il était heureusement inventé, car nous le voyons revivre de nos jours dans les fourneaux qu'ont établis partout les membres des conférences de Saint-Vincent de Paul et qui leur ont acquis les bénédictions du pauvre.

Le cours de l'année municipale de 1812 se traîne sur des affaires sans importance. On ne signale que quelques modifications apportées au tarif de l'octroi. Le budget pour 1813 est voté en équilibre : le chiffre des recettes et celui des dépenses s'élève pour chacun à 131,162 fr. 80 c.

L'année est close par une fête célébrée le 6 décembre à l'occasion de l'anniversaire du couronnement de Leurs Majestés impériales. Dans le programme de cette fête figure le mariage d'un ancien militaire, Thomas Anglade, dont les titres sont neuf campagnes dans le 82e régiment de ligne. La fiancée de son choix, Jeanne Lunes, reçoit de la commune, comme récompense de sa sagesse, une dot de 600 francs.

Les désastres déjà connus de la retraite de Russie ne justifiaient que trop les petites largesses faites par les villes aux anciens soldats.

Sous l'impression de ces désastres M. Donadieu sent grandir son affection pour l'Empereur ; il tient à lui en donner une preuve éclatante. Il assemble le conseil municipal et, dans la séance du 24 janvier 1813, il lui adresse l'allocution patriotique qui suit :

« Messieurs,

« L'âpreté du climat, seul ennemi que nos armées n'aient pu vaincre, a fait éprouver à sa majesté l'Empereur et Roi une perte aussi sensible que réelle. Un chef lâche et perfide y a porté le dernier coup.

« Dans ces circonstances, vous rivaliserez avec toute la France de zèle et d'empressement pour prouver à nos ennemis communs quelles sont nos forces et nos ressources. Vous le savez, Messiéurs, le prince qui nous gouverne a tout fait pour notre gloire et notre prospérité. Il veut la liberté des mers et sa volonté sera accomplie. Vous devez faire pour lui plus qu'il n'exige, en lui offrant tout ce que votre dévouement vous commandera. »

Le Conseil municipal, organe des sentiments de tous les habitants de la ville, jaloux de donner à sa majesté l'Empereur et Roi de nouvelles preuves de son amour et de sa fidélité et partageant avec M. le Maire les sentiments que ce magistrat vient d'exprimer, décide spontanément et par acclamation, au nom de la ville de Béziers, d'offrir à Sa Majesté six cavaliers montés et équipés.

Le lendemain, 25 janvier, ce vote était communiqué à la population par un avis du Maire qui faisait appel aux conscrits des années 1809, 1810 et 1811. Les six cavaliers à désigner *devaient être les mieux constitués, avoir la taille d'un mètre 542 millimètres à un mètre 649 (4 pieds, 9 pouces jusqu'à 5 pieds 1 pouce).* La ville se chargeait de les habiller, de les armer et de les équiper et comptait en outre à chacun une somme de 500 francs à titre d'engagement.

Tant de patriotisme, tant de zèle ne pouvaient manquer d'attirer sur le Maire de Béziers l'attention du chef de l'Etat. Aussi, quand vint l'époque du renouvellement des magistrats municipaux, M. Donadieu fut-il maintenu dans ses fonctions. Le décret impérial qui porte ce maintien est à la date du 10 avril 1813. M. Fournier, second sous-préfet de Béziers, procéda à sa réinstallation. On lui donna pour adjoints MM. Coste et Péret-Audoux. Il y eut échange de discours entre le sous-préfet et le Maire. La population accourue sur la place de l'Hôtel-de-Ville témoigna par ses acclamations et ses vivats qu'elle partageait la confiance que l'Empereur avait en son premier magistrat.

A peine réinstallé, M. Donadieu eut la bonne fortune d'avoir à entretenir son Conseil de l'établissement de la maison d'éducation gratuite pour les filles, proposé deux ans auparavant par le curé Martin. Ce digne prêtre était parvenu par ses seules ressources à compléter son œuvre et à en faire donation à la congrégation des religieuses de Saint-Maur Dans son exposé le Maire exprime en termes dignes et chaleureux, la reconnaissance de la ville envers le donateur : il fait ressortir les avantages de l'école proposée et obtient un vote unanime qui assure à cette école une allocation annuelle de mille francs qui fut inscrite pour la première fois au budget de 1814. Le Conseil aurait eu mauvaise grâce à ne pas s'associer à la pensée de son maire, car il votait ce buget en excédant.

Les recettes y figurent pour un chiffre de . . . . 105,039 fr. 05 c.

Les dépenses pour un chiffre de. 101,225   80

Excédant de recettes. . . . . 3,813 fr. 31 c.

XXIX.

Napoléon obligé de lutter, en 1813, contre les armées de l'Europe coalisée, ne se contenta pas de faire une levée de 180,000 hommes sur les six dernières conscriptions, il songea à former, à l'imitation de l'Allemagne, un corps de gardes d'honneur pris dans la jeune noblesse. Jusque-là, en France, les classes élevées échappaient à la conscription par le remplacement. Aux préfets fut dévolue la mission de choisir dix mille beaux cavaliers, distingués par la naissance ou la fortune.

Ces cavaliers devaient s'habiller, s'équiper et se monter à leurs frais et on leur promettait, après douze mois de service, le grade de sous-lieutenant.

Toujours empressé de seconder le Gouvernement, M. Donadieu prit un arrêté pour l'exécution du décret du 5 avril relatif à l'organisation des quatre régiments de gardes d'honneur. S'inspirant de la pensée du chef de l'Etat qui comptait beaucoup pour le succès de la mesure nouvelle, sur la vanité et l'amour-propre des familles, il fait habilement remarquer que la faveur de servir dans ces régiments ne sera accordée qu'à ceux qui, *par une éducation soignée et par la consistance sociale de leurs pères et mères réuniront toutes les convenances nécessaires pour entrer dans ce corps d'élite.*

Sa voix fut entendue : quatre jeunes biterrois briguèrent l'honneur d'endosser le brillant uniforme minutieusement décrit dans le décret d'organisation. Ce furent MM. le vicomte Amédée de Villeneuve, Bousquet de Gineste, Massot et Cambon.

On se souvient encore que Napoléon, après avoir complété l'organisation de son armée, et avant de quitter Paris pour se mettre à sa tête, avait investi officiellement l'Impératrice de la régence. Durant le cours de cette régence s'accomplirent de graves événements. Un surtout devait attirer l'attention et provoquer l'indignation de la France entière, la cession de la Guadeloupe par l'Angleterre à la Suède.

Les préfets furent chargés de pressentir les sentiments de la nation. On réunit partout les Conseils municipaux. Celui de Béziers sur l'initiative de son Maire, délibéra unanimement, dans la séance du 25 octobre, l'adresse suivante à l'Impératrice et Reine régente :

« Madame,

« La cession de la Guadeloupe par l'Angleterre à la Suède a excité l'indignation générale.

« Ce qui accroît celle dont notre âme est saisie, c'est la présence chez nos ennemis d'un français qui, ayant le pied sur les marches du trône de la Suède, ne doit son élévation, son rang, son existence politique qu'à la bienveillance et à la protection de votre auguste époux.

« Cependant, Madame, qu'est-ce qu'un nouvel ennemi pour la France et le prince qui la gouverne ? Ce n'est pour eux qu'un nouveau sujet de victoire.

« La voix de Votre Majesté a été entendue, elle ne le sera jamais en vain. Aucun sacrifice ne saurait nous coûter, quand il s'agit de la gloire du trône, de l'honneur de la nation et du triomphe de ses défenseurs.

« Mais faudra-t-il que le peuple français voie plus longtemps une partie de ses membres mêlés et confondus dans les rangs ennemis ? Non, madame, organe de la France, que la voix impériale rappelle au sein de la patrie tous les Français qui sont au service de la Suède ; que cette voix retentisse au fond de leurs cœurs ; qu'ils s'empressent d'y répondre et de venir joindre leurs forces aux nôtres.

« Et s'ils y ferment l'oreille, s'ils persévèrent dans l'usage impie de leurs armes, qu'ils soient frappés de l'anathème que la loi, dans son juste courroux, lance sur des enfants armés contre leur mère.

« Daignez, Madame, recevoir avec bonté l'assurance que donnent de leur fidélité, de leur dévouement et de leur soumission à Leurs Majestés Impériales et Royales leurs très humbles, très obéissants et très fidèles serviteurs et sujets. »

Cette adresse fut insérée au *Moniteur* du 19 novembre 1813.

Dans la vie municipale de ce temps, il n'était pas, comme on le voit, interdit de s'occuper de matières politiques. Il n'en fallait pas moins descendre des hauteurs où s'agitaient les questions de cet ordre pour reprendre le modeste courant des affaires de la cité. C'est ce qui arriva à notre Maire. Après sa philippique contre la cession de la Guadeloupe, il eût à combattre une prétention de la boulangerie. Les boulangers de Béziers, choqués de la concurrence que leur faisaient les pangoussiers, avaient adressé à l'Empereur une pétition tendant à être seuls autorisés à faire du pain.

Renvoyée du cabinet de l'Empereur à la municipalité, cette pétition fut combattue par des raisons de droit et d'intérêt public.

Au point de vue du droit, le Maire faisait remarquer que depuis la suppresssion des maîtrises et jurandes et l'établissement des patentes, chaque citoyen est libre d'exercer telle profession qu'il juge à propos et qu'une loi de 1792 proclame la liberté d'industrie.

D'autre part, le pain de pangoussier, étant de qualité inférieure, est plus en rapport avec les ressources des classes ouvrières ; il se vend au poids, tandis que celui des boulangers se vend à la forme. Il y a donc intérêt public à protéger cette industrie et danger à la supprimer.

A l'aide de ces graves considérations, le Maire triompha du monopole que voulaient s'arroger les boulangers.

Comme les années précédentes, on célébra, le 5 décembre, l'anniversaire de la fête du couronnement avec la pompe et le cérémonial accoutumés. Une dot de 600 fr. fut comptée à une jeune fille reconnue sage, la demoiselle Delphine Alicot, et on lui donna pour époux Bousquet (Jean-Antoine), voltigeur au 42me régiment de ligne, réformé le 13 septembre 1812 pour blessures.

XXX.

Dès le mois de janvier 1814, l'Alsace, la Franche-Comté, la Navarre, le Béarn étaient, on le sait, envahis par les armées étrangères. L'Empereur, désespérant de faire la paix, appela les Français au secours des Français et demanda les moyens de rejeter l'ennemi hors du territoire.

En fonctionnaire dévoué, M. Donadieu redoubla de zèle et d'activité pour l'exécution des mesures ordonnées par le gouvernement en ces graves circonstances. On le voit d'abord procéder au choix des canonniers, gardes-côtes, appelés à remplacer ceux qui avaient été désignés à former le contingent de la 77me compagnie de cette arme.

Quelques jours après, il adresse aux militaires ayant servi dans la garde impériale une chaleureuse et patriotique invitation de se rendre à Paris pour reprendre du service dans cette garde jusqu'au moment où l'ennemi sera chassé du territoire.

Le Gouvernement a besoin de chevaux pour la remonte de la cavalerie légère ; nouvelle et non moins chaleureuse invitation aux habitants pour obtenir le contingent assigné à la ville de Béziers.

Faut-il aviser au transport de dix mille soldats de Perpignan à Lyon? Appel est fait aux propriétaires d'avoir à fournir immédiatement leurs charrettes.

Dans un but de tranquillité et de sécurité intérieures, un décret impérial du 17 décembre 1813 prescrit-il aux citoyens composant la cohorte urbaine des gardes nationales de s'habiller, de s'armer et de s'équiper à leurs frais? La cohorte de Béziers est des premières habillée et équipée.

Notre hôpital est encombré de malades et de blessés; sa caisse est épuisée et ne peut subvenir aux dépenses de toute nature qu'entraînent les exigences du service : M. Donadieu fait personnellement don de quatorze hectolitres de blé; puis, sur un simple appel à l'humanité des deux cent huit plus forts contribuables de sa commune, il obtient de chacun d'eux une somme de 50 fr. Cet acte de dévouement porte la date du 18 mars 1814. Il eût couronné dignement la vie publique du magistrat qui, avait salué avec bonheur l'avènement de l'Empire et applaudi avec enthousiasme à tous les actes glorieux accomplis pendant les dix années de son existence. Malheureusement, ce ne fut pas le dernier.

XXXI.

A quelques jours de là l'Empire tombait avec fracas. Les souverains alliés faisaient le 31 mars leur entrée triomphale dans Paris et le lendemain. 1ᵉʳ avril, le Sénat créait un gouvernement provisoire, création suivie de près par l'abdication de l'Empereur à Fontainebleau.

Au lieu de résigner spontanément un mandat qu'il tenait de la confiance du Consulat et de l'Empire, mandat dont il avait été si fier et qu'il avait si dignement rempli,

M. Donadieu s'empressa de saluer le soleil levant et de provoquer, comme Maire, dans la séance du 19 avril 1814, une adresse à nos seigneurs du gouvernement provisoire. Ce changement à vue rappelle la joie que signale Tacite chez les barbares, à chaque avènement d'un nouveau souverain (1).

« Le voilà donc brisé le sceptre de fer sous lequel la France, l'Europe, le monde entier ont si longtemps gémi! Les enfants de Saint-Louis vont, après plus de vingt ans, remonter au trône de de leurs ancêtres.

« Grâces soient à jamais rendues au Sénat, au Corps législatif, au Gouvernement provisoire qui, par des mesures non moins sages que promptes et vigoureuses, viennent de rendre un prince à son peuple, un père à ses enfants!

« Fidèles dépositaires de nos sentiments et de notre confiance, veuillez bien, nos seigneurs, recevoir notre adhésion unanime, pleine, entière, sans réserves aux actes du Sénat, du Corps législatif et du Gouvernement provisoire, ainsi qu'à toutes les grandes mesures qu'une haute sagesse leur a inspirées.

« Vive Louis XVIII! Vive le Roi! »

A côté de la signature du Maire s'étalent celles des mêmes conseillers qui, après avoir périodiquement encensé l'Empereur victorieux, ne craignent pas aujourd'hui d'insulter au vaincu de la coalition et de témoigner leur reconnaissance aux renégats des deux grands corps de l'Etat (2). Mais tandis que Tacite a pu ajouter, à l'hon-

---

(1) Et accepere barbari lætantes, ut ferme ad nova imperia.

(*Annales,* liv. II, chap. 1.)

(2) Donadieu, maire ; Péret, adjoint ; Coste, adjoint ; Hérail ; Antoine Cassagne ; Minard ; Bédos ; Fraisse ; Passebosc ; Boucar-Martin ; Brès ; Thévencau ; d'Hémérie ; Coste aîné ; Guibal, ex-trésorier de France ; Christol ; Th. Bonnet ; Barthélemy, Viennet ; Bernard-Nattes ; Gailhac, Raoul ; Louis Bonnet ; Pagès ; Fayet ; Lagarrigue aîné ; Bassal.

neur des barbares acclamant tout pouvoir nouveau : *Mox subitpudor : Bientôt ils rougirent de leur conduite*, il n'en fut pas tout à fait ainsi de nos édiles : loin de regretter leur premier mouvement, ils poussèrent un nouveau cri d'enthousiasme en apprenant que le duc d'Angoulême devait se rendre à Narbonne le 4 mai pour y passer la revue du corps d'armée commandé par le maréchal Suchet. Quelle belle occasion pour ce prince de venir visiter Béziers !

« Monseigneur,

« Les événements mémorables qui replacent les Bourbons sur le trône de leurs pères ont excité en nous les transports de la plus vive joie, et déjà, dans une adresse au Gouvernement provisoire, nous avons consigné l'expression sincère des sentiments dont nous étions et dont nous sommes pénétrés.

« Que Votre Altesse Royale daigne nous permettre d'en renouveler ici l'expression et de lui faire agréer l'hommage respectueux de notre fidélité, de notre dévouement et de notre amour pour un Roi qui n'a jamais cessé de régner sur nos cœurs !

« Heureux, Monseigneur, et mille fois heureux les habitants de la ville de Béziers dont nous sommes les organes, si votre A. R. voulait bien honorer de sa présence une cité qui, depuis saint Louis, a constamment été unie à la couronne, et offrir, au moins pendant quelques heures, à notre vénération et à celle de nos concitoyens l'image vivante de Henri IV et de Louis XVI ! »

A la suite de cette adresse, invitation du Maire aux habitants de mettre *la cocarde blanche, devenue le signe de ralliement de tous les bons Français et une preuve de leur adhésion aux actes dn nouveau gouvernement.*

Louis XVIII fait son entrée dans Paris le 3 mai 1814, nouvelle occasion pour le Maire de manifester ses sentiments royalistes.

« SIRE,

« Après de trop longues tempêtes, l'aurore du plus beau jour luit enfin sur la France. Enfants de saint Louis et de Henri IV, les Bourbons sont rappelés au trône de leurs pères. Le Ciel en soit béni ! Nous revoyons le sceptre dans des mains dignes de le porter. Puisse-t-il, Sire, être longtemps dans les vôtres ! Éternellement dans celles de votre auguste famille !

« Tels sont les vœux unanimes de cette cité qu'en 1777 vous honorâtes de votre présence et à laquelle votre bonté a laissé des souvenirs si chers. Daigne aujourd'hui Votre Majesté agréer l'expression de ces vœux et nous permettre d'en déposer l'hommage aux pieds du trône.

« Vive à jamais la maison des Bourbons ! »

Cette adresse devait être présentée au Roi par le Maire et trois conseillers. Le Maire allégua pour excuse le mauvais état de sa santé et la mission fut remplie seulement par MM. Christol, ancien capitaine d'infanterie, chevalier de l'ordre Royal et militaire de Saint-Louis, d'Hémeric et Vialles négociant.

Les trois délégués du Conseil municipal reçurent à cette occasion la décoration de la fleur de Lys. Cette distinction ayant excité la jalousie de leurs collègues, on s'empressa de formuler la supplique suivante :

« A Son Altesse Royale Monseigneur le duc de Berry :

« MONSEIGNEUR,

« L'heureux retour de votre auguste famille au trône de ses ancêtres produisit sur nos cœurs la sensation la plus vive et la plus délicieuse. Nous nous empressâmes tous d'en faire éclater notre joie. A la suite de notre adhésion unanime aux actes du Gouvernement provisoire, nous eûmes l'honneur d'envoyer à Son A. R. Monseigneur le duc d'Angoulême, lors de son voyage à Narbonne, une députation chargée de lui exprimer les sentiments qui nous animent. Depuis nous avons eu celui d'en envoyer une autre chargée de porter aux pieds du trône l'hommage de notre amour, de notre respect et de notre fidélité. Sa Majesté a daigné l'accueillir favorablement et accorder à nos députés la décoration de la fleur de Lys. Elle nous l'eut sans doute également accordée, si, quand ils en firent la demande pour eux, ils n'eussent omis de la faire en même temps pour nous.

« Cette omission, Monseigneur, nous prive d'un honneur que le Roi a daigné accorder à tous les membres des divers corps constitués, qui, comme nous, lui ont envoyé une députation. Nous tenons à cet honneur ; nous y tenons fortement et nous osons nous en croire dignes. Aussi nous venons humblement supplier Votre Altesse d'être auprès de Sa Majesté l'interprète de nos sentiments, de lui faire connaître nos désirs et d'obtenir pour nous de sa bonté paternelle cette décoration désirée, symbole de la fidélité aux enfants de saint Louis et d'Henri IV. »

Le 19 mai 1814, jour de l'Ascension, fut célébrée l'antique fête de Carilachz avec un éclat et une pompe inaccoutumés.

XXXII.

Après cette série d'actes d'adhésion au Gouvernement nouveau, le Maire pouvait, sans témérité, solliciter quelques faveurs pour ses administrés. Aussi, dès l'apparition de l'ordonnance du 1er juin 1814 par laquelle Louis XVIII, jaloux de ratifier les promesses du comte d'Artois, son frère, *voulant faire jouir les villes de l'affranchissement des exercices chez les débitants de boissons*, assembla-t-il son Conseil municipal pour obtenir son avis sur cette modification à apporter à l'impôt odieux et justement impopulaire, connu alors sous le nom de *droits réunis*.

Soumise à l'examen d'une commission, cette grave question fut l'objet d'un rapport fortement motivé.

« L'abolition des droits sur les vins et eaux-de-vie est réclamée par l'intérêt du commerce et de l'agriculture, disait d'abord le rapporteur. S'il est vrai que les vins sont l'unique ressource de quelques provinces du royaume, il ne l'est pas moins que la production excède les besoins des habitants. Aussi, dans tous les temps, nos rois ont favorisé l'exportation de ce produit et Louis XVI, pour lui assurer une libre circulation, supprima par son édit du mois d'avril 1776, le privilége absurde dont jouissaient certaines villes de prohiber l'introduction des vins excrus hors de leur territoire. L'équité proteste contre le maintien de cet impôt, car il fait disparaître l'égalité proportionnelle dans laquelle chaque citoyen doit concourir aux charges de l'Etat, égalité dont le principe vient d'être inscrit dans la charte. Qui ne sait en effet que cet impôt n'atteint que les terres à vigne et ne pèse point sur les terres à grains. Il vient d'ailleurs en aggravation du droit d'octroi dont toutes les villes frappent les vins à leur entrée. »

Après avoir refuté l'argument plus spécieux que sérieux que l'impôt des boissons est acquitté par le consommateur et non par le producteur, le rapporteur propose et le Conseil adopte la mesure de la suppression des exercices de tout genre et leur remplacement par des licences à prendre par les fabricants et débitants en détail des vins et eaux-de-vie.

Ce n'était là qu'une demi-mesure qui laissait subsister toute l'injustice de l'impôt. A l'avènement d'un pouvoir dont le premier cri avait été : *plus de droits réunis!* il fallait se montrer plus énergique et plus radical. Si tous les Conseils municipaux des départements vinicoles avaient alors émis le même vœu, un demi-siècle n'aurait pas passé sur l'impôt qui nous grève et dont chaque modification n'a été pour nous qu'une aggravation de charges.

Ainsi pensèrent les contemporains de cette délibération qui n'apporta aucun adoucissement à leur situation. L'exercice chez les débitants, hôteliers et cabaretiers continua comme par le passé. L'exaspération contre les employés désignés sous la dénomination épigrammatique *de rats de cave* éclata d'une manière menaçante pour leur sécurité. Force fut au Maire d'intervenir et de les entourer de sa protection. Sa proclamation fait appel au calme et au respect des personnes. Elle invite les habitants à *avoir pour les employés des droits réunis les égards dus au malheur*.

Ces manifestations, qui avaient quelque peu agité la cité, cessèrent à la voix du Maire toujours écoutée. Le grand événement de la paix générale signée le 30 mai 1814, arriva d'ailleurs comme une heureuse diversion. En conformité des instructions du Gouvernement, cet événement fut célébré avec grande solennité. Les membres du Conseil municipal, la cohorte urbaine, la gendarmerie et MM. les Curés des paroisses assistèrent à la proclamation de cette paix qui ne devait pas être, hélas! de longue durée.

<h2 style="text-align:center">XXXIII.</h2>

Peu de jours après cette proclamation, on célébra dans l'église Saint-Nazaire, en présence de toutes les autorités civiles et militaires, un service funèbre et solennel pour le repos de l'âme de Sa Majesté Louis XVI, de Marie-Antoinette d'Autriche, son auguste épouse, de Sa Majesté Louis XVII et de madame Elisabeth de France.

« Considérant, dit à cette occasion le Maire, que l'hommage d'expiation que les Français doivent rendre au meilleur des rois devient pour tous un lien indissoluble d'union et de paix, arrête : 1° Qu'un drapeau noir restera exposé sur la façade extérieure de l'Hôtel-de-Ville pendant toute la journée du service ; 2° Que tous les habitants sont invités à placer des signes de deuil à l'extérieur de leurs maisons ; 3° Que tous les spectacles et jeux publics seront suspendus, les boutiques, ateliers et magasins fermés. »

La date du 25 août, la Saint-Louis, pouvait-elle passer inaperçue ? N'offrait-elle pas au royalisme de fraîche date de M. le Maire une occasion de s'affirmer à nouveau ? Cette occasion fut saisie comme une bonne fortune. Nous le voyons, dès le 25 août formuler un programme de la fête avec ce préambule pompeux :

« Considérant qu'il appartient à l'administration locale de seconder le bon esprit des habitants et l'expression des témoignages de leur amour pour leur Roi légitime et pour les bienfaits que son retour leur a procurés. »

Rien ne manque à ce programme : Salves d'artillerie mêlées au son des cloches, messe en musique variée par Les airs chéris des Français, tels que : *W. Henri IV ! où peut-on être mieux !* Danses publiques, illuminations et feu de joie pour couronnement de la fête.

Le bruit de cette fête, dans laquelle on vit pour la première fois fraterniser les chevaliers de Saint-Louis avec les membres de la Légion d'honneur, retentissait encore, lorsque le Maire fut informé de l'arrivée prochaine à Montpellier de M. le comte d'Artois. Il assembla incontinent le Conseil municipal et lui fit voter à l'unanimité et par acclamation l'adresse suivante :

« Monseigneur,

« L'expression manque souvent au sentiment. Nous en faisons, en ce moment, une bien cruelle épreuve. Rivaux de tous les Français en amour, en respect, en zèle, en fidélité, en dévouement pour l'auguste personne du Roi, pour Votre Altesse Royale et pour toute l'illustre famille des Bourbons, les habitants de Béziers, dans la douce espérance d'exprimer, dans leurs murs, ces sentiments à Votre Altesse Royale, la supplient, en attendant cet inestimable bonheur, d'en recevoir l'assurance avec cette bonté qui caractérise les descendants d'Henri IV. »

MM. Péret, adjoint; Christol, ancien capitaine, chevalier de Saint-Louis; Boucar-Martin, avocat; d'Héméric; Bernard-Nattes; Mimard, avocat; Vialles, négociant, membres du Conseil municipal, et M. de Lescure, commandant en chef de la cohorte urbaine furent chargés d'aller présenter cette adresse à Son Altesse Royale. Leur mission n'eut pas de succès, car le prince dont l'itinéraire était probablement arrêté, n'honora pas Béziers de sa présence.

XXXIV.

Sous l'Empire, le ci-devant palais épiscopal, bien que concédé à la Légion d'honneur, n'en était pas moins affecté au service des divers tribunaux. Les bureaux de la sous-préfecture étaient installés dans les locaux de l'ancien hôpital; mais, dans ces locaux, il n'avait été disposé aucun logement pour le sous-préfet. Au mois d'octobre 1814, le préfet jugea opportun de loger ce fonctionnaire dans l'ancien évêché et invita le Maire à demander à son Conseil une allocation de 2,000 francs pour l'appropriation du palais à la nouvelle destination. Celui-ci reconnaissant que la réunion sur un même point de la sous-préfecture et des tribunaux serait avantageuse à ses administrés en rendant plus prompte l'expédition des affaires, fit voter la somme demandée *sous la réserve que ce vote, tout de gracieuseté, ne pourrait tirer à conséquence pour l'avenir.*

A la fin de cette année 1814, on voit encore la sollicitude du Maire se porter sur la pénurie d'eau dont souffrent les habitants. Il soumet au Conseil un projet d'alimentation des fontaines par la source du puits de l'hôpital des malades. Ce projet est renvoyé à l'examen d'une commission.

La formation du budget pour 1815 clot la série des délibérations de l'année. Frappé de la diminution du produit de l'octroi qu'il attribue au mode de régie sous lequel il est perçu, le Maire fait décider par le Conseil municipal qu'il y a lieu de revenir au régime de la ferme.

En dépit de la diminution signalée, ce budget n'en est pas moins voté avec un excédant de 1,160 fr. 97 c.

Les recettes y figurent pour un chiffre

de. . . . . 97,876 fr. 06 c.

Les dépenses pour. 96,715   09

Excédant . . . . 1,160 fr. 97 c.

XXXV.

Nous avons vu, sous le régime impérial, le Maire soumettre à son Conseil la question des armoiries de la ville et tenter d'introduire dans ces armoiries quelques attributs de l'Empire pour leur donner, à travers un peu de courtisannerie, une sorte de cachet moderne.

Que les temps sont changés! Dans la séance du 12 février 1815, le même Maire demande qu'on revienne au culte de l'antiquité et qu'on rende à la ville ses anciennes armoiries *d'argent à trois faces de gueule, au chef de France; l'écu accolé de deux palmes de sinople, liées du champ.*

« Il est vrai, dit-il, qu'il ne se trouve dans les archives ni chartes, ni lettres-patentes qui en rappellent la concession. Il est probable que ces titres ont été détruits durant les guerres civiles dont, au témoignage de l'histoire, la ville a beaucoup souffert ; mais ce qui peut et doit suppléer à ces titres perdus, c'est 1° l'*Armorial des Etats du Languedoc*, publié par M. Gastelier de Latour, écuyer, vol. in-4°, Paris 1767 ; 2° l'empreinte encore subsistante des mêmes armoiries sur un des murs latéraux de la porte Tourventouse. »

Il est unanimement délibéré que l'on fera toutes les démarches convenables pour obtenir que la ville soit autorisée à reprendre ses anciennes armoiries.

Dans la séance du 5 mars 1815, M. le Maire informe officiellement le Conseil du passage à Béziers de Monseigneur le duc d'Angoulême et ajoute que *le cœur de tous les Biterrois vole au devant de ce prince chéri.*

On délibère immédiatement un pompeux programme de réjouissance et de fêtes.

« Aux avenues et aux portes de la ville doivent être dressés des arcs-de-triomphe, les rues sablées et arrosées, les auvents enlevés, les magasins fermés, les façades ornées de tentures et les fenêtres de drapeaux blancs. Au centre de la place Saint-Félix et sur un piédestal sera placé le buste du Roi et un peu au-dessous celui des membres de la famille royale.

« Les autorités civiles et militaires, précédées de la garde nationale à pied et à cheval iront au devant du prince. Au cortége officiel se joindront toutes les corporations, bannières déployées et cinquante couples de treilleurs et de treilleuses. Un ameublement somptueux décorera le palais épiscopal où descendra le prince. Un bouquet lui sera offert par les demoiselles de la ville. Enfin messe en musique, concert et bal à l'Hôtel-de-Ville. »

Rien ne devait manquer à la fête dont la dépense présumée était portée au chiffre de 26,394 francs.

XXXVI.

L'homme propose et Dieu dispose.

Tandis que tout se préparait à Béziers pour faire au prince une réception brillante, l'Empereur, quittait sa retraite de l'Ile-d'Elbe, débarquait le 1er mars 1815 à Cannes, entrait le 7 à Grenoble, le 10 à Lyon et marchait triomphalement sur Paris.

A la nouvelle de ce débarquement et de cette marche triomphale, un congrès mettait, le 13 mars, Napoléon hors la loi des nations et le duc d'Angoulême traversait Béziers incognito pour aller engager une campagne sur le Rhône en faveur du gouvernement de la Restauration.

Dans cette lutte où se joue le sort de deux dynasties, quel parti va prendre le Maire de Béziers? Se laissera-t-il entraîner par ses anciennes aspirations napoléoniennes, ou par son récent enthousiasme pour la famille des Bourbons? Le souvenir du dernier serment qu'il a prêté l'emporte. Il assemble son Conseil le 13 mars, *lui fait part de l'événement malheureux qui survient et qui afflige tous les bons Français, amis du gouvernement paternel sous lequel ils ont le bonheur de vivre.* Puis il lui propose de rédiger : *1° une adresse au roi pour lui exprimer son invariable attachement à son auguste personne et toute son indignation de l'attentat entrepris sur le sol français ;*

2° *Une adresse au duc d'Angoulême à l'effet de lui exprimer les vifs regrets de n'avoir pu, à son passage, l'assurer de la fidélité et du dévouement des habitants à l'auguste famille des Bourbons.*

Ces deux adresses sont votées et signées avec une parfaite unanimité. Il est vrai que le Conseil municipal de l'Empire avait été un peu modifié à l'avènement de Louis XVIII. On y comptait toutefois encore la plupart des membres qui avaient prodigué leur encens à Napoléon Ier.

Non content d'avoir pris l'initiative de ces deux adresses, le Maire fait afficher le même jour, 13 mars, la proclamation que voici :

« C'est le moment de prouver au Roi votre attachement, votre fidélité et votre dévouement pour sa personne, son auguste famille et pour la conservation de la charte qui constitue nos droits et nos libertés.

« Un homme, jadis trop fameux, à la tête d'une poignée d'aventuriers, vient troubler la paix dont nous jouissons sous le Gouvernement légitime et tutélaire que nous avons eu le bonheur de recouvrer.

« Citoyens, vos magistrats veillent à votre tranquillité. Hâtez-vous de prouver au Roi que vous êtes Français en lui offrant vos services personnels. »

Quelques jours après, dans deux réunions municipales en date des 27 et 31 mars, il fait voter une haute paye de 1 franc par jour en faveur des enrôlés volontaires de la garde nationale et de la compagnie franche spontanément accourus à la défense du Roi.

Cependant Napoléon avait fait, le 20 mars, son entrée à Paris ; Louis XVIII, en fuite dans la direction de Lille, s'était réfugié à Gand ; la résistance du Midi allait avoir pour dénouement, le 10 avril, la captivité du duc d'Angoulême et la capitulation en vertu de laquelle ce prince devait s'embarquer le 16 au port de Cette; l'autorité de Napoléon était déjà reconnue d'Antibes à Huningue, de Huningue à Dunkerque, de Dunkerque à Bayonne, de Bayonne à Perpignan.

Bouleversé par ces nouvelles, M. Donadieu eut la prudence de s'abstenir, pendant quelques jours, de tout acte d'administration et laissa à M. Coste, son adjoint, tout le poids de la Mairie et jusqu'à la tâche périlleuse des proclamations. Mais dès que parut le décret du 8 avril 1815, prescrivant le serment au nouvel Empire, il prêta et reçut ce serment de ses conseillers. Si l'on ne trouve pas trace de la prestation de ce serment dans les registres municipaux, c'est que le procès-verbal fut rédigé sur une feuille volante. Cette particularité nous est révélée dans une délibération du 4 juin 1815, signée par 15 membres du Conseil municipal.

Ce fut sans doute en considération de ce serment, que le second Empire investit à nouveau M. Donadieu des fonctions de Maire.

Un arrêté en date du 10 mai 1815, émané de M. d'Alphonse, baron de l'Empire, commandant de la Légion d'honneur, maître des requêtes au Conseil d'Etat, commissaire extraordinaire de sa majesté l'Empereur dans la 9me division militaire, porte cette nomination et celle de MM. Colard et Péret-Audoux, adjoints.

Quelle fut l'impression que produisit sur M. Donadieu ce nouveau témoignage de confiance du Souverain, jadis son idole, et qu'il avait un moment renié? Sa conduite nous le dit assez. Il donna sa démission en la motivant sur son défaut de santé.

XXXVII.

Aucune magistrature municipale, à Béziers, n'a eu, dans ce siècle, la durée de celle de M. Donadieu. Dans la période de quinze années qu'elle a parcourue, elle a successivement vu s'élever et tomber le Consulat, l'Empire et la première Restauration.

Au milieu des grands événements accomplis sous ces gouvernements divers, au milieu des perturbations et des vicissitudes extraordinaires dont la France fut le théâtre, quelles furent l'attitude et la conduite de notre premier magistrat? Ses actes, ses écrits, ses paroles le disent assez. Nous allons les résumer pour l'instruction des Maires à venir.

On remarquera d'abord que dans ces temps où le peuple n'avait pas encore reconquis le droit d'élire les conseillers municipaux, l'administration de la cité se personnifiait dans un seul homme, le Maire. Ces conseillers, nommés par les préfets, sous son influence, quelquefois même sur ses indications, s'effaçaient devant le Maire dont ils étaient les comparses plutôt que les collègues.

Empressons-nous toutefois de dire, à la louange de M. Donadieu, qu'au lieu d'abuser de cette quasi omnipotence dont il était investi, il sut en faire un utile et noble usage. Pénétré de l'importance de sa mission, il ne rechercha dans son accomplissement que la satisfaction des intérêts moraux, intellectuels ou matériels de la cité.

Béziers manquait d'écoles primaires gratuites pour les enfants pauvres des deux sexes. Il accueillit et favorisa de toute son influence la création de ces écoles dont l'honneur revient à la généreuse initiative du vénérable curé Martin.

7

Après l'instruction primaire, il porta son attention sur l'instruction secondaire. On lui doit le rétablissement de notre collége et le projet de le faire ériger en lycée.

Il eut le courage de s'attaquer à la plaie de la mendicité et tandis que le despotisme de Napoléon Ier prétendait la détruire en privant les mendiants de leur liberté, il proposa, lui, l'organisation des secours à domicile et des ateliers de travail, seul système en harmonie avec l'humanité et la justice et dont la réalisation devenait facile avec le concours des commissaires de quartier, admirable institution due à son initiative.

Un mal ancien, le manque d'eau, affligeait, depuis des siècles, la cité. Des sommes énormes avaient été, sans résultat, englouties dans la construction et l'entretien des aqueducs qui portaient à nos rares fontaines les eaux du *Pech de Baume* provenant non d'une source, mais des *pleurs de terre*. Nos ancêtres étaient souvent réduits à l'eau des puits publics dont quelques-uns existent encore. On voit, par trois fois M. Donadieu présenter à son Conseil des projets d'alimentation nouvelle de nos fontaines. Et lorsque ce Conseil rejette comme trop dispendieux le plus important des trois, la machine élévatoire du mécanicien Ovide, il proteste au nom de ce principe élémentaire d'économie politique qu'il ne faut pas hésiter à engager l'avenir d'une ville, quand il s'agit d'une dépense utile aux générations futures.

A peine la loi de septembre 1807, relative aux alignements des villes est-elle promulguée, M. Donadieu s'empresse de faire procéder à son exécution. Sous le compas d'un géomètre habile, disparaît le labyrinthe de nos rues ; nos places gagnent en étendue et en régularité ; celle de la citadelle, alors à l'état de ruine, doit prendre une élé-

gante forme octogone ; la promenade du Fer-à-Cheval est
prolongée jusqu'au plateau des Poètes et le projet de décoration de ce plateau n'eut pas été désavoué, de nos
jours, par le célèbre architecte-paysagiste Bhuler. Ce plan
d'alignement, resté enfoui dans les archives de l'Hôtel-
de-Ville, et qui ne pût être mis à exécution par défaut
d'approbation de l'autorité supérieure, honore à la fois le
talent de l'auteur et l'initiative du Maire qui en ordonna
l'étude.

Toujours sur la brèche quand il s'agit d'améliorer le sort
de ses administrés ou de maintenir l'ordre dans la cité ;
toujours la main ouverte quand il s'agit de venir en aide
à la patrie ou à l'humanité, M. Donadieu avait encore,
à un haut degré, la conscience de sa dignité d'homme
et de fonctionnaire, il ne toléra jamais le moindre empié-
tement sur ses droits et ses prérogatives. Il aimait sa
ville et était fier des progrès industriels ou matériels qu'il
voyait se produire dans son enceinte. On n'a pas oublié
le zèle qu'il déploya pour l'introduction et la vulgarisation
de l'appareil d'Edouard Adam dans nos murs. Il mettait
de l'amour-propre et même de l'orgueil de clocher à donner de l'éclat aux fêtes civiles, militaires ou religieuses
dont son époque présentait fréquemment le spectacle.

Si les gigantesques œuvres de l'empire, si les éclatantes
victoires de nos armées remplissent son âme d'enthousiasme et élèvent le style de ses proclamations jusqu'au
lyrisme, n'a-t-il pas son excuse dans les exemples d'adulation que lui donnent les orateurs des grands corps de
l'Etat : les Cambacérès, les Fontanes, etc., etc?

A la vue d'une vie si dignement remplie, à la vue de
cette longue série d'actes de dévouement à sa ville natale,
nous aurions volontiers proclamé M. Donadieu un Maire

modèle. Pourquoi faut-il qu'il ait compromis sa popula·
rité et terni l'auréole qui entourait son nom en restant au
pouvoir après la chute du premier Empire, oubliant que
l'heure de sa retraite avait sonné le jour de l'abdication
de Fontainebleau?

SUPPLÉMENT

Au Chapitre XXX de l'administration de

M. DONADIEU, 1er Maire.

Au mois de février 1814, se produisit un événement dont il n'est pas fait mention dans les archives de l'Hôtel-de-Ville , mais qui est resté dans la mémoire de toute la population, qui en fut témoin, le passage du pape Pie VII. On se rappelle que l'Empereur Napoléon craignant que pendant qu'il serait enfoncé dans les profondeurs de la Russie , les Anglais ne profitassent de l'occasion pour enlever de Savone son prisonnier Pie VII, avait ordonné sa translation à Fontainebleau pendant l'été de 1812. — Le Pape avait retrouvé là l'appartement qu'il avait occupé à l'époque heureuse et brillante du couronnement. On l'y avait comblé d'hommages , et une partie de la maison civile et militaire de l'Empereur lui avait été envoyée, afin qu'il vécut en souverain. Dix-huit mois après et alors que la grande armée coalisée était entrée en France et occupait déjà Langres et Nancy , Napoléon achemina le Pape vers Savone. Sur toute la route, le Pontife fût reçu par les populations avec des témoignages empressés de respect et d'attachement. Il arriva à Béziers, venant de Narbonne, le 4 février 1814, à trois heures de l'après-midi, dans une voiture fermée, ayant à ses côtés un officier de gendarmerie d'élite, le capitaine Lagorsse , qu'on avait eu l'attention de revêtir à Fontainebleau de l'habit de chambellan. Une brigade de gendarmerie lui servait seule d'escorte. Pas une autorité ne se présenta pour lui faire les honneurs de la ville et son passage ne fut annoncé que par le son de toutes les cloches des églises.

Parvenue dans la grande remise de l'hôtel des Postes, situé alors au faubourg du pont, sous la terrasse de l'ancien Evêché, la voiture du Pape ne stationna que le temps nécessaire pour le changement des six chevaux dont elle était attelée. Là étaient accourus un grand nombre de personnes pieuses et le principal du Collége , avec tous ses éléves. Ce principal, Dom Eustache, ancien moine bénédictin, avait eu la bonne fortune de connaître à Rome, avant son élévation au pontificat, El signor Chiaramonti, moine bénédictin comme lui et qui avait été en l'année 1800 élu à Venise sous le nom de Pie VII. Ce souvenir servit de texte à la harangue qu'il adressa en latin au Saint Père et que celui-ci, debout dans sa voiture, écouta avec un intérêt marqué. Sa Sainteté demanda le manuscrit à l'orateur, en le remerciant avec une grâce toute affectueuse.

La physionomie du Saint Père nous parut empreinte de cette douceur mélancolique, si admirablement rendue par le pinceau de David. Nous n'oublierons jamais les impressions qui sont restées, dans notre mémoire d'enfant, de ce spectacle d'un souverain pontife , voyageant à l'état de prisonnier et recevant, dans une écurie , les hommages respectueux d'une population catholique , entassée à genoux autour de sa voiture.

III

La traversée de la ville se fit au milieu d'une foule immense mais toujours respectueuse. Parvenu devant la porte de l'Hôtel-Dieu, le Pape fit arrêter sa voiture pour bénir tout le clergé qui s'était réuni sur ce point, ainsi que les religieuses de St-Augustin préposées alors au service des malades et qui avaient sollicité de Sa Sainteté l'autorisation de s'affranchir quelques instants des règles du cloître sous lesquelles elles vivaient.

La même foule qui s'était portée au-devant du Pape et qui avait escorté sa voiture jusqu'à l'Hôtel-Dieu , n'hésita pas à le suivre jusqu'à la Bégude où l'on disait qu'il devait passer la nuit. Grande fut la déception de cette foule lorsque, après une marche longue et pénible, elle apprit que le Pape poursuivait sa route jusqu'à Pézénas où il descendit et coucha à l'hôtel du Tapis vert, tenu par M. Prax.

M. TUDIER (André).

Mai 1815 - Juin 1815.

L'arrêté de nomination de M. Tudier porte la date du 1er mai 1815 et la signature du lieutenant général Gilly, comte de l'Empire, grand officier de la Légion d'honneur, commandant de la 9e division militaire, commissaire extraordinaire de sa Majesté l'Empereur dans cette division. Cet arrêté maintient M. Péret Audoux dans les fonctions d'adjoint et nomme 1er adjoint M. Guibal, avoué, en remplacement de M. Colard appelé aux fonctions de sous-préfet à Beziers.

Des titres nombreux avaient désigné M. Tudier au choix du second empire. Il était avocat (1), ancien officier général, ex-administrateur du département de l'Hérault. Le grade d'officier général, il l'avait conquis par un acte de courage civil. C'était pendant les jours les plus difficiles de la révolution de 1789 : en sa qualité de commandant de la garde nationale, il eut à réprimer une émeute en présence du général Augereau de passage à Béziers. Celui-ci, témoin de son sang-froid et de son énergie, le proposa pour le grade d'adjudant-général et pour un commandement à l'armée d'Espagne.

M. Tudier avait de plus une réputation d'orateur populaire qu'il s'était acquise par une série de discours

---

(1) Il avait été reçu avocat par un arrêt du parlement de Toulouse en date du 12 juin 1787.

patriotiques : d'abord, le jour de la fête de la fédération, (14 juillet 1790), puis durant son passage à la présidence de la société des Jacobins , enfin dans d'autres circonstances non moins mémorables. On nous saura gré de reproduire à la suite de l'historique de son administration, des fragments de ces discours qui ont quelquefois l'énergie et le mouvement de véritables philippiques.

Comment M. Tudier dont les principes républicains n'étaient un mystère pour personne se décida-t-il à accepter des fonctions municipales sous le second empire ? Cette détermination s'explique par les circonstances dans lesquelles avait eu lieu le retour de l'île d'Elbe , par la confiance qu'inspira aux hommes de la Révolution le nouveau langage de l'Empereur après ce retour, enfin par la présence au ministère de l'intérieur du républicain Carnot.

Ce n'est pas seulement à Béziers qu'on vit des citoyens dont les noms étaient mêlés au souvenir des luttes de 1792 et de 1795 se grouper autour de l'exilé rentré pour aider encore une fois au triomphe de l'intérêt révolutionnaire contre les prétentions des poursuivants d'ancien régime et contre les menaces de l'étranger.

Y eut-il jamais d'ailleurs monarque plus libéral que Napoléon à son retour ? Au lieu de s'étonner de la liberté avec laquelle le doyen des présidents du Conseil d'Etat lui déclare *qu'il est appelé à garantir par des institutions tous les principes libéraux, la liberté individuelle et l'égalité des droits, la liberté de la presse et l'abolition de la censure, la liberté des cultes, le vote des contributions par les représentants de la nation légalement élus, etc., etc.* L'Empereur répond : *Les princes sont les premiers citoyens de l'Etat ; leur autorité est plus ou moins étendue selon l'intérêt des nations qu'ils gouvernent.*

A Benjamin Constant, l'un des hommes qui avaient le plus énergiquement combattu son retour, et qu'il venait de charger de rédiger la nouvelle constitution, il dit : *Je ne suis pas seulement, comme on l'a prétendu, l'Empereur des soldats, je suis celui des paysans, des plébéiens de la France. La fibre populaire répond à la mienne. Je suis sorti des rangs du peuple... Je suis l'homme du peuple; si le peuple veut la liberté, je la lui dois. J'ai reconnu sa souveraineté, il faut que je prête l'oreille à ses volontés, même à ses caprices.*

Puis, dans cette même constitution, qu'il eût peut-être le tort d'appeler l'acte additionnel aux constitutions impériales il rendait aux populations l'antique droit de nomination des maires.

N'était-ce pas assez pour arracher à plus d'un l'aveu que cette constitution donnait à la liberté de plus larges et de plus sûres garanties que la charte de Louis XVIII?

Un tel langage, un tel pacte d'alliance où dominait un sentiment de libéralisme que le repentir du passé pouvait faire croire sincère durent déterminer M. Tudier à quitter sa retraite pour rentrer dans la vie militante. Il considéra sans doute comme une bonne fortune d'avoir à inaugurer ses fonctions par la présentation à ses administrés de cet acte additionnel qu'un décret du 22 avril 1815 venait de soumettre à la sanction du peuple et de l'armée.

Il fit publier et afficher un avis portant qu'à dater du 5 mai il serait ouvert à l'Hôtel-de-Ville un registre destiné à recevoir les votes et que ce registre resterait ouvert pendant dix jours.

Quel fut le résultat du dépouillement de ce registre?

Dans quelle proportion les *oui* et les *non* y furent-ils inscrits? Nos archives municipales sont complètement muettes. (1) Nous savons seulement que dans toute la France, les votes favorables dépassèrent le chiffre de trois millions et que les votes négatifs ne s'élevèrent qu'à 4,206. La proclamation du résultat de ces votes fut faite le 1er juin 1815 au Champ-de-Mars où tout Paris s'était transporté et où Napoléon retrouva chez le peuple et dans l'armée l'enthousiasme et les acclamations des plus beaux jours de son règne.

II.

Béziers, comme toutes les villes du Midi qui n'avaient pas souffert de l'invasion étrangère, comptait un bon nombre de royalistes, qui ne subissaient pas volontiers le second empire et qui se montraient rebelles aux prescriptions imposées, en son nom, par les autorités. De là des conflits, des rixes entre les amis du Gouvernement nouveau et les partisans du régime déchu qui s'ingéniaient à se distinguer par des signes de ralliement. Nous trouvons la preuve de cet état des esprits dans un arrêté pris par le Maire à la date du 24 mai 1815 :

Le Maire de la ville de Béziers, profondément affligé de quelques rixes particulières qui prennent leur source dans des signes de ralliement autres que ceux avoués par la loi;

Considérant qu'il est de son devoir d'en arrêter les suites :

Considérant que l'art. 8 du Décret impérial du 9 mars dernier prescrit la cocarde tricolore aux citoyens de toutes les classes :

Considérant que la masse des habitants de Béziers a, dans tous les temps orageux, donné des preuves manifestes de l'obéissance aux lois;

(1) Le registre des votes fut, dit-on, enlevé des archives au moment où les fonctionnaires de Béziers, qui y avaient apposé leurs signatures, devinrent suspects au gouvernement de la seconde restauration. Plus d'un de ces fonctionnaires dût la conservation de sa place à cet enlèvement.

Considérant que, pour maintenir le calme et la tranquilité dans la cité, il est indispensable que tous les citoyens arborent la cocarde tricolore, seul et unique signe de ralliement de tous les Français ;

Considérant que l'affectation marquée de certaines personnes de porter des roses blanches ne permet point de douter qu'elles ont pour objet d'en faire un signe particulier de ralliement ; ce qui est expréssement défendu par la loi.

Arrête ce qui suit :

Article 1er. — Il est enjoint à tous les citoyens indistinctement d'arborer la cocarde tricolore.

Art. 2. — Il est expressement défendu de porter des roses blanches isolées, étant néanmoins loisible à ceux qui, par goût, aiment de porter des fleurs, à en choisir où la couleur rouge ne soit point négligée.

Art. 3. — Les cafetiers et aubergistes et tous autres propriétaires de lieux publics sont invités à placer aux fenêtres de leurs maison le drapeau tricolore.

Art. 4. — Il sera pris contre les contrevenants telles mesures de police que les circonstances pourront déterminer.

III.

Napoléon, dans toutes ses proclamations, dans tous ses discours aux députations ou aux corps constitués, témoignait sa ferme intention de maintenir la paix telle que l'avaient subie les Bourbons. Voulant même donner à la manifestation de ses intentions pacifiques un caractère plus authentique et plus solennel, sa fierté se plia à une démarche qu'avant 1814 on aurait vainement attendue de lui, il adressa le 4 avril 1815, à chacun des souverains coalisés contre lui une lettre où après avoir expliqué les motifs de son retour de l'île d'Elbe, il les conviait, en magnifiques termes, à la pacification générale.

« Assez de gloire a illustré tour à tour les drapeaux des diverses nations ; les vicissitudes du sort ont assez fait succéder de
grands revers à de grands succès. Une plus belle arène est aujour-
d'hui ouverte aux souverains, et je suis le premier a y descendre.
Après avoir présenté au monde le spectacle de grands combats, il
sera plus doux de ne connaître désormais d'autre rivalité que celle
des avantages de la paix, d'autre lutte que la lutte sainte de la
félicité des peuples.

Vain appel ! Les souverains ne daignèrent pas même
répondre et préparèrent de plus fort leurs armements.

La France, de son côté, ne resta pas au-dessous de la
tâche que lui imposaient son honneur, les souvenirs de
son ancienne gloire et les intérêts de son indépendance.
Elle répondit aux menaces de l'Europe en courant aux
armes. Des fédérations provinciales, provoquées par les
hommes de la génération révolutionnaire, mirent, dans
les liens d'un pacte de défense commune, les citoyens
que leur âge, leur position ou leurs occupations retenaient
dans leurs foyers. La Bretagne donna l'exemple. Béziers
organisa et arma son bataillon de fédérés.

Mais la France n'avait pas seulement besoin de soldats.
Une circulaire du Ministre de l'Intérieur en date du 17
mai engageait les citoyens à faire des sacrifices volontaires pour venir au secours de la patrie.

Le Maire s'empressa, à cette occasion d'adresser un chaleureux appel à ses administrés :

CITOYENS,

« Il ne suffit pas lorsque la patrie vous appelle à son secours
de faire des vœux pour sa gloire et son bonheur. De pareils vœux
sont toujours stériles, lorsqu'ils ne sont point accompagnés de
quelques sacrifices pécuniaires.

« Quel spectacle attendrissant, dans toute la France, de voir ces
Gardes nationales d'élite déjà organisées, rendues aux postes que

l'Empereur leur a confiés et rivaliser avec nos troupes de ligne !

« Tous ces braves réunis vont consolider pour jamais l'indépendance de la nation française et la cause sacrée de la liberté. Oui, leur attitude imposante étonnera toute l'Europe, et, sous peu de temps, l'admiration succédera aux vociférations, aux atroces calomnies. Ce ne sera pas en vain que la Révolution française aura donné une secousse au monde. Non, les élans d'un grand peuple vers la liberté ne seront point infructueux.

« Je sais que la masse des citoyens de Béziers est généralement bonne et vertueuse. Je sais que la malveillance et l'intrigue s'agitent dans tous les sens pour vous égarer et vous inspirer des craintes chimériques. Repoussez loin de vous leurs machinations perfides ; faites leur entendre la voix de la liberté ; redoublez vos efforts pour les convaincre que l'homme qui refuse de défendre sa cause sacrée se rend indigne du nom français.

« Déjà plusieurs départements ont devancé les vœux de la patrie. Des souscriptions, des dons particuliers ont produit des sommes considérables

« Que notre cité se mette sur les rangs ; que tous les amis de la liberté et de la patrie se serrent fortement pour ne former qu'un seul faisceau. Notre union fera notre force ; et pénétrez-vous bien, citoyens, de cette grande vérité : Qu'un patriote pur doit savoir immoler, comme Curtius, ses ressentiments personnels au salut de la patrie.

« C'est en son nom que je vous invite à oublier le passé, à ne vous occuper que du présent et à vous rallier autour de la liberté, seule planche qui nous reste dans le naufrage dont les ennemis de notre cause sainte ont l'audace de nous menacer.

« Hâtez-vous donc, citoyens, de vous présenter au secrétariat de la Mairie où vous trouverez un registre ouvert pour recevoir vos dons patriotiques. Il y va de votre honneur, de votre gloire et du salut de la France ».

En dépit de cet appel, les dons volontaires et patriotiques n'affluaient pas à la Mairie. Trompé dans

son attente, le Préfet eût recours à une mesure énergique
et quelque peu révolutionnaire. Il fixa le contingent de
la ville de Béziers à la somme de sept mille huit cent un
franc 24 c. à prélever sur les contributions directes.

Obligé de veiller à l'exécution de cette mesure, le Maire
eût encore recours au langage de la persuasion.

BITERROIS,

« Il m'eût été bien doux de voir mes administrés déférer à mon
invitation sans attendre l'intervention de l'autorité supérieure.
J'osai même me le promettre ; mais mon attente a été trompée.
Mon invitation n'a produit aucun résultat satisfaisant et je me
vois dans la nécessité, en exécutant les ordres de M. le Préfet, de
faire une répartition que je baserai sur le principal des quatre contributions.

« Biterrois, je ne vous dissimulerai point que l'autorité supérieure m'a transmis l'ordre de consigner sur les registres de la
Mairie, les noms, prénoms, qualités et professions des contribuables qui croiront pouvoir se refuser à payer les dons les concer-
nant, le montant de leurs contributions et celui du don que la
répartition assignera à chacun d'eux avec des renseignements sur
leur conduite et leurs opinions politiques.

« Je dois encore vous prévenir que l'autorité supérieure me
prescrit de nommer une commision chargée de faire les visites
d'honneur et de recueillir les offrandes patriotiques.

« Biterrois, vous avez été sourds à la voix de votre premier magistrat. L'invitation qu'il vous a déjà faite est restée infructueuse.
Epargnez-lui donc aujourd'hui la tâche pénible que lui imposerait
votre morosité, si, contre toute attente, vous ne vous hâtiez d'ob-
tempérer aux ordres de l'autorité supérieure, en acquittant, entre
les mains des Commissaires que je vais nommer, vos offrandes
patriotiques. »

Il est probable que ce second appel n'eût pas plus de
succès que le premier, car ils portaient tous les deux la

date des premiers jours du mois de juin. Or, l'on sait que le **12** de ce mois, l'Empereur était parti de Paris pour se mettre à la tête de l'armée réunie à Avesnes et commencer cette mémorable campagne de quelques jours qui devait se terminer par le désastre de Waterloo.

IV.

Tandis que le Maire de Béziers stimulait le zèle de ses administrés par ses proclamations en faveur de l'Empire, les événements, précurseurs de la chute de Napoléon, se succédaient avec une effrayante rapidité.

La bataille de Waterloo avait été livrée le **18** juin. L'Empereur était arrivé à Paris le **20** au soir ; le **21**, les deux chambres avaient adopté la motion de Lafayette posant en principe : *le maintien de l'indépendance nationale et de l'intégralité du territoire ; la reconnaissance des droits du jeune prince impérial, ainsi que l'exclusion des Bourbons ;* le **23**, les Chambres avaient voté l'ordre du jour motivé qui proclamait les droits de Napoléon II ; le **25**, l'Empereur avoir abdiqué, s'était retiré au château de la Malmaison et le lendemain **26**, une commission du Gouvernement s'installait sous la présidence de Fouché.

De son côté, Louis XVIII, sur l'invitation du duc de Wellington, avait franchi la frontière et adressait de Cateau-Cambresis, le **25** juin, au peuple français une proclamation dans laquelle *il exaltait le triomphe des étrangers, ses alliés, contre les satellites du tyran, promettait de récompenser les bons et de mettre à exécution les lois existantes contre les coupables.*

L'effet produit par ce manifeste étrange et tout à fait impolitique fut heureusement atténué trois jours après par le langage tenu à Cambrai où le Roi disait :

« Je promets, moi, qui n'ai jamais promis en vain (l'Europe entière le sait), de pardonner aux Français égarés tout ce qui s'est passé depuis le jour où j'ai quitté Lille au milieu de tant de larmes, jusqu'au jour où je suis entré dans Cambrai au milieu de tant d'acclamations. »

Les bruits vagues parvenus au fond de la province et de la chute de l'Empire et de l'avènement d'une seconde Restauration ne pouvaient manquer d'y exciter une vive agitation. Le Midi surtout, surexcité par les agents secrets du parti royaliste, se montrait disposé à devancer le mouvement. Béziers n'attendait que l'initiative de Montpellier et tout faisait pressentir le danger que couraient l'ordre et la tranquillité.

Le Maire crut devoir prévenir ce danger par une proclamation qui porte la date du 28 juin :

« Citoyens,

« J'ai votre confiance, je m'en crois digne par mon dévouement et mon désir de maintenir la tranquillité publique. Secondez mes efforts et j'ai la conviction que l'ordre ne sera pas troublé. Je vous invite, je vous conjure, au nom de la patrie, d'être calmes et de respecter les lois.

« L'administration municipale est en permanence. Elle prendra toutes les mesures que commandent les circonstances pour le maintien du bon ordre.

« J'attends de l'autorité supérieure les ordres qu'elle ne tardera pas sans doute de me transmettre et vous pouvez compter que je saurai les exécuter envers et contre tous.

« J'attends avec confiance de mes administrés que l'effervescence qui se manifeste dans la cité n'aura aucune suite alarmante : Je leur demande, au nom de la tranquillité de la ville, qu'aucun cri de quelque espèce qu'il soit ne soit entendu ni proféré. »

Cette proclamation, qui contenait à la fois une invitation à l'ordre et une intention de répression était à peine affichée que le mouvement royaliste du 28 juin éclata.

Né, recevant aucune instruction de ses supérieurs de Montpellier où déjà flottait le drapeau blanc, dépourvu d'ailleurs de toute garnison, M. Tudier laissa se produire la manifestation royaliste. Tenter de l'empêcher ou de la comprimer eût été une grande imprudence, car il n'était pas en présence d'une simple émeute, mais bien d'une révolution. S'inclinant devant le fait accompli, il déposa son écharpe, persuadé que sa courte magistrature municipale n'avait soulevé contre lui ni haine ni désir de vengeance.

Il avait compté sans les passions politiques de ce temps comme de tous les temps. Son seul crime était d'avoir signé l'acte additionnel. Les signataires de cet acte et les fédérés furent sans distinction et sans jugement, jetés dans les cachots du fort Brescou.

L'ex-officier général, l'ex-commandant de la garde nationale, l'ex-administrateur du département, le Maire aurait pu peut-être échapper à la rigueur de la mesure, en évoquant le souvenir de ses services. Des amis dévoués lui offrirent des moyens d'évasion et un asile sûr (1). Fort de sa conscience, M. Tudier ne voulut recourir ni à la justification, ni à la fuite. Il se laissa conduire, avec la masse des fédérés, au fort Brescou où sa détention ne dura pas moins de deux mois.

On raconte, à sa louange, que, durant les longs jours qui suivirent sa délivrance, on ne l'entendit jamais proférer une parole d'amertume contre ses adversaires politiques qui s'étaient fait ses persécuteurs. Il mourut le neuf avril 1832, emportant l'estime de tous les gens de bien.

(1) Le docteur Arnal, son parent et son ami, mit sa voiture à sa disposition pour faciliter son évasion, mais ne put rien changer à sa détermination.

Ainsi que nous l'avons promis, nous donnons quelques extraits des discours politiques de M. Tudier pendant la période révolutionnaire.

Le plus important de ces discours qui fut prononcé le 14 juillet 1790, sur la place de la citadelle, à l'occasion de la fête de la fédération, n'existe pas dans les archives de l'Hôtel-de-Ville. Nous sommes réduits à ne rappeler que ceux qui y ont été recueillis.

Séance de la Société des Jacobins du 13 floréal an 2.

Réponse du citoyen Tudier à ses dénonciateurs.

« Citoyens, frères et amis, s'il n'était question que de moi dans la dénonciation ténébreuse qui est enfin parvenue à votre connaissance, je vouerais au mépris et le rédacteur de cette dénonciation et les administrateurs du district qui ont eu la bassesse et la lâcheté de la signer. Mais en lisant cet ouvrage d'iniquité, ce tissu d'horreurs et de mensonges, j'ai été singulièrement frappé d'y voir que notre société y était vilipendée, avilie et affreusement calomniée.

« A les entendre ces vils calomniateurs, je suis un chef de parti, j'influence le comité révolutionnaire de la commune et j'égare presque tous les membres de la société.

« Imposteurs abjects et pervers ! A qui viendrez-vous à bout de persuader que des qualifications aussi odieuses puissent s'appliquer à moi qui, depuis la naissance de la révolution, ai fait mes preuves du plus ardent amour pour la liberté et l'égalité, moi qui ai toujours prêché les principes les plus purs de l'unité et de l'indivisibilité de la République ; moi qui ai toujours défendu la cause populaire et me suis toujours élevé avec force contre toute espèce de despotisme ; notamment dans le discours que je prononçai sur la place de la Fédération, en ma qualité d'adjudant général.

« Que les scélérats qui m'ont lâchement attaqué me reconnaissent pour un chef de parti dans la circonstance que je viens de
rappeler et qui est connue de toute la commune, à la bonne heure,
je m'en fais gloire et je déclare hautement que je serai toujours
chef de parti en pareille occurence.

« Oui, je fus chef de parti en cette circonstance orageuse, je ne
m'en défends pas. Plusieurs membres de ma section, qui m'en-
tendent, savent positivement que poussé à bout par la résistance
opiniâtre qu'opposèrent, pendant trois séances, le président de la
société et les autres fédéralistes, en grand nombre, aussi prononcés
que lui à la lecture que je voulais faire de la lettre de Pache, maire
de Paris et d'une adresse en réponse que j'avais projetée, j'eus la
force de dire au président, séance tenante : *Président, tu es un
fédéraliste fieffé, tu n'es point fait pour occuper le fauteuil, je t'en
chasserai demain* et je lui tins parole......

« Voilà, citoyens, une esquisse de ma vie morale et politique depuis le commencement de la Révolution. Est-il quelqu'un d'entre-
vous qui m'ait vu dévier un seul instant? Qu'il parle! je me cite
moi-même devant votre tribunal, parce que me trouvant membre
de la société, c'est elle qui doit être mon premier juge.... »

« Ce discours, dit le citoyen Octavien Vidal, secrétaire
« de la séance, présidée par le citoyen Bourdeil, que le
« citoyen Tudier a appuyé de diverses pièces du ministre
« de la guerre et du comité de salut public relativement à
« son élévation à la place de général de brigade dont une
« maladie héréditaire ne lui a pas permis de continuer les
« fonctions, lesquelles pièces prouvent que ce n'est pas seu-
« lement dans notre commune que son patriotisme et son
« républicanisme sont connus ; ce discours, dis-je, a excité
« les plus vifs applaudissements soit de la part de l'assemblée
« qui, depuis longtemps, n'avait pas été si nombreuse, soit
« de la part d'un peuple immense qui s'y est trouvé, et sur
« la motion d'un membre appuyée de suite par acclamation
« par tous les sociétaires, il a été délibéré à l'unanimité :

8

« 1° Que l'assemblée approuve en tout son contenu le rapport
de son comité de surveillance relatif à l'arrêté liberticide contenant
la dénonciation dont il s'agit ; 2° que le citoyen Tudier est reconnu
pour un ardent républicain, un homme révolutionnaire, plein
d'ardeur, d'honneur, de franchise et de popularité et un antifédé-
raliste de la première force, uniquement occupé de la prospérité
de la chose publique au point que, depuis la Révolution, il a
abandonné toutes ses affaires domestiques, même le séjour de sa
campagne, où il ne va jamais, pour employer uniquement tout
son temps à propager l'esprit public dans notre société. »

L'assemblée délibère à l'unanimité l'expulsion de la
société des administrateurs qui ont signé le susdit arrêté (1).

*Fragment d'un Discours sur le tutoiement, prononcé par le
citoyen TUDIER, le décadi, 30 messidor, dans le temple dédié à l'Être suprême.*

Citoyens, Frères et Amis.

Nous voulons ramener toutes choses à la Raison, et nous
négligeons, dans notre cité, un point très-important : c'est le tutoiement. Nous ne nous apercevons pas que celui qui dédaigne
le Tu républicain, en s'abstenant de l'employer dans la conversa-
tion, n'est pas l'ami de la liberté et de l'égalité.

Si nous rappelons les langues à leur origine primitive, si nous
nous fixons bien précisément sur la véritable signification des
mots *Tu* et *Vous*, nous serons forcés de convenir qu'il est du dernier ridicule d'adresser la parole à une seule personne en lui parlant comme à plusieurs. Nos anciens, ces hommes simples et voisins de la nature, auraient rejeté avec le sourire de la pitié un
pareil contre-sens. Parler ainsi chez les Hébreux, les Grecs et les

(1) Extrait du registre du *Club des Jacobins*, conservé dans les archives de l'Hôtel-de-
Ville.

Latins, c'eût été un véritable barbarisme. Comment se peut-il que nos langues modernes, calquées sur les anciennes, ayant totalement perdu leur pureté et leur simplicité primitives?

Il fut un temps sous les empereurs de Rome, où le langage républicain commença à dégénérer de sa fierté; la basse adulation en défigura les formes mâles et antiques, à tel point que les Romains craignaient de manquer de respect en disant *toi* aux tyrans; ils n'osèrent pourtant pas, en parlant au tyran, lui adresser le mot *vous*: il eût été trop manifestement contraire aux acceptions reçues. Ils imaginèrent donc une périphrase et dirent en lui parlant: *ta Clémence, ta Grandeur......*

Examinons les effets politiques et moraux qui résulteront nécessairement du *tu* républicain; et nous verrons qu'il ne sera pas un des moindres bienfaits de la Révolution. Le *tu* est un grand pas de plus vers l'égalité sainte; il en est le bouclier inexpugnable.

La douce fraternité, sentiment délicieux sans lequel le règne de l'égalité serait un vain nom, trouvera dans le *tu* républicain des avantages précieux. Cette manière de s'exprimer, en nous rapprochant nécessairement, resserrera le lien politique qui nous unit, et la nation française montrera à l'Europe le spectacle attendrissant d'un Peuple de frères et d'amis ne formant qu'une même famille.......

Quand deux républicains se rencontrent, ils doivent s'aborder la tête haute, se regarder avec cette mâle indépendance qui caractérise deux hommes égaux, et se serrer affectueusement la main en bons frères. Je dis plus: deux vrais républicains, que quelques divisions particulières ont pu éloigner, doivent, en se rencontrant, calmer l'agitation de leurs esprits pour réunir leurs cœurs. Respectons la vieillesse, rendons hommage aux vertus républicaines! mais plus de ces usages d'étiquette avilissants pour l'humanité, qui ne peuvent, sous aucun rapport convenir à des hommes libres.

3me MAIRE

Le Baron SARRET de Coussergues.

28 Juin 1815 — 25 Décembre 1815.

I.

Douze jours après le désastre de Waterloo et la veille du jour où l'Empereur Napoléon 1er quittait le château de la Malmaison pour aller à Rochefort se livrer aux Anglais, qui devaient le jeter sur le rocher de Ste-Hélène, les moteurs secrets du parti royaliste à Béziers arboraient, à l'exemple de Montpellier, le drapeau blanc sur l'Hôtel-de-Ville. C'était le 28 juin 1815.

Ce jour là même, M. Louis de Sarret, arrivé l'avant-veille à son château de Coussergues, recevait de son frère puîné, avec la nouvelle de la manifestation royaliste, l'invitation de se rendre à Béziers où l'on disait sa présence nécessaire. Il partit immédiatement et reçut en route, une seconde dépêche qui l'informait de sa nomination aux fonctions de Maire.

A peine arrivé, il apprit que le mouvement de Montpellier avait été comprimé. Sans se dissimuler les difficultés et le danger de la situation, il n'hésita pas à accepter un poste qu'il n'avait jamais brigué ni désiré. Il est vrai que nul n'était mieux indiqué que lui pour occuper, en ce moment, ce poste.

Issu d'une famille qui appartenait à la noblesse de race, (1), officier de marine sous Louis XVI, chevalier

---

(1) Lors des recherches contre les faux nobles, en 1668, sous le règne de Louis XIV, son bisaieul Jean-Jacques de Sarret et son frère prouvèrent à M. de Bezons, intendant de la province de Languedoc, qu'ils remontaient, par une filiation non interrompue, à Pierre Sarret, l'un des dix nobles, possesseurs de fiefs dépendant de la Seigneurie du Pouget, l'an 1351

de St-Louis et de St-Jean de Jérusalem, émigré pendant la période révolutionnaire, resté à l'écart sous l'empire, son dévouement était acquis au Gouvernement de la Restauration. On comprend qu'il y fut fait appel.

L'installation du nouveau Maire dùt être faite d'urgence, car les registres municipaux en mentionnent la relation, à la date du 28 juin, dans les termes suivants :

« Le régime paternel succède enfin au règne de l'étranger. Un Commissaire extraordinaire dont la présence sur notre territoire uous a été heureusement ménagée par la bienveillance de son Altesse Royale Mgr le duc d'Augoulême a cru convenable de renouveler les autorités locales.

« La nouvelle administration municipale, qui vient d'être nommée, organe de M. le Marquis de Montcalm, fondé de pouvoir de son Altesse, s'empresse de prévenir les habitants de la ville de Béziers que M. Pierre Joseph Cairol est nommé sous-préfet de cet arrondissement et qu'il nous donne pour nouveaux administrateurs : M. Sarret de Coussergues, aîné, maire, Mathieu Fabregat et Louis Antoine Coste, adjoints ».

Vœux de vos administrateurs :

« Le premier et le plus ardent est que vous jouissiez du premier bienfait de cette heureuse époque et que le calme soit maintenu parmi vous. Telle est aussi l'intention du roi : Vive le Roi ! »

M. Auguste de Jessé fut nommé, le même jour, commandant militaire avec mission d'organiser la garde nationale et de désarmer les fédérés.

Il paraît établi que ce Pierre Sarret descendait de l'individu du même nom qui signa, ainsi que plusieurs autres nobles dépendants de la Baronnie de Montpellier, l'hommage rendu l'an 1189, par Guillaume, Seigneur de Montpellier, à Raymond Comte de Melgueil. Le texte de cet hommage en langue latine est littéralement cité par dom Vaissette dans ses preuves de l'histoire du Languedoc.

(Voir Dumège, T. 5, Page 539.

Le lendemain de son installation (29 juin 1815), le nouveau Maire adressa à ses administrés une proclamation qui fait appel à l'union et à la concorde, et promet de réprimer toute tentative de réaction.

Habitants de Béziers,

« Une heureuse révolution vient de s'opérer. Vous devez abjurer tout esprit de parti. Qu'un même sentiment vous unisse! vos magistrats veillent à votre tranquillité et à la sûreté de vos personnes et de vos propriétés. De votre côté, vous devez vous abstenir de tout cri provocateur; il serait sévèrement puni. Oubliez toute erreur passée et ne perdez jamais de vue qu'on n'est bon citoyen qu'autant qu'on obéit aux lois et qu'on est soumis au gouvernement établi.

« Braves habitants, vos magistrats feront tous leurs efforts pour mériter votre confiance. Ils sauront comprimer les malveillants et la plus douce récompense, la plus flateuse pour eux, sera d'avoir fait régner parmi vous le calme et la tranquillité. Ils attendent de votre patriotisme que vous ferez un accueil favorable à vos frères d'armes qui viennent partager votre cause et que vous irez même au devant de leurs désirs.

II.

Cependant le mouvement royaliste de Montpellier et de Béziers ne s'était point propagé dans les autres villes du Midi. Partout les fonctionnaires de l'Empire étaient encore à leur poste. Les généraux surtout n'avaient déserté aucun commandement de département. Aussi, dans la soirée du 29 juin, recevait-on à l'Hôtel-de-Ville une dépêche revêtue du sceau impérial, adressée par le général Decaen au général Gilly, commandant la division à Montpellier.

Cette dépêche, qu'on intercepta, annonçait que, tandis que le général Gilly réprimait le mouvement royaliste
de Montpellier, le major Glin était détaché avec le 3ᵐᵉ
bataillon du 10ᵐᵉ régiment de ligne pour aller réprimer
celui de Béziers et rétablir dans cette ville la cocarde et
le drapeau tricolores.

Quelques jours après en effet, arrivait de Narbonne
sous les murs de Béziers, la troupe annoncée. Mais déjà
la ville avait fait des préparatifs de défense. Tous nos
remparts existaient encore à cette époque ; On voyait
une ligne de canons sur ceux de Saint-Jacques, de la
Tiple, de Canterelles, de Saint-Louis et de la Tour des
badauds. Du côté du Nord et de l'Est des chevaux de frise
défendaient les portes de Saint Aphrodise, des carmes et
de la citadelle. Notre garde nationale improvisée s'était
renforcée de celle de la ville d'Agde et des villages voisins.

A la vue de ces préparatifs qui lui fesaient pressentir
une résistance énergique, le major Glin renonça à entrer
dans la ville. Il fit camper sa troupe sur les bords du
canal et demanda à conférer avec le commandant de la
place de Béziers.

Ce Commandant ne jugea pas prudent de se rendre à
cette invitation et engagea le maire à le suppléer.

M. de Sarret, sans hésiter, revêt son uniforme de capitaine de vaisseau, ceint son écharpe de maire, et, la cocarde blanche au chapeau, va en compagnie du sous-préfet, trouver le major Glin. Celui-ci lui fait connaître les
ordres donnés par le général Pelleport, commandant supérieur de la place de Narbonne, et qui sont *d'entrer dans
Béziers, d'y rétablir le drapeau tricolore, de prendre la
haute police de la ville, de désarmer la garde nationale et
de diriger sur Narbonne les armes et les canons;*

Le Maire demande à référer de cette communication au commandant militaire de la place de Béziers. On ne lui accorde qu'une heure pour transmettre la réponse.

A peine connu l'ultimatum de la petite troupe assiégeante jeta la ville dans la plus vive agitation. La générale fut battue et les milices citoyennes passèrent la nuit sous les armes. Cette attitude en imposa au major Glin qui voyant d'ailleurs des canons braqués sur toute la ligne des remparts (1), jugea prudent d'aller camper hors de leur portée sur la route et au-delà du pont de Narbonne.

La temporisation semblait commandée de part et d'autre par les nouvelles contradictoires venues de Paris qui annonçaient la reprise des hostilités pas l'empereur replacé à la tête de ses troupes.

Dans l'incertitude des évènements, il intervint le 10 juillet 1815 entre le général Pelleport et le maire un armistice dont les principales clauses furent : *La retraite d'une partie des troupes assiégeantes sur le village de Nissan, le droit pour les habitants de Béziers de sortir et d'entrer librement dans la ville et l'interdilion de reprendre les hostilités jusqu'à un avis préalable et mutuel signifié vingt-quatre heures d'avance.*

Cet armistice ne tarda pas à devenir inutile, car on apprit peu après que Louis XVIII était entré le 8 juillet à Paris et que l'empereur avait pris pour la seconde fois le chemin de l'exil.

(1) Ces canons consistaient en quelques pièces amenées d'Agde par les gardes nationaux de cette ville et en deux pièces de 4 en fer, d'un modèle primitif, que tout le monde a pu voir dans la seconde cour de notre Hôtel-de-Ville durant la période de l'empire et de la restauration. Ces deux pièces ont disparu après 1830, et on ne trouve aucune trace de la destination qui leur a été donnée.

Le plus grand nombre des pièces, qui formaient le complément de l'armement de nos remparts, n'étaient autre que des poutres en bois d'un assez fort diamètre dont l'aspect trompa l'œil des assiégeants.

Ainsi se dénoua, sans effusion de sang, cet épisode du siége de Béziers que l'impatience de quelques exaltés royalistes avait fait naître et dont le courage, la prudence et la sagesse du maire conjurèrent les dangers.

Les habitants en furent quittes pour la peur, la commune pour une dépense extraordinaire de vingt mille francs que le conseil municipal vota dans la séance du 16 juillet 1815.

III.

Les évènements qui venaient de s'accomplir, en mettant fin aux alarmes de la population. devaient exciter sa satisfaction et celle de son premier magistrat. Cette satisfaction se traduisit dans une adresse au Roi délibérée, sur l'initiative du Maire, par le conseil municipal dans la séance du 18 juillet.

« Sire,

« Que n'êtes-vous le témoin des transports qu'excite dans la ville de Béziers l'heureux retour de votre majesté! Depuis le 28 juin, vos fidèles bitterois ont arboré votre noble couleur. fédérés, troupes de ligne, artillerie, nous avons tout bravé pour témoigner hautement les sentiments que nous iuspire le Roi de notre cœur.

« Débarrassés du monstre qui, dans l'espace de cent jours, a fait couler tant de sang, dévoré tant de millions, nous mettons aux pieds de votre Majesté l'hommage de notre amour, de notre respect, de notre fidélité. Notre voix est pure. Pendant votre absence nous ne l'avons pas prostituée à la louange du tyran.

« Nous sommes étrangers aux assemblées prétendues électorarales qui ont été tenues dans ces derniers temps. Des hommes élus par vingt ou trente iudividus n'ont pu représenter la nation. Nous désavouons tous les actes qui sont émanés des prétendues chambres.

« Nos yeux étaient sans cesse tournés vers Gand. Nous partagions votre douleur; nous ne concevions pas comment le meilleur des monarques pouvait en être le plus malheureux; nous versions des larmes comme des orphelins privés de leur plus tendre père; mais les consolations de l'espérance ne nous manquaient pas. Nous comptions sur la justice de la providence, sur la bonté de notre cause, sur les sentiments de l'immense majorité des français et sur la parole de vos augustes alliés.

« Pardon, sire, si nous osons, dans cette adresse, vous parler d'autre chose que de notre amour. Mais nous avons éprouvé, pendant dix mois, combien il est doux de vous avoir pour maître et nous avons senti, pendant cent jours, combien il est cruel de vous perdre.

« Vive le Roi! vivent les Bourbons! »

IV.

Il paraît que les membres du Comité de défense de la place de Béziers avaient adressé à Monseigneur le duc d'Angoulême, alors en Espagne, un rapport sur la manifestation du 28 juin, car nous voyons M. le Maire, le 25 juillet, communiquer au conseil municipal la réponse que leur fit faire ce prince par M. le baron de Damas, lieutenant-général, son sous-chef d'état-major :

« Monseigneur, duc d'Angoulême, a lu le rapport intéressant que vous lui avez envoyé des efforts de la ville de Béziers pour la bonne cause. Son Altesse royale me charge de vous répondre.

« Je me trouve heureux d'avoir à vous dire combien Son Altesse royale a été touchée du dévouement de cette ville, qui sans secours étranger, et pour ainsi dire sans moyens, a su s'élever avec courage contre les satellites de l'usurpateur, secouer leur joug odieux, planter de nouveau sur ses murs l'étendard des lys et maintenir, avec énergie, un ouvrage si heureusement commencé.

« Les efforts généreux de tant de braves et vrais français ne seront pas vains; le ciel jettera enfin sur notre malheureuse patrie
des regards de miséricorde. Son Altesse royale va bientôt rentrer en
France. Bientôt elle se retrouvera au milieu de nous, elle s'y retrouvera avec joie. Nos princes ne reviennent que pour rendre aux
français la paix et le bonheur. c'est le but de toutes leurs pensées
de tous leurs désirs. D'autres pensées, d'autre désirs, pourraient-
ils entrer dans le cœur des descendants de Saint-Louis, dans le
cœur des petits-fils d'Henri IV?

« Dites aux habitants de Béziers que Monseigneur ne sera heureux que lorsqu'il verra tous les français à même de jouir du gouvernement paternel du roi,

« Son Altesse royale a remarqué les éloges flatteurs que vous
donnez au zèle et au dévouement de M. Auguste de Jessé; Elle
a lu de même avec intérêt les noms des autorités qui ont signé le
rapport, elle m'a chargé de vous en témoigner sa satisfaction particulière. »

Agréez, etc.....

Puycerda, le 19 juillet 1815.

Cette lettre fût transcrite sur le registre municipal et
l'original déposé aux archives.

L'on décida en outre qu'il serait envoyé au duc d'Angoulème, en ce moment à Toulouse, une députation composée de cinq membres du Conseil municipal et de deux
militaires de l'état-major (1)

Ces députés devaient présenter à Son Altesse royale
une adresse qui fut rédigée séance tenante.

Monseigneur,

« Les députés du conseil municipal de la ville de Béziers, viennent mettre aux pieds de votre A. R. le témoignage de l'amour

---

(1) Les députés désignés par le conseil municipal, furent MM. Louis Sarret de Coussergues,
maire; Fabrégat, adjoint: de Christol, Commandeur de Saint-Louis: de Lamarre, procureur
du roi; Azaïs. avocat.

Ceux de l'état-major furent MM. de Neffiès, Chevalier de Saint-Louis et Louis d'Alphouse,
membre de la Légion d'honneur.

du respect et du dévouement des habitants de Béziers. Ils sont chargés de supplier votre Altesse de vouloir bien honorer de sa présence une ville qui n'a pas cessé d'être fidèle au roi.

« Les efforts que nous avons faits pour secouer le joug de l'usurpateur ont été bien honorablement récompensés par la lettre flatteuse qui vient de nous être écrite de la part de votre A. R. Nos députés vous exprimeront combien nous avons été sensibles à cette faveur. »

La députation de Béziers partit incontinent pour Toulouse où elle arriva le 27 juillet et fut reçue le lendemain matin, à onze heures, par le duc d'Angoulême.

M. de Sarret, donna lecture de l'adresse, au prince qui *témoigna sa satisfaction de la conduite des habitants de Béziers* et ajouta que *la résistance que les Biterrois avaient opposée aux satellites de l'usurpateur était d'autant plus glorieuse qu'il y avait alors du péril à résister.*

Tandis que le prince s'entretenait encore avec la députation, les députés d'une autre ville lui présentèrent une adresse. Monseigneur leur dit quelque mots bienveillants et alla rejoindre le groupe des délégués de Béziers qui lui furent individuellement présentés. Le jour même, le maire eût l'honneur d'être admis à la table du prince.

V.

A peine de retour de sa mission à Toulouse, M. de Sarret reçut du Gouvernement et de ses administrés un témoignage de haute confiance.

Une ordonnance de Louis XVIII, en date du 13 juillet 1815, venait de prononcer la dissolution de la chambre des députés et de convoquer les collèges électoraux sur des bases et dans des conditons nouvelles. On allait inaugurer le système d'élection à deux degrés. Chaque collége électoral d'arrondissement était appelé à élire un nombre de candidats égal au nombre des députés du département. Les colléges électoraux de départements devaient choisir au moins la moitié des députés parmi ces candidats. Pour être électeur il fallait payer au moins trois cent francs de contribution directe ; pour être élu, mille francs au moins. Le département de l'Hérault avait droit à quatre députés en raison de sa population qui comptait alors 301,099 habitants.

M. de Sarret fut nommé par le roi président du collége électoral de l'arrondissement de Béziers.

Aussitôt et par un mouvement spontané et tout sympathique la ville et l'arrondissement le désignèrent pour candidat à la députation. Il obtint 102 suffrages sur 127 votants et fut au premier tour de scrutin, proclamé premier candidat. Le second tour de scrutin désigna pour candidats : MM. de Fontenille, de Grasset et de Jessé, aîné.

L'assemblée électorale du département eût lieu quelques jours après à Montpellier. Il fallait 92 voix pour former la majorité absolue des suffrages. Le premier tour de scrutin n'amena aucun résultat. Le second tour fit proclamer députés de l'Hérault MM. Paulinier de Fontenille, de Grasset et de Jessé, aîné.

Cet échec au chef-lieu n'ôtait rien à la signification du succès de clocher obtenu par M. de Sarret. Aussi son zèle pour ses modestes fonctions et pour son roi, loin de s'amoindrir, n'en devint que plus ardent. On ne tarda pas à en avoir la preuve.

Le 16 août 1815, alors que les chambres n'étaient pas encore réunies, Louis XVIII, par une simple ordonnance, se détermina à établir une contribution extraordinaire, répartie sur les divers départements, en proportion de leurs ressources.

Le préambule de cette ordonnance faisait un appel au patriotisme des principaux négociants, propriétaires et capitalistes, désirant les associer à la sollicitude du Gouvernement pour le soulagement de leurs compatriotes ruinés par les évènements, sans prétendre que les sommes qu'ils verseront restent définitivement à leur charge, mais qu'elles seront considérées comme des prêts.

Cet emprunt ou réquisition de guerre s'élevait au chiffre de cent millions.

Pour déterminer la somme à fournir par chaque capitaliste, patentable ou propriétaire, il fut formé des comités de département et d'arrondissement, composés des préfets, des sous-préfets, des maires et des principaux contribuables.

Dans l'état de répartition annexé à l'ordonnance royale le département de l'Hérault figurait pour un chiffe de 2,550,000 francs.

Au lieu de profiter de sa position pour se soustraire à une forte taxe, M. de Sarret s'inscrivit pour la somme de 6,600 francs qu'il versa immédiatement. Il fit plus : il renonça généreusement, l'année suivante, au remboursement de cette somme, ce qui lui valut une lettre de remercîment du Ministre de la marine et, comme il se plaisait à le dire, un sourire *de pitié de la part de ceux qui assurent que c'est une duperie de donner à plus riche que soi.*

VI.

On sait que la présence de l'ancienne armée impériale sur les bords de la Loire était pour les souverains étrangers une cause perpétuelle d'inquiétude et de plaintes. Après l'avoir enfermée au milieu de onze cent cinquante mille soldats, ils avaient exigé son immédiate dissolution Louis XVIII, qui aurait désiré attirer à lui ces vieux soldats de l'Empire, appliqua toute son habileté de diplomate à gagner du temps pour ne pas subir les exigences des vainqueurs. Il se borna d'abord, huit jours après sa rentrée, à prononcer la dissolution de l'armée et sa réorganisation. Plus tard, avec le concours du maréchal Davoust il obtint que les soldats de l'armée de la Loire fissent leur soumission en arborant la cocarde et le drapeau blancs. Toutes ces demi-mesures ne satisfaisant pas les vainqueurs, il fallut procéder au licenciement de cette armée. Pas le moindre tumulte, pas le moindre désordre ne signalèrent le brusque changement apportédans la position de cette masse d'hommes jeunes et énergiques.

« Enfants du sol, fils de propriétaires, de cultivateurs
« d'artisans ou d'ouvriers, les soldats composant cette
« patriotique armée, reprirent le chemin du foyer pater-
« nel, dit l'historien de la Restauration Vaulabelle, em-
« portant avec eux le regret amer de notre gloire éteinte,
« de notre grandeur perdue et un profond ressentiment
« du triomphe de l'étranger. »

Il semblait que ces sentiments devaient être partagés par tous les français et qu'un accueil cordial et empressé devait être fait à ces soldats qui s'en montraient animés. Il n'en fut pas ainsi dans notre midi; il n'en fut pas ainsi dans notre ville. A quels déplorables excès n'entraîne pas la passion politique! Il nous souvient et c'est un souvenir d'enfance qui ne s'effacera jamais, il nous souvient avoir vu des énergumènes prétendus royalistes courir sur des officiers de l'armée licenciée, leur arracher leur épée, leurs épaulettes, puis leur jetter à la face cette barbare apostrophe : *Brigand de l'armée de la Loire! crie vive le roi ou je te tue !* Là ne s'arrêta pas la fureur de la réaction.

Il nous souvient encore avoir vu, le soir, à la même époque, sur la place des trois-six, des groupes de jeunes gens formant le cercle autour d'un homme d'âge mûr, chantant des chansons injurieuses et diffamatoires à l'adresse de tel et tel fédéré de l'empire. Après chaque couplet, les groupes chantaient en chœur le refrain et faisaient la ronde aux applaudissemements de la foule.

D'aussi coupables actes de violence , de si lâches insultes publiquement adressées à des vaincus politiques ne pouvaient se produire impunénément sous l'administration d'un maire, qui, venant de passer par les plus rudes épreuves de l'exil, savait tout ce que le malheur a de respectable et combien les réactions déshonorent les partis qui s'y livrent.

Il mit fin à ces désordres par un arrêté digne de servir de modèle à ceux qui sont investis du pouvoir municipal dans les temps de crise politique.

Le Maire de la ville de Béziers,

Considérant que les chants par lesquels les citoyens manifestent leur joie à raison du retour de notre légitime souverain, ont été et seront toujours entendus avec plaisir par les bons français, et que, loin d'arrêter cet élan, les magistrats seront toujours disposés à le favoriser.

Considérant néanmoins que, sous ce prétexte, des personnes qui se disent royalistes, mais qui ne prouvent pas qu'elles soient amies de l'ordre, se permettent des injures par des chansons; qu'un abus de ce genre ne saurait être toléré, puisqu'il peut donner lieu à des disputes qu'il est d'une bonne police de prévenir.

ArrÊte :

Article premier. — Toute chanson dans laquelle un ou plusieurs individus quelconques seraient nommés ou seulement désignés avec des qualifications outrageantes, est expressément défendue. Tout cri de *Bleu* est également défendn.

Art. 2. — Il est fait aussi très expresse inhibition et défense de provoquer aucune personne soit civile, soit militaire en voulant la forcer à crier : *Vive le roi!*

Art. 3. — Ceux qui contreviendront à cette défense seront arrêtés comme pertubateurs et traduits devant les tribunaux pour être punis conformément aux lois.

Art. 4. — Le commissaire de police et les agents sont spécialement chargés de surveiller l'exécution du présent arrêté qui sera publié ce jourd'hui et demain afin que personne n'en prétende cause d'ignorance.

Non content d'avoir ainsi protégé contre les provocations et les excès des ultra royalistes les officiers et soldats de l'armée de la Loire, M. de Sarret, avec une attention toute paternelle, s'occupa de la liquidation de leur solde. Tandis que cette liquidation ne devait s'opérer qu'au chef-lieu du département, il les prévint, par un avis publié et affiché, qu'ils n'avaient qu'à remettre leurs titres au secrétariat de la mairie, où il les vérifierait lui-même pour leur éviter les frais d'un déplacement.

Ce ne fut pas seulement contre l'exaltation de quelques administrés que M. de Sarret eût à protéger les serviteurs de l'empire. Les exaltés de la banlieue mirent aussi son énergie à une rude épreuve.

Le colonel Renouvier, natif de Pézenas, commandait le 121e Régiment de ligne en ce moment à Béziers.

Il était logé dans l'hôtel de Nattes de Gayon rue de la citadelle.

Une troupe de gardes nationaux Piscénois accourt à Béziers, demandant qu'on lui livre le colonel mort ou vif!

Informé de l'arrivée de cette troupe, M. de Sarret prévient le colonel du danger, le met en lieu de sûreté et se rend, sans hésiter, à l'Hôtel-de-Ville envahi par ces forcenés et où ils renouvellent leurs cris de mort. *Vous cherchez le colonel*, leur dit-il, *il est sous ma protection; vous n'aurez sa vie qu'en m'arrachant la mienne.* L'accent de sa voix, l'énergie du geste en imposèrent à cette foule égarée, le colonel fut sauvé.

Pourquoi, à cette triste époque de réaction politique, à Avignon et à Toulouse, ne se trouva-t-il pas des magistrats municipaux de cette trempe?

L'assassinat du maréchal Brune et du général Ramel ne serait pas inscrit dans l'histoire de ces deux villes.

VII.

Les historiens de la Restauration nous apprennent que le 17 octobre 1815, Monseigneur le duc d'Angoulème quitta Paris et prit la route de Lyon pour aller faire une tournée dans le midi. Le comte de Vaublanc, ministre de l'intérieur, écrivit, à cette occasion, au nom du roi, aux préfets « que ce prince devait être reçu de la manière « la plus simple ; que les maires ne se trouveraient pas sur « son passage pour le recevoir; qu'il ne serait point élevé « d'arc de triomphe, ni fait aucune dépense; qu'en parcou- « rant la France le prince ne voulait point aggraver le sort « des peuples; qu'il voulait seulement connaître leurs be- « soins, les porter au pied du trône, appeler sur eux l'at- « tention du roi et solliciter ses bontés en leur faveur. » (1)

(1) Voir le *Moniteur universel* du mercredi, 25 octobre 1815.

En dépit de ces sages prescriptions, les villes firent de l'enthousiasme et surtout beaucoup de frais. Dijon, la première, donna l'exemple. A Lyon, le clergé attendit le prince avec le dais sous lequel celui-ci refusa de se placer. Valence, Avignon, Marseille, Montpellier, se distinguèrent par l'élan de leur joie, le luxe de leurs fêtes, la variété des décorations et des emblèmes attestant l'exaltation de leurs sentiments royalistes.

Béziers, la ville fière de sa journée du 28 juin, pouvait-elle ne pas fêter, à son passage, le neveu de son Roi ?

Aussitôt officiellement informé, le maire s'empressa d'adresser à ses administrés la proclamation suivante :

« Habitants de Béziers,

« Nos vœux les plus ardents vont être accomplis! Oui, tout nous assure que nous allons posséder dans nos murs le héros du Midi, le prince courageux et loyal, qui, sans craindre la mort ni l'humiliation de tomber entre les mains de l'usurpateur, voulut assurer, par une capitulation, le salut de sa brave armée, tandis que elle le conjurait de pourvoir à sa sûreté personnelle. Vous le savez, vous habitants de cette ville, qui y étiez en grand nombre.

« Braves gardes nationales, qui avez montré tant d'amour pour notre Roi et notre patrie, surtout dans la fameuse journée du 28 juin dernier, où vous brisâtes le sceptre de fer prêt à nous accabler, vous prouverez encore, par votre empressement à vous costumer, que votre amour pour notre bon roi et les Bourbons brûle toujours dans vos cœurs vraiment français.

« Votre maire, habitants de Béziers, se trouve heureux de pouvoir vous annoncer l'arrivée de Son A. R. monseigneur le duc d'Angoulème à Montpellier, mardi prochain, sept novembre courant. »

Ses administrés prévenus, il assembla le 2 novembre son conseil municipal pour arrêter avec lui un programme dont voici les principaux détails.

Il sera dressé un arc de triomphe à la porte des Carmes par laquelle Son A. R. fera son entrée et son Altesse Royale sera suppliée de permettre que cette porte prenne son nom.

Toutes les rues par où devra passer Son A. R. seront sablées et les maisons tapissées en blanc, les boutiques fermées, les auvents enlevés et toutes les fenêtres ornées de drapeaux blancs.

Soit que le prince arrive de nuit, soit qu'il couche à Béziers, l'Hôtel-de-ville sera illuminé, ainsi que les clochers des églises et les croisées des maisons,

La garde nationale à pied et à cheval ira à la rencontre du prince et fera le service auprès de son auguste personne.

Le cortége, précédé par la musique de la garde nationale, se composera des autorités civiles et militaires, des corporations ouvrières, bannières en tête, et de cinquante couples de treilleurs et de treilleuses.

Son Altesse sera reçue au bruit du canon et de toutes les cloches de la ville.

M. le Maire lui offcira une calèche découverte et un logement.

Il lui sera offert aussi un bal et un concert.

Si Son Altesse Royale entend la messe en ville, cette messe sera célébrée en musique.

Le même cortège l'accompagnera à son départ.

Huit jours purent être consacrés aux préparatifs de cette réception, car le duc d'Angoulème n'arriva à Béziers que le 10 novembre 1815, à trois heures de l'après-midi. Il descendit de voiture devant l'Hôtel-Dieu, (Avenue de Pézenas) où se trouvait réuni le cortège officiel.

Le Sous-Préfet le complimenta au nom de l'arrondissement; le Maire au nom de la ville.

Le prince monta à cheval ainsi que son état-major.

M. de Sarret, en costume de capitaine de vaisseau, se plaça à sa gauche, le Sous-Préfet à sa droite. Le cortège se mit en marche dans l'ordre indiqué par le programme, entra dans la ville par la porte des Carmes, suivit la rue qui portait alors ce nom, puis les rues Française, de l'Hôtel-de-Ville, du Coq d'Inde et de la Citadelle.

Parvenu sur cette place, le cortège se rangea en demi cercle du côté Sud et le prince gagna l'hôtel de Sarret entre une double haie de gardes nationaux. Un piquet de grenadiers et de voltigeurs forma la garde d'honneur dans la cour de cet hôtel. Deux védettes de la garde nationale à cheval furent placées devant la porte extérieure.

Il y eût le soir un dîner de cinquante couverts. Le prince occupait le milieu de la table ayant à sa droite Madame de Sarret, à sa gauche M. le Maire. Suivant l'usage adopté à la Cour de France, les jours de gala, la foule fut admise à circuler autour de la table.

Le lendemain, 11 novembre, le prince, après avoir entendu la messe à Saint-Nazaire, quitta Béziers, en témoignant à M. de Sarret combien il avait été touché de son gracieux et généreux accueil (1) et de la chaleureuse sympathie de la population.

VII.

Il est une patrie dans la patrie a dit Lamartine, *c'est la ville qui nous a vu naître.*

M. de Sarret avait à un haut degré l'amour de cette seconde patrie.

______

(1) Les contemporains racontent que l'intendant du prince ayant été assez mal inspiré pour offrir d'acquitter la dépense faite dans l'hôtel de Sarret, reçut un refus énergique, mais poli. Il se borna alors à distribuer cinq pièces de vingt francs aux gens de l'hôtel.

Tout ce qui touchait à sa grandeur, à sa prospérité le rendait heureux et fier; tout le bien, fait à ses administrés, excitait sa reconnaissance. Nous en trouvons la preuve dans un trait qui forme le digne couronnement de sa vie municipale.

M. de Barthéz, ancien colonel Suisse, chevalier de Saint-Louis, de la Légion d'Honneur et de l'ordre de Saint-Maurice et Saint-Lazare, avait commandé la place de Béziers pendant les mois de juillet et d'août 1815. Témoin de sa conduite ferme et sage qui lui avait concilié l'estime et la considération des habitants, M. de Sarret crut devoir se faire l'interprète de la reconnaissance publique.

Dans la séance du 5 décembre 1815, il proposa à son conseil municipal de lui en donner un éclatant témoignage en lui conférant le titre de Citoyen de Béziers.

Sa proposition fut accueillie par une acclamation unanime et consignée dans une délibération qui, transmise à M. le colonel Barthéz, valut au Maire une chaleureuse lettre de remercîment conservée dans les archives et qui honore autant celui qui l'a écrite que celui qui l'a reçue. Elle se termine ainsi :

« La délibération que le conseil municipal de la ville
« de Béziers a prise en ma faveur rend ma gratitude inex-
« primable. Pouvais-je recevoir une récompense plus
« flatteuse qui, honorant le reste de mes jours, leur sur-
« vivra ? »

L'année 1815 allait prendre fin. Plusieurs administrés, appartenant à la classe ouvrière, étaient menacés de poursuites pour le paiement de leur patente. Ils s'adressèrent au Maire, lui firent connaître leur impuissance de satisfaire aux exigences des agents du fisc. Celui-ci s'enquit avec un soin tout paternel de leur situation

et une fois convaincu de la légitimité de leurs réclamations,
il fit affranchir de la patente les uns et réduire le chiffre
de la patente des autres.

Ce fut là le dernier acte de sa trop courte administration.

Il aurait pu dire avec le poète :

J'ai fait un peu de bien, c'est mon plus bel ouvrage !

Le jour de Noël 1815, M. de Sarret reçut une lettre
du ministre qui l'informait qu'il était compris dans la
réorganisation du corps de la marine et qui lui prescrivait de se trouver à Toulon le 1er janvier 1816 pour
prendre son service de capitaine de vaisseau.

En présence d'un ordre aussi formel, il n'hésita pas et
donna, le jour même, sa démission de maire.

Cette démission excita d'unanimes regrets dans tous
les rangs de la population.

M. de Sarret était de ces rares maires dont les populations conservent la mémoire. Il ne tarda pas à en avoir
la preuve, car en l'année 1822, il fut élu député de l'Hérault et réélu en 1823, à une forte majorité.

En 1825, il assista au sacre de Charles X à Reims en
sa qualité de Président du Conseil général de l'Hérault.

La Chambre des députés ayant été dissoute en 1827,
M. de Sarret, qui avait été nommé contre-amiral honoraire, sans l'avoir demandé, fut élevé à la dignité de Pair
de France.

La Révolution de 1830 brisa sa carrière politique. La
Pairie lui fut enlevée comme un des cent Pairs qui avaient
été créés par Charles X. Rentré dans la vie privée qui
s'écoula entre les soins de la famille, de la propriété et la
culture des lettres, il mourut à Béziers, sa ville natale,
le 26 janvier 1845, à l'âge de 86 ans, honoré et estimé
de tous ceux qui avaient pu apprécier les rares qualités
dont Dieu l'avait doué.

Le Comte de NEFFIÈS.

1815-1830.

I.

Appelé à donner un successeur à M. le Baron de Sarret, le gouvernement de la Restauration ne pouvait faire un choix plus heureux que celui de M. de Neffiès. Comme son prédécesseur, M. de Neffiès avait émigré; comme lui, il avait été officier dans l'armée de Condé ; comme lui, il était chevalier de Saint-Louis ; comme lui, il n'avait recherché ni honneurs ni emplois durant la longue période impériale, et il pouvait être fier de la pureté de son royalisme. Son intelligence, son instruction et son dévouement étaient à la hauteur de la magistrature municipale qui lui était confiée.

À peine installé, dans les derniers jours de décembre 1815, le nouveau maire marque son avènement par un acte qui l'honore et qui n'a pas eu beaucoup d'imitateurs. Il fait voter par son conseil municipal (1) des remercîments à son prédécesseur pour la conduite à la fois sage et ferme avec laquelle il a rempli les fonctions de Maire pendant les temps difficiles qu'il a traversés.

(1) MM. le comte de Neffiès ; Christol ; Pierre Singla ; Guibal ; St-Aubin de Lirou ; le marquis de Lort ; le chevalier de Nattes ; Boucar Martin ; Fbregat ; Lamarre ; Azaïs ; Moureau ; Lagarrigue aîné ; Montal ; Alzieu ; Dulac aîné ; Salvan aîné ; Deleuze, négt. ; Vialles. négt. ; Malaret ; Théveneau ; d'Héméric ; Flourens ; Dorsenne ; Olivier ; de Maintenon ; Cavallié-Mascou.

Puis il prend des arrêtés pour faire fermer les maisons de jeux de hasard, pour assurer l'exactitude du poids du pain, de la viande et des autres comestibles exposés en vente.

Arrive l'anniversaire du 21 janvier 1793 : M. de Neffiès propose à son conseil municipal de « voter, au nom de « tous les habitants de la cité, un désaveu solennel de « l'assassinat commis par une minorité factieuse sur la per- « sonne sacrée de Louis XVI, et de consigner ce désaveu « dans un régistre ouvert à cet effet et déposé à la « mairie où tous les administrés seront invités à ap- « poser leur signature. »

Voici en quels termes est conçu ce désaveu :

« Sire,

« Les membres composant le conseil municipal de la ville de Béziers, connaissant l'horreur que ses habitants ont toujours manifestée pour le détestable attentat du 21 janvier 1793 ont cru devoir leur offrir le moyen d'en faire parvenir à votre majesté un désaveu aussi solennel que sincère.

« Ayant ouvert à cet effet un registre à l'Hôtel-de-Ville pour y signer une protestation énergique contre cet attentat, nous avons la satisfaction de l'adresser à votre majesté signé d'un très grand nombre de citoyens.

« Si quelques hommes, restés jusqu'à ces derniers temps fidèles au parti révolutionnaire, ont été admis à la signature, ce n'a été que pour leur laisser ouverte la porte du repentir que l'inépuisable clémence de votre majesté ne peut manquer de faire naître dans le cœur de tout français égaré.

« Daignez, sire, recevoir notre adresse avec la bonté qui caractérise votre majesté. Nous la supplions également d'agréer l'assurance du dévouement sans bornes dont nous avons tâché de lui donner des preuves dans le mouvement spontané qui nous fit arborer ses couleurs chéries le 28 juin dernier au milieu des dangers dont nous étions entourés et que notre inébranlable fidélité nous a fait surmonter.

Cette adresse fut présentée au Roi par MM. le baron Auguste de Jessé, chevalier de Saint Louis, membre de la chambre des députés; de Moyria, chevalier de Saint-Louis et de Saint-Lazare; le marquis de Nattes, chevalier de la Légion d'Honneur; le marquis Armand de Villeneuve, et M. Nouguier, négociant.

M. de Neffiés compléta cette manifestation par un arrêté relatif à la célébration d'un service funèbre.

« Considérant que le jour anniversaire de l'assassinat horrible du meilleur des rois doit être un jour de deuil pour tous les bons français et particulièrement pour les habitants de Béziers, qui ont si glorieusement manifesté leur attachement pour la famille de cette auguste et royale victime.

Cet arrêté prescrit que, dans ce jour de deuil, les bals publics, les cabarets et les spectacles de toute sorte seront fermés; qu'un drapeau noir sera arboré sur le balcon de l'Hôtel-de-Ville, sur le clocher des églises; ainsi qu'aux fenêtres de toutes les maisons.

II.

La politique ne fait pas perdre de vue à M. de Neffiès ses devoirs d'administrateur. On va s'en convaincre en parcourant la série des actes auxquels est attaché son nom.

L'institution des commissaires de quartier heureuse création du 1er maire de l'empire, avait un peu dégénéré soit par suite des dissensions politiques, soit par les vides que la mort avait faits dans ses rangs. Convaincu de

son utilité, M. de Neffiès lui donna une nouvelle vie, en
la reconstituant et en faisant, sans exception d'opinion,
porter ses choix sur des hommes d'une moralité, d'une
intelligence et d'un dévouement éprouvés.

Après les commissaires de quartier dont les fonctions embrassaient à la fois l'hygiène publique, la
sécurité des citoyens et les secours à donner aux indigents. M. de Neffiès porta son attention sur une question
d'un ordre plus élevé le rétablissement de l'évêché de
Béziers.

Tous nos concitoyens savent que quatre-vingt-un évêques ont, depuis l'importation du christianisme dans les
Gaules, occupé le siége épiscopal de notre ville. L'assemblée constituante rendit hommage à l'antiquité de ce siége, lorsque dans son décret sur la constitution civile du
clergé (24 août 1790), après avoir établi que chaque département ne formerait qu'un seul diocèse, elle fixa à
Béziers le siége de l'évêque du département de l'Hérault.

L'élection du 1er mars 1791 de l'évêque constitutionnel Pouderous à Béziers pour tout le département fut la
mise à exécution de ce décret. Sans évoquer ce précédent, sans même rappeler le décret de la constituante,
M. de Neffiès proposa à son conseil municipal, dans la
séance du 11 février 1816, d'adresser au Roi une demande
tendant à rétablir notre évêché, qui remonte au 4° siècle
de l'ère chrétienne. On regrette que le rédacteur de la
délibération, qui adopta cette proposition, n'ait pas reproduit le langage du maire et les hautes considérations
qu'il dût invoquer. Toutefois Louis XVIII accueillit favorablement la supplique du conseil puisque, en vertu du
concordat du 11 juin 1817, M. de Pins, archevêque
d'Amasie, administrateur de l'archevêché de Lyon fut

nommé évêque de Béziers; mais cette nomination resta sans effet par suite du projet présenté aux chambres pour donner la sanction législative à ce concordat, sanction qu'elles refusèrent.

III.

C'était au mois d'août qu'on avait, pendant quinze ans, célébré la fête de l'empereur Napoléon. Par une coïncidence bizarre, le même mois allait ramener tous les ans la Saint Louis, fête du nouveau souverain. M. de Neffiès fut le premier maire appelé à formuler un programme pour la célébration de cette fête (25 août). Ce programme et la proclamation qui le précède se ressentent de l'ardeur de son royalisme.

Deux mois après, un triste anniversaire, consacré par une ordonnance royale, l'obligeait à inviter ses administrés à un service funèbre pour la reine Marie-Antoinette.

La fin de l'année 1816 vit se produire deux mesures municipales d'une haute importance. La première, empruntée à l'Angleterre et peu répandue alors en France, fut la création des gardes de nuit (Watchmen). M. de Neffiès la proposa dans la séance du 3 novembre.

Ces gardes avaient mission de parcourir les rues, durant la nuit, en criant l'heure, d'avertir les citoyens, en cas d'incendie, de veiller à la sûreté des personnes et au respect des propriétés, de prévenir la perpétration des contraventions, des délits et des crimes; en un mot de donner les plus larges garanties à la sécurité publique et privée. Le traitement de six gardes, inscrit au budget communal pour le chiffre de 2,700 francs, y figura pendant de longues années et ne fut supprimé qu'à la suite d'un vol avec effraction, commis la nuit, dans les bureaux de la recette particulière en l'année 1836. Dès ce moment, on jugea l'institution inutile.

La seconde mesure embrassait l'intérêt de l'hygiène publique et privée. Nul n'a perdu le souvenir de là spirituelle épître adressée, il y a plus d'un siècle, aux magistrats de police de la ville de Béziers par le père jésuite Cléric. Après avoir signalé avec une crudité cynique l'état de malpropreté de nos rues, ses causes et ses dangers, le poète promet l'immortalité à ces magistrats, s'ils parviennent à le faire cesser. La voix du poète, méconnue par ses contemporains, fut entendue par M. de Néffiès. Il prit, le 23 novembre 1816, un arrêté qui prescrivait 1° Une visite générale de toutes les maisons par l'architecte de la ville; 2° la destruction des latrines établies sur les toits et la construction de fosses à l'intérieur dans le délai d'une année; 3° enfin l'interdiction de jeter par les fenêtres.

Cet arrêté exécuté pour partie, resta à l'état de lettre morte pour l'objet principal : l'établissement des fosses à l'intérieur des maisons. La police du 19e siècle ne fut pas plus sensible que celle du 18e à l'attrait de la gloire. Qui pourrait dire que notre ville, sur ce point, a progressé depuis?

Les graves évènements de l'année 1815 ayant entraîné des changements multiples dans le personnel des administrateurs de la commune, aucun de ceux qui s'étaient succédé n'avait été en mesure de donner ses soins à la formation d'un budget. Le retour au calme permit, en 1816, de rentrer dans les conditions normales de la vie municipale. On procéda régulièrement à l'étude du budget pour l'année 1817.

Bièn que le principal revenu de la commune, l'octroi, alors soumis au régime de la ferme, ne s'élevat qu'à quatre-vingt-dix mille francs, bien que ce revenu fut destiné à couvrir des dépenses obligatoires ou nées des circonstances politiques et dont le chiffre, par prévision, semblait devoir dépasser, celui des recettes, on parvint pourtant à voter ce budget en équilibre, en voici le résumé :

Recettes ordinaires et extraordinaires. 108,502 fr. 64
Dépenses ordinaires et extraordinaires. 108,502 fr. 64

Excédant.   000,000   00
Déficit.   000,000   00

IV.

A l'ouverture de l'année 1817, le maire entretint le conseil municipal d'un triple projet qui le préoccupait depuis son entrée en fonctions, car il l'avait déjà fait pressentir auparavant.

Ce projet consistait : 1° *à faire donner à la ville de Béziers le titre de bonne ville avec les honneurs et prérogatives attachés à ce titre ; 2° à supplier le roi d'ajouter aux armes de Béziers une lance à laquelle serait attaché un drapeau blanc portant ces mots : 28 juin 1815, fidélité, courage; 3° d'orner le ruban du Lys d'un lizeré distinctif, tel que bleu de roi, pour le maire, les adjoints, les membres du conseil municipal et toute la garde nationale, distinction déjà accordée aux gardes nationales des départements du Nord et du Pas-de-Calais.*

Pour justifier et obtenir cette triple faveur, M. de Neffiès fait à son conseil l'historique des événements de la journée du 28 juin 1815 et du siége par les troupes impériales qui en fut la conséquence. *C'est, dit-il, grâce à l'énergie et à la bravoure des Biterrois que le midi a été préservé des horreurs de la guerre civile. Pourrait-on, sans injustice, refuser un si mince dédommagement à tant de dévouement à la cause royale ?*

Il fut pris, le 15 janvier, une délibération conforme de tout point au triple vœu du maire ; cette délibération fut transmise au roi par l'intermédiaire du préfet et des trois députés du département : Le marquis de Montcalm, le baron de Jessé et le baron Durand ; mais les archives municipales ne nous disent point qu'elle obtint le moindre succès.

La vérification des comptes de l'octroi ayant démontré, cette année, que le mode de régie, ne donnait pas des résultats avantageux pour la caisse communale, il fut délibéré par le conseil municipal qu'on recourrait à la mise en ferme sur une mise à prix de 90,000 francs.

Dans la séance du 27 février 1817, on entend le maire proposer, en ces termes, le rétablissement d'une cérémonie religieuse :

« Messieurs, nous lisons dans les archives de la commune, que, le 30 octobre 1630, les consuls, au nom de la ville, firent à Saint-Charles Borrhomée, qui avait une chapelle dans l'église des dominicains, un vœu pour obtenir la cessation de la peste qui désolait Béziers. Ce vœu fut exaucé et la peinture en consacra le souvenir par un tableau qui existe encore et qui représente les consuls à genoux, offrant au saint des lampes et des chandeliers en argent.

« Tous les ans, le dimanche de la passion, à onze heures du matin, on faisait en commémoration de ce vœu, une procession générale où le Saint-Sacrement était porté par Mgr l'évêque, ou par le premier dignitaire du chapitre, dans l'église des dominicains, où la bénédiction était donnée.

« Je suis instruit que, lors de la suppression des ordres religieux, époque à laquelle le susdit tableau avait été transféré dans
l'église de la Madeleine, où il est depuis, il fut rendu une ordonnance par Mgr de Nicolaï, évêque alors de cette ville, qui désigna
cette église pour recevoir la continuité de ce vœu.

« Un grand nombre de fidèles, désirant ardemment le renouvellement d'un vœu dont le sujet honore infiniment nos ancêtres
et mérite notre reconnaissance et celle de la postérité, j'invite le
conseil à délibérer à ce sujet. »

S'associant à la pensée du maire, le conseil délibère
à l'unanimité, que, à partir de cette année, la procession
commémorative du vœu, fait à Saint-Charles, sera renou-
vellée, tous les ans, le même jour, le dimanche de la
Passion.

Après avoir donné satisfaction à un intérêt religieux,
M. de Neffiès eût bientôt à s'occuper d'un intérêt huma-
manitaire.

« De mémoire d'homme, dit-il, à l'ouverture de la séance du
14 avril 1847, on n'a vu une si longue sécheresse désoler notre
pays. Depuis plus d'un an, il n'est pas tombé de pluie. Une des
suites de cette calamité est la cessation presque totale des travaux
de la campagne qui ont toujours lieu en cette saison. D'un côté,
le prix extrêmement élevé des denrées de première nécessité, de
l'autre, le défaut de travail rendent la situation des malheureux paysans extrêmement pénible. Déjà un grand nombre des
plus honnêtes gens de cette classe se sont présentés à moi pour
me demander de l'ouvrage, n'ayant pas d'autre moyen de vivre
et de faire subsister leurs nombreuses familles.

« Indépendamment des motifs d'humanité, la tranquilité exige
que prenant en considération la juste demande de ces bons paysans, on leur ouvre des ateliers où, en les utilisant, on leur four-
nira des moyens de subsistance et on les délivrera ainsi de la misère et de l'oisiveté forcée, les deux sources des troubles et des
émeutes populaires.

« Ne conviendrait-il pas de prier M. le Préfet de m'autoriser à disposer d'une somme de six mille francs en ateliers de charité, laquelle somme serait portée au budget supplémentaire et prise sur les recettes extraordinaires de l'année 1817 ?

Un vote d'urgence et unanime accueillit cette proposition. Le préfet s'empressa de l'approuver.

Restait la question de savoir à quels travaux d'utilité communale seraient appliqués les fonds votés. M. de Neffiès eut l'heureuse idée d'ouvrir une large artère pour mettre en communication la ville avec le petit port et le pont de Sauclières. On n'arrivait alors aux belles allées de platanes qui forment l'avenue du pont rouge que par des sentiers abruptes et tortueux ; l'artère projetée présentait en perspective une magnifique promenade. Mais, tandis que les malheureux ouvriers attendaient avec impatience l'ouverture immédiate d'un chantier, il fallait, pour l'exécution du projet, passer par les lenteurs de l'expropriation des terrains, et d'une adjudication préalable.

La légalité, en ce cas, tuait la misère. On trouva le moyen de s'affranchir de ses étreintes. On obtint des traités de gré à gré avec les propriétaires des terrains traversés, ainsi que l'autorisation de faire les travaux par voie de régie. Un chantier de quatre cents ouvriers fut improvisé, la misère conjurée et la belle avenue de Sauclières servit de promenade à la population jusqu'au jour où elle fut à peu près supprimée par l'établissement des voies ferrées et des gares de Graissessac et du Midi.

En quelques mois, M. de Neffiès résolut le double et difficile problème : *l'utile et l'agréable*. Que coûta à la commune cette solution ? La modeste somme de dix-huit mille francs dont 7,000 pour achat des terrains, ainsi qu'on peut s'en convaincre en parcourant le budget

de l'année 1818. Ce budget, voté dans la séance du 8 juillet 1817, présente un chiffre de recettes ordinaires et extraordinaires de. . . . .   168,787 f. 03
et de dépenses ordinaires et extraordinaires de   161,448   24
Excédant. . . .   7,338   79

On remarque dans ce budget une réparation importante faite par la ville aux casernes et dont le chiffre s'élève à 7,000 francs.

V.

Il existe sous le nom de gardes champêtres des officiers de police judiciaire chargés de surveiller les récoltes et les propriétés rurales de toute espèce et de constater les délits ruraux. Bien que cette institution remonte à une loi du 28 septembre 1791, aucun maire n'avait songé à en doter notre commune.

Ce fut dans la séance du 28 février 1818 que M. de Neffiès entretint son conseil de l'opportunité de cette création et qu'il en démontra les avantages. Sa proposition fut accueillie par un vote unanime. On nomma huit gardes champêtres au traitement de 450 francs l'un, avec promesse d'une gratification à ceux qui s'acquitteraient le mieux de leur service. Le choix de ces gardes porta sur d'anciens militaires.

La session de mai 1818 fut consacrée à la formation du budget pour l'année 1819. On trouve dans ce budget des articles qui attestent l'esprit d'initiative qui distinguait M. de Neffiès. Ainsi il y est porté un prix de 2,400 francs qui sera décerné à celui qui offrira le moyen le plus sûr et le plus économique pour amener dans la ville la quantité d'eau nécessaire à ses habitants. Les projets présentés devront être soumis à l'examen et à l'approbation de l'Institut.

La construction d'une grille en fer pour la halle au blé y figure pour une somme de 4,000 francs; un encouragement de deux mille francs y est accordé aux religieuses de St-Maur pour le développement qu'elles ont donné à l'instruction gratuite des jeunes filles appartenant à la classe indigente; enfin une somme de neuf mille francs est inscrite pour l'achat d'une maison destinée au presbytère de la succursale de St-Jacques.

Ce budget en recettes tant ordinaires
qu'extraordinaires se porte à . . . . . 170,507 f. 97
Le total des dépenses ne s'élève qu'à la
somme de 168,353 68

Excédant 2,154 29

Le gouvernement ayant, par ordonnance du 18 mars 1818, rappelé aux Maires l'exécution trop négligée des plans d'alignement prescrits aux villes par la loi du 30 septembre 1807, M. de Neffiès fit étudier un nouveau plan par M. Sicard, géomètre; celui de M. Revel avait été jugé trop grandiose par le Conseil municipal et d'une application impossible.

Ce second plan d'alignement n'eût pas un meilleur sort que le premier. L'arbitraire et le bon plaisir continuèrent à dominer dans les questions d'alignement. On n'a pas de peine à s'en apercevoir pour peu qu'on jette les yeux sur notre viabilité urbaine.

VI.

En l'année 1819, M. de Neffiès, mû par un sentiment de justice et d'humanité, proposa à son Conseil la création d'une caisse de retraite en faveur des employés de l'octroi et de l'administration municipale ; mais ce Conseil, considérant que le traitement de ces employés est trop modique pour supporter une retenue et que le personnel est exposé à tant de changements et de mutations que le but de l'établissement d'une caisse de retraite se trouverait toujours manqué, refusa de s'associer à la généreuse initiative du Maire.

M. de Neffiês fut plus heureux quand il s'agit de l'établissement d'une église au faubourg du pont.

Les habitants de ce faubourg, avant 1789, avaient acquis une sorte de droit d'usage sur l'église du couvent des frères minimes, situé sur la rive gauche de l'Orb.' Nous disons une sorte de droit d'usage, car les pères minimes s'étant permis un jour d'interdire l'entrée de leur église aux faubouriens, ceux-ci adressèrent une réclamation à l'évèque. Le prélat l'accueillit avec faveur et intima aux bons moines l'ordre de rouvrir leur église aux réclamants sous peine de la voir fermée et pour toujours.

La destruction des couvents et la vente par la nation de l'asile des pères minimes réduisirent les faubouriens à la succursale de St-Jacques qui, n'avait alors pour eux d'autre accès que la rampe et la porte de Canterelles ; ils présentèrent au Maire une pétition tendant à l'édification d'une église. Celui-ci se fit leur chaleureux interprète auprès du Conseil municipal qui

Considérant la vérité des faits exposés dans la pétition, la justice des motifs y consignés, l'urgence de satisfaire le désir bien légitime d'une population considérable, qui est presque privée de tous secours spirituels, inconvénient grave auquel il importe de remédier le plus promptement possible ;

Considérant que le seul moyen est d'établir dans le faubourg une succursale dont le desservant, en faisant, par ses instructions, de bons chrétiens, fera de loyaux et fidèles sujets à sa Majesté et qu'à cet effet la ville fera avec plaisir les sacrifices qui pourront être nécessaires ;

Délibéra à l'unanimité l'établissement demandé et promit les fonds nécessaires à sa construction. Ce vote resta sans effet pendant près d'un demi siècle (1).

M. de Neffiès, eût en cette année 1819, la pensée de transporter le marché aux bestiaux hors des murs de la citadelle et sur un terrain appartenant à la famille Barthès où s'étale aujourd'hui le faubourg terre blanche. Les motifs de ce changement développés dans une délibération en date du 21 novembre sont :

1° Les dégradations occasionnées au sol de la place par le stationnement des porcs ; 2° les dangers qu'entraînent les essais de chevaux et mulets que font les maquignons sur cette place ; 3° la difficulté de prévenir les fraudes auxquelles se livrent les marchands au moment de l'introduction dans la ville des bestiaux destinés au marché hebdomadaire.

Le conseil municipal délibéra à l'unanimité ce changement et vota une somme de six mille francs pour l'acquisition du terrain Barthés. Cette délibération resta aussi sans effet.

Ce ne fut qu'en l'année 1863, que grâce à l'initiative d'un de nos derniers maires (Auguste Fabregat), généreusement secondé par Mgr Le Courtier, notre Evêqne, le Conseil municipal émit un second vote en faveur de la création d'une église au faubourg et offrit un coucours de trente six mille francs à la souscriptiou spoutanément ouverte par les habitauts.

Dans cette même séance, le conseil délibéra aussi à l'unanimité de concourir aux frais d'érection à Paris du monument Malesherbes. Ce vote est accompagné des réflexions suivantes :

« Pénétré de reconnaissance pour la mémoire du vertueux défenseur du roi martyr, le conseil regrette que les revenus de la ville ne lui permettent pas de suivre le mouvement de son cœur et c'est avec la plus grande peine qu'il se voit forcé de ne voter que la modique somme de deux cents francs pour un objet aussi important. »

VII.

A l'ouverture de la session de février de l'année 1820, le maire prend la parole en ces termes :

« Messieurs, le sujet qui nous réunit aujourd'hui est de la plus grande importance pour la cité. Depuis des siècles, toutes les administrations qui nous ont précédé ont vainement tenté de remédier à la disette d'eau qui afflige ses habitants.

« Les moyens d'y parvenir ont été l'objet des recherches de tous les hommes de l'art. Longtemps on s'est obstiné à chercher des sources qu'on supposait indiquées par l'existence d'un acqueduc qui remonte à la plus haute antiquité, sans songer que ce même aqueduc démontrait au contraire qu'il n'existait point de sources dans nos environs, puisqu'il est prouvé aujourd'hui qu'il n'avait été construit que pour conduire dans nos murs les eaux de Gabian (1).

« Quelques bons esprits soutinrent, dans ces derniers temps, que la rivière d'Orb pouvait suppléer à ce que la nature nous

----

(1) Il n'est fait mention de cet aqueduc ni dans le *Gallia Christiana*, ni dans l'histoire du Languedoc, ni dans les articles géographiques les plus étendus, tels que celui d'Expilly sur Béziers et

avait refusé; mais les mécaniques proposées ne parurent pas présenter l'assurance du succès qu'on devait attendre d'une dépense considérable à laquelle il n'est permis de se livrer qu'avec la certitude de réussir par des moyens connus et présentés par des hommes dont le nom seul est une garantie.

« Plus heureux que nos devanciers, une réunion de circonstances favorables nous permet d'espérer d'obtenir enfin un résultat qui est l'objet des constants désirs de nos concitoyens.

« M. de Fontenille, lieutenant-colonel au corps royal du génie, s'est acquis des droits à l'éternelle reconnaissance des habitants de Béziers, et c'est avec la plus entière confiance que nous allons entendre son rapport, qui est le fruit du talent et de l'activité réunis.

L'habile mécanicien M. Ramus, ancien directeur de la manufacture du Creuzot, qui a bien voulu se rendre à nos désirs, en venant à Béziers, nous fera connaître ses moyens d'exécution et le prix qu'il en pourra coûter pour faire monter à la ville l'eau de la rivière en quantité suffisante non seulement pour les besoins des habitants, mais aussi pour leur agrément. »

Gabian, ni dans les archives de l'Hôtel-de-Ville. Seulement Pierre Andoque, Conseiller au Sénéchal et Siège présidial de Béziers, dans son catalogue des Evêques, publié en 1651, dit, dans l'article biographique consacré à l'Evêque Jean de Lettes, que *Gabian est un lieu remarquable pour deux fontaines qui se trouvent dans son terroir, dont l'une fournissait en abondance de l'eau à toute la ville de Béziers, du temps des Romains*, et l'autre distille continuellement une huile qui sert à la guérison de plusieurs maladies.

Les vestiges de cet aqueduc, qui portait l'eau à Béziers, ont été décrits avec une minutieuse exactitude par M. Laurent Aïn, d'Autignac, géomètre, dans un mémoire adressé le 11 février 1823, à M. le baron Creuzé de Lesser, préfet de l'Hérault. Voici le résumé de ce mémoire : L'aqueduc a généralement 1^m 50 de hauteur et presque autant en largeur ; il est voûté à plein cintre, en pierres posées de plat. L'appareil de la construction est petit, mélangé de moyen, parfois de pièces d'une plus grande dimension.

Sur l'invitation de M. le maire, M. de Fontenille soumit à l'examen du conseil un grand plan lavé de la ville de Béziers, de ses faubourgs et de la rivière d'Orb ; puis, il prit la parole pour développer l'économie de son projet tendant à élever l'eau de cette rivière sur tel point culminant qui lui serait désigné.

M. Ramus, à son tour, mit sous les yeux du conseil divers dessins de machines hydrauliques en fer de fonte, coulées dans ses usines et déjà employées avec succès dans les principales villes de France.

Le conseil reconnaissant que le projet présenté méritait un examen sérieux et désirant être fixé sur les détails de son exécution, ainsi que sur le prix approximatif de la dépense, délibéra, à l'unanimité, son renvoi à l'étude d'une commission.

Partant de *Sauve-Plane* au lieu dit *la Rasclause vieille*, où se trouve un bassin profond, qui réunit à leur naissance les eaux limpides et bouillonnantes de la source, l'aqueduc se dirige dans la plaine de Fouzilhon, à l'est de ce petit village, descend, en décrivant plusieurs angles, le long de la rivière de *Lène*, embrasse la source de ce nom au moyen d'une haute et forte chaussée en pierres brutes qui subsiste encore ; il prend à quelque distance la source dite *Font-Jeanette*, quitte la rivière de *Lène* s'avance dans la plaine, prend la source de *Cambe-torte* et va se réunir à la fontaine dite de *la Magdelaine* près de Magalas.

Aprés avoir traversé le ruisseau le *Badaussou*, il se dirige à l'ouest de Magalas, se joint à un embranchement formé par la source dite *la Rautès*, dans le territoire de Laurens, et celles du *Thou* et de la *Peyrade*, dans le terroir de Magalas. Enfin, traversant la petite rivière de *Libron* et continuant sur le territoire de Magalas, puis sur celui de Puissalicon et de Puimisson, cet aqueduc devait arriver à Béziers par *Rebaute* et le *Pech de Baumes*, monticule que coupe l'ancien chemin de Bédarieux un peu au-dessus de Mercorent.

C'est au moment où allait commencer cette étude que se répandit la nouvelle de l'assassinat du duc de Berry (13 février 1820). La douleur des royalistes fut d'abord une sorte de consternation, qui fit bientôt place à un extrême emportement contre les hommes dont les doctrines, disaient-ils, avaient armé la main du meurtrier. Cette impression se traduisit dans les adresses qui furent votées par les conseils municipaux.

On peut en juger par celle de Béziers.

Le conseil municipal ayant été extraordinairement convoqué le 24 fevrier, M. de Neffiés l'aborda en ces termes :

« La nouvelle d'un attentat, qui plonge dans le deuil la France entière, a retenti dans nos murs. Connaissant vos cœurs, j'ai senti le besoin de vous réunir pour faire parvenir aux pieds du trône les accents de notre douleur. J'ai en conséquence l'honneur de vous proposer de délibérer une adresse à Sa Majesté, contenant l'expression de nos sentiments et des éternels regrets que nous fait éprouver la perte du prince auguste sur lequel reposaient les espérances de la nation. »

Le Conseil partageant les sentiments exprimés par M. le maire, délibéra à l'unanimité l'adresse suivante :

AU ROI.

Sire,

« La ville de Béziers a été frappée de stupeur à la nouvelle du crime atroce qui plonge dans le deuil votre majesté, son auguste famille et la France entière.

« Elle a reconnu, dans l'attentat de Louvel, l'effet inévitable de ces doctrines pernicieuses qui, se jouant également de la religion et de la légitimité et armant les peuples contre les rois, menacent la France et l'Europe d'un bouleversement prochain.

« Toujours animée des sentiments qu'elle fit éclater le 28 juin 1815, la ville de Béziers pleure le prince auguste, qu'on vient de

ràvir à son amour et met aux pieds de votre majesté les témoignages de ses regrets, de sa douleur et de son inébranlable fidélité »

Si la catastrophe du 13 février avait, pour quelque
temps, détourné l'attention du grand projet d'eau présenté
par MM. de Fontenille et Ramus, la commission, chargée de l'étudier, n'en avait pas moins fait son œuvre.
Elle donna, dans la séance du 11 juin 1820, lecture de
son rapport, qui peut se résumer ainsi :

Établissement sur la rive gauche de la rivière de deux
machines à vapeur à haute pression, à double effet, à rotation, pouvant élever chacune 15 pouces d'eau sur la
place Saint-Louis, où serait construit un réservoir. De ce
réservoir devaient partir les tuyaux de distribution dans
tous les quartiers de la ville.

Les frais présumés de premier établissement s'élevaient
au chiffre de 180 mille francs; ceux de fonctionnement
pour combustible et réparations d'entretien à 35 fr. par
jour ou 12,775 fr. par an.

Le Conseil adopta à l'unanimité le projet et décida
qu'il serait pourvu à la dépense 1º à l'aide du produit de
la vente des terrains situés le long du rempart, qui reliait
alors la porte des Carmes (Angoulême) avec la porte St-
Aphrodise, 2º à l'aide des économies qui pourraient être
faites sur les revenus de la commune, et sous la condition expresse qu'aucune contribution extraordinaire ne
serait, en aucun temps , imposée aux habitants pour
l'exécution de ce projet.

Prudente et sage réserve qui aurait dû servir d'exemple aux conseils municipaux qui se sont sont succédé!

VIII.

Il existait, à cette époque, à l'extrémité Nord de la principale cour de notre collége, une vaste salle où les pères jésuites, pendant qu'ils dirigeaient cet établissement, avaient placé leur bibliothèque. Cette bibliothèque s'était enrichie par les dons successifs de nos évêques.

Là dormaient d'un sommeil paisible et presque jamais interrompu des milliers de livres dont l'existence était à peine soupçonnée par les érudits de la cité. Ami des lettres, M. de Neffiès se rappela que Cicéron *regardait sa bibliothèque comme l'âme de sa maison* (1).

Il pensa, lui, qu'une bibliothèque publique devait être l'âme d'une ville : il fit ouvrir près la porte Touventouse, sur la rue du collége, une porte destinée à en faciliter l'accès à ses administrés. Puis, il sollicita et obtint de son Conseil une allocation de 600 francs pour un bibliothécaire et un modeste crédit de 150 francs pour achat de livres.

La création d'une bibliothèque publique coïncidait merveilleusement avec l'établissement d'une école gratuite que venait de fonder le vénérable M. Martin, curé de St-Aphrodise, et à la direction de laquelle il avait appelé les frères de la doctrine chrétienne. Mais il fallait pourvoir aux frais de voyage de ces bons frères, à l'ameublement de la maison, à leur entretien et à leur nourriture. Sur l'initiative du maire, il fut voté une somme de cinq mille quatre cents francs.

----

(1) Postea verò quam Tyrannio mihi libros disposuit, mens addita videtur meis ædibus.

(Epist. 8)

Toutes ces allocations qui se rattachaient au progrés intellectuel de la cité furent inscrites, pour la première fois, au budget communal, en même temps que celle de deux mille francs pour achat de deux pompes à incendie. Bien qu'elles grossissent le chiffre des dépenses extraordinaires dans lesquelles on avait déjà compris un crédit de quinze cents francs pour la fête du baptême du duc de Bordeaux et un de trois cent francs pour le monument élevé par souscription, au duc de Berry, le budget de l'année 1821 n'en fut pas moins voté avec un excédant de recette sur les dépenses.

Le chiffre de recettes, puisé aux archives de l'Hôtel-de-Ville, se porte à . . . . 127,806 f. 68

Celui des dépenses à 112,163 88

Excédant 15,642 80

IX.

Le mois d'août 1820 vit se former et avorter une conspiration militaire contre le gouvernement des Bourbons. Divisés d'opinion, les conjurés avaient, par une sorte de transaction, décidé que le drapeau tricolore serait le signe de ralliement et qu'on laisserait à la France, remise en possession de sa souveraineté, le soin de déterminer elle-même les principes et la forme de son gouvernement.

L'exécution du plan adopté par le comité directeur, fixée d'abord au 10 août (date mémorable), fut ajournée à la nuit du 19 au 20. Ce retard amena des révèlations qui éveillèrent l'attention des chefs de corps et du Gouvernement.

On procéda à des arrestations et les conjurés se dispersèrent.

Bien que le mouvement dût éclater à Paris, il avait de nombreux affiliés en province où l'explosion devait avoir lieu le même jour. Cette particularité explique l'indignation d'abord et puis, la joie du parti royaliste à la nouvelle de la découverte du complot, indignation et joie qui débordent dans le langage des maires et des conseils municipaux.

« J'ai été autorisé dit M. de Neffiés, en ouvrant la séance du 10 septembre 1820 , à vous convoquer extraordinairement pour vous proposer de voter une adresse à Sa Majesté au sujet de la conspiration à laquelle nous avons eu le bonheur d'échapper.

« Vos sentiments d'amour et de dévouement pour l'immortel auteur de la Charte me sont trop connus pour n'être pas assuré de votre empressement à exprimer l'horreur et l'indignation dont vous avez été pénétrés à la nouvelle d'un attentat qui ne tendait à rien moins qu'à replonger la France dans l'abîme des révolutions et à la priver de cette auguste maison à l'abri de laquelle nous commençons à respirer. »

On va voir que le royalisme du Conseil municipal s'exhale plus ardent encore que celui de son maire.

« Sire,

« Vos fidèles sujets, composant le Conseil municipal de la ville de Béziers, s'empressent de déposer aux pieds du trône de votre Majesté l'indignation profonde dont ils sont pénétrés pour les monstres qui ont osé tramer des complots contre sa personne sacrée et contre les princes de son auguste maison.

« Daignez, sire, oublier un instant votre clémence et permettre aux lois de déployer toute leur rigueur envers des scélérats qui n'ont pas craint d'exposer la France à retomber dans l'abîme des révolutions que la providence vous a destiné à fermer à jamais. Nous oserons rappeler à votre Majesté que les chefs des conspirateurs, quels qu'ils puissent être, doivent être recherchés avec le soin le plus scrupuleux, afin que la promptitude et la sévérité du châtiment puissent frapper d'un salutaire effroi les insensés qui seraient tentés de renouveler leurs infâmes attentats.

« Toujours prêts, sire, à donner à votre Majesté les mêmes preuves de dévouement qui, le 28 juin 1815, nous portèrent à secouer le joug de l'usurpateur et à résister aux forces envoyées contre nous par ses satellites, nous supplions la divine providence de conserver à notre amour, pour le bonheur de la France, et le repos de l'Europe, Louis le Désiré, ce monarque chéri, auteur des sages institutions à l'abri desquelles nous avons le bonheur de vivre. Qu'elle daigne également conserver tous les princes et princesses de sa royalle famille ! et que bientôt un rejeton de l'illustre victime dont une main paricide nous a si cruellement privés puisse, en apportant quelque consolation dans le cœur paternel de votre majesté, réaliser les vœux et les espérances de la patrie éplorée !

« Tels sont les vœux et les sentiments etc., etc. »

Quelques jours après, le vœu exprimé dans cette adresse était accompli.

Le 29 septembre, la jeune veuve du duc de Berry donnait le jour à un fils, qui reçut le titre de duc de Bordeaux.

« Messieurs, disait M. de Neffiès à son Conseil, le 15 octobre 1820, le ciel ayant comblé les vœux de tous les bons français, en leur accordant un successeur au trône de l'auguste dynastie des Bourbons, quelques villes du département ayant déjà eu l'honneur d'offrir à sa Majesté leurs respectueuses félicitations sur la naissance de son Altesse monseigneur le duc de Bordeaux, la ville de Béziers ne doit pas être en arrière lorsqu'il s'agit de donner un nouveau témoignage de son amour le plus sincère à cette auguste famille.

« En conséquence, Messieurs, j'ai l'honneur de vous soumettre, à ce sujet, l'adresse dont la teneur suit :

« Sire,

« La ville de Béziers. qui a vieilli dans le plus constant amour pour les enfants de St-Louis, a l'honneur de déposer aux pieds de votre Majesté les sentiments de cette joie vive et pure que nos cœurs ont goûtée en apprenant la naissance d'un fils de France.

« Les douloureuses incertitudes ont cessé : La légitimité peut se perpétuer; le sang des Bourbons n'est point tari. Puisse le Ciel, qui fait briller à nos regards un don si précieux, couronner sa munificence par la conservation de cet illustre enfant, l'objet de notre plus douce attente !

« Oui, nos vœux seront exaucés : Ce miraculeux rejeton des lys nous retracera les nobles et brillantes qualités de ses aïeux, ainsi que le généreux dévouement de son auguste mère. Le suprême arbitre des empires a déposé dans son cœur le germe de toutes les vertus ; il l'armera de ce courage d'esprit, de cette vigueur de caractère qui font toujours vouloir le bien avec succès et qui furent toujours la condition nécessaire de la grandeur des rois et du bonheur des nations. »

Une acclamation unanime accueillit cette adresse.

A qui s'étonnerait de l'enthousiasme qu'excitait chez le maire de Béziers l'évènement de la naissance du duc de Bordeaux, nous rappelerions que cet enthousiasme était général et qu'il fut partagé par les deux plus grands poètes du siècle. Qui n'a retenu ces magnifiques strophes ?

> Il est né, l'enfant du miracle,
> Héritier du sang d'un martyr !
> Il est né d'un tardif oracle,
> Il est né d'un dernier soupir !
> Aux accents du bronze qui tonne,
> La France s'éveille et s'étonne
> Du fruit que la mort a porté !

> Jeux du sort ! merveilles divines !
> Ainsi fleurit sûr des ruines
> Un lys que l'orage a planté. (1)

> O joie ! ô triomphe ! ô mystère !
> Il est né l'enfant glorieux,
> L'ange que promit à la terre
> Un martyr partant pour les cieux. (2)

M. de Neffiès ne se contenta pas de saluer de ses acclamations la naissance du prince et d'adresser au ciel des vœux pour la conservation de ses jours, il fit voter par son Conseil un crédit de douze cents francs pour la fête à célébrer le jour de son baptême, puis un second crédit de six cents francs pour concourir à la souscription ouverte pour l'acquisition de la terre de Chambord qui devait lui être offerte.

A la fin de cette année 1820, le gouvernement reconnut l'insuffisance des bâtiments de la maison d'arrêt, située alors à l'est de la place St-Nazaire et à l'entrée de la rue de Lespignan. Il fit étudier un plan d'agrandissement qui nécessitait l'acquisition d'une partie d'une maison contiguë appartenant à un sieur Tréhoulon.

Ce propriétaire ne voulant pas vendre fractionnairement, force fut d'acheter la maison tout entière. La ville contribua pour une somme de *treize mille trois cent cinquante un francs.* Sur le restant du sol non incorporé à la maison d'arrêt, on ouvrit une rue qui existe encore et qui porte le nom de vieilles prisons. Ce fut là une utile amélioration dont il faut savoir gré à M. de Nef-

(1) Lamartine, méditation 17e.
(2) Victor Hugo.

fiès. On ne supposait pas alors que la démolition de la
maison d'arrêt et le tracé de la rue de Bonsi sur son ancien emplacemement en détruiraient un jour tous les
avantages (1).

X.

Louis XVIII voulut que le jour du baptème du duc de
Bordeaux fut marqué, dans toute la France, par des réjouissances publiques; il en fixa la célébration au 1er mai
1821.

M. de Neffiès, s'associant à la pensée du roi, mêla à
cette fête une pensée de bienfaisance. On ne peut s'empêcher d'applaudir au langage qu'il tint, à cette occasion, à
son Conseil municipal dans la séance du 21 avril 1821.

« La manière qui parait la plus convenable pour remercier la
Providence de la naissance presque miraculeuse du nouveau Joas
ne serait-elle pas de consacrer à des actes de bienfaisance une
grande partie des sommes que nous pourrions destiner aux réjouissances ? Cet exemple d'ailleurs nous est donné journellement par
sa Majesté elle-même et par tous les princes de son auguste maison dont tous les jours sont marqués par le soulagement de quelque infortune.

« J'ai en conséquence l'honneur de vous proposer d'allouer une
dot de 500 francs à une orpheline de bonne conduite et une somme
de cent francs à chaque curé des quatre paroisses pour être dis-
tribuée en pain, vin et viande, aux familles indigentes. »

La proposition fut accueillie et la cérémonie du couronnement d'une rosière, mise en tête du programme,

______

(1) En 1856, le département qui avait fait construire la nouvelle maison a'arrêt, place
St-Louis, fit vendre l'ancienne aux enchères et l'adjudicataire traça la rue de Bonsi sur
une partie du sol.

s'accomplit le jour de la fête, dans l'église St-Nazaire, où s'étaient rendues toutes les autorités pour assister à une messe en musique. L'après-midi, mât de cocagne sur l'esplanade, le soir, illumination générale, concert et bal à l'Hôtel-de-Ville. La fête ne dura pas moins de deux jours ; elle ne se termina que le dimanche suivant par le divertissement de Caritachz. Les frais généraux s'élevèrent au chiffre de 2,300 francs.

Nous avons vu, sous l'administration de M. de Neffiès, naître l'institution des gardes champêtres. L'expérience de quelques années suffit pour démontrer qu'elle ne produisait pas les avantages qu'on en avait attendu. Aussi, frappé des abus, des négligences et des malversations des titulaires, *qui ne sont, dit-il occupés qu'à prendre des bergers en défaut pour les rançonner*, le Conseil municipal, sur la proposition du maire, délibéra leur suppression dans la séance du 13 mai 1821.

Le Lendemain, 14 mai, on procéda à la formation du budget pour l'année 1822.

Pour la première fois, on voit inscrit, en tête de ce document municipal, le chiffre de la population qu'un recencement venait de porter à 16,000 âmes. Il n'en avait pas été fait depuis l'année 1794 et celui-là ne donnait à la ville que douze mille habitants.

On remarque, dans ce budget de 1822, quelques améliorations utiles qui révèlent l'esprit progressiste de M. de Neffiès : ainsi l'établissement d'une seconde école primaire gratuite ; l'augmentation du crédit destiné à l'achat de livres pour la bibliothèque publique ; l'accroissement du nombre des reverbères et l'extension à huit mois de l'éclairage public, qui n'était jusqu'alors que de six mois ; la prolongation des aqueducs et égouts jusqu'à la rivière ;

ènfin le commencement d'élargissement de la rue P.-Riquet par le retranchement d'une partie de la maison N° 4.

Le chiffre total des recettes y est fixé à . . . . 129,146 f. 87

Celui des dépenses à 126,272 92

Excédant. 2,873 95

Il est utile de faire remarquer que, dans les recettes le produit de l'octroi, alors affermé, figure pour une somme de 100,500 francs.

XI.

La disette d'eau dont souffrait la population était l'objet des préoccupations constantes de M. de Neffiès. Bien que adopté par le Conseil depuis le 11 juin 1820, le projet Fontenille n'avait point encore reçu l'approbation du gouvernement. Ce retard dont il augurait mal le détermina, au commencement de l'année 1822, à proposer le forage d'un puits sur la place de l'Hôtel-de-Ville. Le succès lui paraissait garanti par l'existence, aux environs de cette place, de beaucoup de puits très abondants, fournissant d'excellente eau.

Le Conseil municipal adopta unanimement l'idée de ce forage et délibéra que le puits serait muni d'une pompe à balancier. Comme la dépense était urgente, il décida en outre qu'elle serait couverte à l'aide des fonds disponibles de la caisse de service et d'un droit de 50 centimes à percevoir à l'avenir sur le languayage de chaque porc vendu sur la place du marché hebdomadaire. Hâtons-nous de dire que la perception de ce droit, qui aurait donné à la caisse communale un revenu annuel de *deux mille francs* ne fut point autorisée par le gouvernement ; qu'on a tenté plusieurs fois , depuis, de l'introduire dans les budgets et que les ministres de l'intérieur et des finances de tous les régimes l'ont systématiquement repoussée. Nous disons systématiquement, car on ne comprend pas que l'on ait abandonné jusqu'à ce jour à l'industrie privée et affranchi de tout contrôle officiel une opération qui intéresse à un si haut degré la santé publique.

Il existait à l'entrée de la rue de la promenade, qui a pris récemment le nom du 4 septembre, une bouche d'égoût dont les émanations infectaient le quartier et dont le médecin des épidémies demandait, dans un intérêt de salubrité publique, la suppression ou le changement. M. de Neffiès s'empressa de communiquer cette demande à son Conseil municipal qui reconnut, après une enquête de commodo et incommodo, l'opportunité de la suppression. On changea la direction de l'égoût et l'ouverture fut établie dans l'impasse au pied du vieux rempart où on la voit encore.

La dépense de ce changement fut portée au budget de l'année 1823 où on la trouve inscrite pour un chiffre de 15,000 francs.

Ce budget présente les résultats suivants :

Recettes ordinaires et extraordinaires .	143,619 f. 62
Dépenses ordinaires et extraordinaires	138,889 99
Excédant.	4,729 63

XII.

A la fin de l'année 1822, M. de Neffiès eût à lutter contre le fermier de l'octroi, le sieur Bonnet (Pierre,) qui, dans le but d'un accroissement de produits, voulait étendre les limites du rayon fixées par une délibération en date du 12 mai 1812. Sur le rapport d'une commission nommée pour apprécier la valeur de cette prétention, le Conseil municipal la repoussa et maintint dans leur intégrité les limites sous l'empire desquelles le bail à ferme de l'octroi avait été consenti.

A peine le maire venait-il de faire proscrire la prétention du fermier de l'octroi, qu'il se vit en butte à une autre non moins étrange soulevée par le directeur des contributions indirectes pour l'interprétation des articles du règlement. On ne s'étonnera pas du zéle de cet agent du fisc si l'on se rappelle que le gouvernement prélevant alors le dixiéme du produit de l'octroi, il pouvait et voulait peut-être se faire un mérite de l'accroissement qu'acquerrait ce produit. Voici un aperçu de ces prétentions :

L'article 26 du règlement de l'octroi portait : *Devront être |déclarés et seront passibles des droits les objets compris au tarif qui seraient préparés, fabriqués ou récoltés dans l'intérieur du rayon.* S'en tenant judaïquement à la lettre de l'article, le Directeur voulait qu'on perçut le droit sur toutes les pierrres trouvées par les propriétaires dans un terrain situé dans les limites du rayon. La commission municipale invoquait, à l'appui de son refus, l'esprit qui avait présidé à la rédaction de l'article et qui ne permettait d'atteindre que les pierres extraites des carrières en dehors du rayon. Elle s'étayait en outre d'une décision judiciaire intervenue dans une pareille question en faveur de M. Mazel, maître de poste de la Bégude, lors de la construction de son écurie sous le rempart et à l'entrée du faubourg du pont.

En vertu d'un autre article du même règlement qui soumettait à la marque toute viande destinée à la consommation locale, M. le Directeur voulait atteindre la volaille morte et la faire saisir en cas de contravention à l'obligation de la marque.

D'autres prétentions non moins mal fondées s'ajoutaient aux deux premières. Le Maire pensant sagement qu'un réglement d'octroi, déjà assez onéreux pour les habitants ne doit pas être une cause de tracasserie, et un instrument de tyrannie entre les mains de ceux qui sont appelés à le faire exécuter, obtint de son Conseil une délibération qui repoussa en masse les prétentions du trop zélé et trop fiscal directeur.

XIII.

Nous lisons dans l'histoire de la Restauration qu'au mois d'avril 1823, cent mille français, commandés par le duc d'Angoulême, entrèrent en Espagne pour conserver au roi Ferdinand VII le trône de ses pères, fortement ébranlé par les partis rivaux. Pendant la durée de cette guerre, la duchesse d'Angoulême alla s'établir à Bordeaux où elle manifesta l'intention de visiter tout le midi. Le bruit de ce voyage mit en émoi toutes les municipalités de nos contrées.

« Je suis instruit, dit M. de Nefflès à son Conseil, dans la séance du 1er mai 1823, que Madame la duchesse d'Angoulême doit passer en cette ville le 6 du mois courant pour aller, suivant les uns à Avignon et suivant les autres, à Marseille. Quoique ce passage paraisse devoir être accéléré, néanmoins j'aurai l'honneur de vous proposer de faire une réception analogue, autant que possible, au rang et aux vertus de cette auguste princesse et de délibérer sur les dispositions à faire à ce sujet. »

Le Conseil,

« Considérant que le passage quoique inopiné de son Altesse Royale, en cette ville, va combler les vœux ardents formés depuis longtemps par les bons citoyens de jouir de la présence de cette auguste princesse.

« Qu'il couvient de faire à son Altesse Royale la réception la plus convenable que la briéveté du temps et la localité peuvent le permettre ;

« Délibère, à l'unanimité, que M. le Maire est prié de donner les ordres nécessaires pour disposer les apprêts de la réception et de ne rien négliger pour que les fêtes qu'on ponrra faire soient dignes de l'auguste fillle de nos rois, qui en est l'objet; qu'il approuve d'avance les dépenses que ces fêtes pourront occasionner ».

Bien que prévenu un peu tard, M. de Neffiès improvisa une réception digne de la ville et de la princesse.

Au jour indiqué, il se rendit avec le Conseil municipal et un brillant cortège à l'avenue de Montpellier où il harangua l'illustre voyageuse et lui offrit une calèche découverte. L'itinéraire de la princesse n'indiquant pas de station à Béziers, elle se borna à traverser la ville en suivant l'ancienne ligne de poste. Parvenu à la place St-Félix, le cortège s'arrêta quelques instants. Une foule immense entassée sur ce point, manifesta son enthousiasme par des vivats et des acclamations. On exécuta autour de la voiture de la princesse la danse des treilles et un groupe de demoiselles appartenant aux plus riches familles, toutes vêtues de robes blanches, la tête couverte de voiles en dentelle, lui présentèrent un magnifique bouquet.

Le cortège se remit en marche par la rue et la descente Tourventouse et accompagna la princesse jusqu'au-delà du pont vieux, le seul qui existât alors.

Les frais de cette fête improvisée s'élevèrent à *trois mille francs.*

XIV.

Il suffit à l'armée française d'une campagne de sept mois pour rétablir Ferdinand sur le trône d'Espagne. Ce monarque faisait, le 13 novembre 1823, son entrée dans Madrid *sur un char de triomphe de forme antique, traîné par cent hommes uniformément habillés de vestes et de pantalons verts et roses.* (1).

Trois semaines après, on célébrait par d'autres fêtes, à Paris, le retour de notre armée victorieuse. Le duc d'Angoulème y faisait une entrée solennelle à la tête d'une partie des troupes d'expédition, sous des arcs de triomphe, ornés de couronnes rostrales, de drapeaux, de trophées militaires et d'emblèmes rappelant les principaux épisodes de la campagne.

La province voulant s'associer à ces manifestations, envoya des adresses : les unes au Roi Louis XVIII, les autres au duc d'Angoulème.

Dans l'ardeur de son enthousiasme, M. de Neffiès offrit ses félicitations à l'un et à l'autre.

Sire,

« Vos armées ont dompté l'anarchie et la rébellion, rendu à la liberté un roi captif et fait triompher la cause de la religion et de la légitimité. Ces heureux évènements, préparés par la haute sagesse de votre Majesté, lui assurent la reconnaissance de l'Espagne, de la France, de l'Europe entière. Agréez, Sire, les félicitations de la ville de Béziers dont le dévouement pour votre famille et pour votre auguste personne ne s'est jamais démenti ».

(1) Histoire des deux Restaurations, Tome 6, page 190.

Monseigneur,

« Sage, vaillant, victorieux, pacificateur, vous venéz d'acquérir des droits éternels à l'admiration et à la reconnaissance des hommes. Vous étiez déjà le héros du Midi ; vous êtes devenu le héros du monde entier. Votre gloire est aussi pure que le drapeau à qui vous avez donné une nouvelle splendeur.

« Permettez-nous de mettre à vos pieds le sincère hommage de notre amour et de notre respect ».

Le budget communal pour l'année 1824, fut voté dans des conditions normales. On n'y remarque, au titre des dépenses extraordinaires, qu'un crédit ouvert pour l'acquisition d'une horloge pour le clocher de St-Nazaire et un autre crédit pour la création d'un cimetière à l'usage des non catholiques.

Le chiffre des recettes de toute nature

se porte à . . . . 152,387 f. 62

Celui des dépenses à 136,612   73

Excédant 15,774   89

XV.

Il n'est pas un habitant de Béziers qui ne sache que notre ville a été longtemps place de guerre de 3e classe. Elle cessa de l'être en 1821, car une ordonnance de Louis XVIII, en date du 1er août de cette année, ne la comprend plus dans le tableau des places, citadelles, forts, châteaux et postes militaires soumis à l'application des servitudes imposées à la propriété pour la défense de l'Etat (1)

(1) Ce tableau ne désigne, pour le département de l'Hérault, que le fort Peccais, la tour de Silvereal, la citadelle de Montpellier, la tour du Grau d'Agde, Agde et le fort Brescou.

Ce déclassement inspira à M. de Neffiès la bonne pensée de demander au gouvernement l'autorisation d'aliéner nos remparts au profit de la caisse communale. On ne lira pas sans intérêt l'exposé qu'il fit de la question, au point de vue historique, dans la séance du conseil municipal du 30 mai 1824.

Messieurs,

« Il paraît, d'après certains titres, qui ont été trouvés dans les archives de la ville, que les remparts et fortifications sont la propriété exclusive des habitants. Ces titres consistent : 1° en un accord du mois d'avril 1188, passé entre l'abbé et chanoines de St-Aphrodise et l'abbé du monastère de Villemagne, d'une part et les habitants du bourg St-Aphrodise de l'autre. Dans cet acte, les parties font des conventions, pour la construction des remparts, et, d'après ces conventions, cette construction se fait à leurs dépens.

« 2° En un édit du 17 juillet 1355. On voit, dans cet édit, que les consuls de la ville de Béziers représentent que les fortifications de la ville ont besoin d'être réparées et augmentées, et que l'évêque de Béziers et les abbés de Saint-Jacques et de St-Aphrodise, quoique intéressés à l'augmentation et à la réparation, refusent d'y contribuer.

« Sur la demande des consuls, il est ordonné que l'évêque et les deux abbés seront contraints, par saisie de leur temporel, à contribuer à l'augmentation et à la réparation des fortifications.

« 3° En une sentence du sénéchal par laquelle il est ordonné que les chapitres et les ecclésiastiques, qui refuseront de contribuer à la construction et à la réparation des remparts, y seront contraints par saisie de leur temporel.

« 4° En une ordonnance du 28 février 1406 par laquelle, sur la demande des consuls de Béziers, il leur est permis d'établir une espèce d'octroi pour la construction d'une fontaine et pour les grandes dépenses qu'exigent les grosses réparations qui sont à faire aux remparts et aux fortifications.

« Il résulte évidemment de ces titres que les remparts et fortifications de la ville ont été construits, augmentés, reconstruits et
réparés aux dépens des habitants et que par conséquent ils appartiennent à la ville.

Béziers ne compte plus parmi les places fortes et la vente des
remparts, outre qu'elle contribuerait à l'embellissement de la ville
lui donnerait les moyens de fournir à la dépense d'une nouvelle
alimentation d'eau.

« Voyez, messieurs, s'il ne conviendrait pas de s'adresser au
Gouvernement pour réclamer la propriété exclusive des remparts
et des fortifications et pour demander la permission de les vendre
à l'effet d'employer le produit à l'exécution du projet d'eau. »

Le Conseil, adoptant les motifs développés par le maire,
délibère qu'il y a lieu de solliciter du Gouvernement
l'abandon et la vente des remparts et fortifications pour
le produit être appliqué à la destination projetée.

XVI.

M. de Neffiès comprit toute l'importance de la délibération qu'il venait d'obtenir de la confiance de son Conseil. Il vit qu'à son approbation étaient attachés d'abord
l'exécution de son projet d'eau et puis tout l'avenir des
améliorations de la viabilité urbaine. Ne voulant ni s'exposer à subir les lenteurs de la bureaucratie, conséquence
de la centralisation administrastive, ni être réduit à combattre, à distance, des oppositions, nées souvent de l'ignorance ou du caprice, il se détermina à se rendre à Paris
pour surveiller en personne la marche de la procédure et
obtenir une solution plus prompte.

Tandis qu'il consacrait généreusement son temps et
ses efforts à cette louable mission, le roi Louis XVIII
dont la santé était profondément altérée par des infirmi-

tés anciennes et permanentes, mourut le 16 septembre et eût pour successeur le comte d'Artois son frère, sous le nom de Charles X.

Le Conseil municipal profita de la présence à Paris de son maire pour le prier de présenter au nouveau Roi l'adresse qu'il vota dans la séance du 23 septembre et qui était ainsi conçue :

« Sire,

« Le roi, votre auguste frère, a réconcilié la France avec l'Europe et avec elle-même. Il a poursuivi les factions jusqu'aux colonnes d'Hercule. Peu de règnes ont été aussi glorieux que le sien; sa mémoire vivra longtemps dans le cœur de ses peuples.

« Charles X nous consolera de la perte de Louis XVIII. Votre majesté fera prospérer le brillant héritage qu'elle vient de recueillir. Elle augmentera la prospérité de notre crédit, diminuera le poids des charges publiques, ouvrira à nos produits les débouchés qui leur manquent, favorisera l'agriculture qui soutient les états et le commerce qui les fait fleurir, rendra à la religion de nos pères son antique splendeur, maintiendra nos institutions, fera respecter au dehors la dignité de la France et aimera ses peuples comme elle en est aimée.

« En 1815, la ville de Béziers a donné des preuves éclatantes de son amour pour les Bourbons. Les sentiments qu'elle a manifestés alors, elle est prête à les manifester encore. Elle sera fidèle à Charles X comme elle l'a été à Louis XVIII. »

Dans la même séance où fut votée cette adresse, on délibéra, aussi à l'unanimité, qu'un service funèbre solennel serait célébré pour le repos de l'âme du feu roi *dont la clémence, disait-on, s'était tant fait distinguer dans le nombre de ses nobles qualités.* Douze cent francs furent consacrés aux frais de ce service et deux cents francs à l'achat d'un buste de Charles X.

La séance du 7 novembre 1824, vit s'élever une grave discussion au sujet de notables modifications que le
directeur des contributions indirectes proposa d'introduire dans le règlement et le tarif de l'octroi. En dépit
de l'opposition de plusieurs conseillers municipaux une
partie de ces modifications fut accueillie. Ainsi les limites du rayon de l'octroi furent étendues et embrassèrent
tous les magasins du canal, les bâtiments de Sauclières
et du pont rouge restés jusqu'alors en dehors.

On introduisit dans le tarif un droit, sur toutes les
bières qu'on considéra comme boisson de luxe; mais le
chiffre de ce droit fut plus élevé pour les bières venant
de l'extérieur.

Enfin, on atteignit, pour la première fois, les tuiles,
briques et pavés venant de l'extérieur en concurrence
avec les produits des briquetteries locales,.qui restèrent
affranchis.

Le tarif modifié devant amener une augmentation de
revenu à la caisse communale, le Maire demanda et obtint de laisser pendant un an, et à titre d'essai, l'octroi
en régie simple.

Le budget pour l'année 1825 fut voté dans les conditions suivantes :

Recettes ordinaires	127,405 f. 22
Recettes extraordinaires	2,000 00
Total	129,405 f. 22
Dépenses ordinaires 108,990 f.	
Dépenses extraordinaires 20,247 98	129,237 f. 98
D'où il résulte un excédant de. . . .	167 24

XVII.

S'il est un nom vénéré dans notre ville, c'est celui du curé Martin. Non content d'avoir créé des établissements d'instruction primaire gratuite à l'usage des enfants pauvres des deux sexes, M. Martin légua en mourant (le 16 octobre 1824) sa riche bibliothèque à la fabrique de St-Aphrodise et sa dernière obole au bureau de bienfaisance. Absorbé par son dévouement à l'humanité, il ne songea pas que les infirmités et la misère pouvaient atteindre l'unique parent qui lui survivait, son frère, prêtre comme lui. Cette éventualité se réalisa quelques mois après sa mort. M. de Neffiès nous l'apprend. On aime à l'entendre, dans la séance du 9 janvier 1825, mêlant avec un tact parfait l'éloge du curé défunt à une demande de secours en faveur de son frère infirme et sans ressources. Sa parole sympathique trouva de l'écho dans l'assemblée et une pension annuelle et viagère de trois cents francs fut votée en faveur du frère du bienfaiteur de la cité.

Louis XVIII avait eu, on le sait, la pensée de se faire sacrer; mais l'état obéré des finances d'abord, plus tard le mauvais état de sa santé ne lui permirent pas de donner à son règne la consécration traditionnelle qui avait inauguré le règne de tous ses ancêtres.

Charles X, malgré son âge (68 ans), jouissait d'une santé assez robuste pour affronter les fatigues longues et multipliées de la cérémonie d'un sacre. Chateaubriand, d'ailleurs, dans une brochure intitulée : *Le roi est mort, vive le roi !* lui ayant rappelé que trente deux souverains de la troisième race avaient reçu l'onction royale, il désira la recevoir à son tour.

La cérémonie en fut fixée au 29 mai 1825.

Toutes les villes de France se préparèrent à marquer ce jour par des réjouissances publiques. M. de Neffiès voulut que Béziers s'associât à ce mouvement. Nous le voyons le 29 février, trois mois à l'avance, demander à son conseil un crédit de deux mille francs ; mais empressons-nous de dire, qu'il ne le destine pas tout entier à des spectacles frivoles et que la part la plus large est réservée au soulagement de l'indigence.

XVIII.

Tout en donnant ses soins aux préparatifs de la fête du sacre, M. de Neffiès ne perdait pas de vue l'objet principal de ses préoccupations, la question de l'eau. On se rappelle que, dès l'année 1818, il avait fait voter par son Conseil une prime de 2,400 fr. en faveur du meilleur projet d'alimentation de nos fontaines, que, en 1820, il avait fait adopter, par le même Conseil, un projet de machine à vapeur, présenté par MM. de Fontenille, ingénieur et Ramus, ancien directeur de la fonderie royale du Creusot.

Ce projet soumis à l'approbation du Gouvernement par le Maire en personne, avait soulevé les plus étranges objections, et entrainé des ajournements inconcevables qui venaient d'aboutir à un rejet radical, *fondé sur le motif qu'il était trop dispendieux et hors de proportion avec les ressources de la ville.*

Tandis que sept années d'études, de démarches, de luttes sans succès, allaient porter le découragement dans l'âme du Maire et détruire les espérauces qu'avait conçnes la population, impatiente de voir cesser la disette d'eau, du fond d'un atelier 'de serrurerie surgit un simple ouvrier, inventeur d'un projet longuement médité, portant la solution économique du problême de l'alimentation de nos fontaines ; cet ouvrier était un enfant de Béziers, du nom de Cordier, qui devait bientôt prendre rang parmi nos illustrations locales (1).

Ce fut le 7 août 1825 que M. de Neffiès communiqua au Conseil municipal la bonne nouvelle. Après avoir décrit rapidement le nouveau procédé d'élévation des eaux de l'Orb, présenté par M. Cordier, il termina en ces termes: « C'est avec une entière satisfaction que je viens « de vous donner connaissance et du projet et de la sou- « mission qui l'accompagne, heureux, Messieurs, de « trouver dans un de nos concitoyens l'auteur d'un pro- « jet aussi éminemment utile et au succès duquel nous « devons prendre le plus vif intérêt » .

Le Conseil prit, à l'unanimité, le projet en considération et le renvoya à l'examen d'une Commission, qui fit, ept jours après, dans la séance du 14 août, son rapport par l'organe de M. Jacques Azaïs.

Toutes les considératious qui militent en faveur de l'adoption du projet sont développées dans ce rapport dont voici la substance. D'abord, la disette d'eau qui afflige Béziers remonte au temps les plus reculés. Elle se fait sentir plus vivement depuis que la ville a vu sa population s'accroître, une garnison occuper les casernes et un marché considérable attirer hebdomadairement dans ses murs, les habitants de la banlieue et des contrées voisines.

Depuis l'année 1779, toutes les administrations municipales ont tenté, mais sans succès, de faire cesser cette

(1) Voir la biographie de Cordier, insérée dans le Tome 1er. des *hommes illustres de Béziers,* publié en 1866.

disette. La machine élévatoire que propose d'établir M. Cordier joint au mérite d'une merveilleuse simplicité celui de n'entraîner pour la caisse communale qu'une mince dépense, et cette dépense ne devra être acquittée qu'après l'entière réussite légalement constatée. Le Rapporteur conclut à une adoption immédiate.

Avant de soumettre ces conclusions à l'approbation du Conseil, le Maire toujours prêt à faire à ses concitoyens le sacrifice de ses affaires personnelles, offre de se rendre à Montpellier et à Paris pour solliciter et hâter l'approbation du Gouvernement.

Un vote unanime accueille et les conclusions du rapport et l'offre du Maire.

La grande question de l'eau était enfin à la veille de recevoir une solution satisfaisante.

XIX.

Peu de temps après et dans la séance du 18 septembre 1825, M. de Neffiès appelait l'attention de son Conseil sur une autre question qui avait aussi son importance, car elle intéressait la moralité du principal commerce du pays, le commerce des trois-six.

Dans une pétition adressée au Sous-Préfet, les plus notables négociants de la ville sollicitaient l'établissement légal d'un dépotoir, obligatoire pour eux et les distillateurs. Cette pétition était accompagnée d'un avis favorable des membres du tribunal de commerce.

Le haut commerce s'honorait en prenant l'initiative d'une création qui devait mettre fin aux plaintes que soulevait le mesurage à la main et sans contrôle des trois-six, livrés par les distillateurs dans les magasins des acheteurs.

12

Le Conseil, tout en reconnaissant l'utilité et la nécessité de la création d'un dépotoir, déclara ne pouvoir faire droit à la demande des pétitionnaires. Le motif de ce refus est pris dans le texte de l'article 1er de la loi du 29 floréal an x qui autorise bien les communes à établir des bureaux de pesage, mesurage et jeaugage publics, mais en ajoutant que *nul ne sera contraint à s'en servir si ce n'est dans le cas de contestation.*

Le budget pour l'année 1826 fut voté, encore cette année, en excédant, bien qu'on y trouve inscrit, au chapitre des dépenses extraordinaires, un crédit de *vingt-cinq mille francs* pour le projet d'ouverture d'une rue nouvelle, destinée à mettre en communication les places de l'Hôtel-de-Ville et des ~~Trois-Six~~ et un crédit supplémentaire pour les dépenses auxquelles ont donné lieu les fêtes du sacre de Charles X.

Voici l'économie de ce budget:

Recettes ordinaires et extrordinaires . .	159,470 f. 63
Dépenses ordinaires et extraordinaires .	149,596 56
Excédant	9,874 f. 07

XX.

Pour se conformer au désir émis par le Conseil municipal, M. de Neffiès partit pour Paris, en compagnie de Cordier, dans les premiers jours de l'année 1826, laissant à M. Glouteau, son premier adjoint, les rênes de l'administration.

Se rappelant que le programme du concours, par lui ouvert, en 1818, exigeait que tout projet d'eau fut soumis à l'examen de l'Institut, M. de Neffiès s'empressa de présenter Cordier et son projet à ce corps savant. Celui-ci nomma une commission composée de MM. Fresnel, Navier et le baron de Prony et lui donna pour mission d'examiner l'économie du projet et de décider si, au point de vue de la science hydraulique, la pompe à double effet, son élément constitutif, pourrait élever la quantité d'eau de l'Orb promise à une hauteur de 72 mètres avec garantie de fonctionnement régulier et durable.

Les membres de la Commission de l'Institut ne se contentèrent pas d'examiner le plan et le modèle réduit de la pompe que leur soumit Cordier ; ils l'admirent plusieurs fois à leur donner des explications orales. Notre illustre campatriote put plus tard montrer avec orgueil le rapport élogieux émané de cette commission et qui servit de fondement à sa renommée d'ydraulicien.

M. de Neffiès profita de son séjour à Paris pour mener à bonne fin et le projet de l'eau et celui de la cession des remparts. Aussi, le voyons-nous, dès son retour à Béziers, donner connaissance au Conseil de la décision ministérielle en date du 9 mai 1826 en vertu de laquelle *la ville peut devenir propriétaire incommutable des murs, fossés et remparts, moyennant le payement du quart de la valeur des dits objets, sans distinction des ouvrages en terre ou en maçonnerie, et sauf seulement la distraction à faire, par application du décret du 16 mars 1807, de ce qui a été converti en rues ou places publiques.*

Le Conseil adhéra à l'unanimité à la cession offerte par le Gouvernement ainsi qu'aux conditions du payement

Non moins heureux de l'approbation donnée par l'Institut au projet Cordier, M. de Neffiès présenta aussi, peu après, à son Conseil, le projet de traité qui contenait les engagements réciproques de l'hydraulicien et de la ville.

Ce traité qui porte la date du 13 août 1826, faisant partie de l'histoire de nos fontaines, nous croyons utile d'en consigner ici les principales clauses.

« Cordier s'oblige, pour le prix de soixante mille francs, de construire une machine à vapeur, élevant, pendant 14 heures de travail par jour, 18 pouces de fontainier, soit 12 litres 1/3 pour chaque habitant, à raison d'une population de 16,000 âmes ; de donner un volume deux ou trois fois plus considérable en cas d'incendie, et un tiers en sus pendant les grandes chaleurs, au moment de l'arrosage des rues ; de faire jouer la machine en été, pendant 16 et même 18 heures, selon les besoins, sauf à pouvoir ne la faire jouer, en hiver, que pendant 12 heures ; de fournir le local pour la machine, qui sera composée de deux corps de pompe pour éviter le chômage en cas de dérangement, et d'un tuyau d'ascension en fonte de fer, avec rechange ; de fournir le terrain nécessaire pour le passage de ce tuyau et d'en faire les travaux de consolidation,... de construire sur la place St-Louis, un bassin à deux compartiments, l'un pour clarifier l'eau, l'autre pour la recevoir clarifiée ; d'établir sur une longueur de 755 mètres une conduite en poterie de la place St-Louis à la Halle au blé et de là à la rue Française au point de jonction de l'ancien aqueduc.

« Cordier s'engage de plus à entretenir et faire jouer la machine, pendant 15 ans, moyennant six mille francs par an.

« La ville, de son coté, s'engage à payer en trois annuités, de vingt mille francs l'une, les soixante mille francs, prix convenu de la machine ».

La sanction du Conseil municipal pouvait-elle faire défaut à un traité qui tranchait à la fois la question de l'ascension de l'eau de l'Orb dans nos rues et la question du bon marché ? Le Maire l'obtint par un vote unanime.

En inscrivant au budget de 1827 la première annuité du prix de la machine dû à Cordier, on n'en troubla pas l'équilibre. Il y a plus, et c'est un fait à signaler : tandis que par l'addition d'une somme de vingt mille francs, le chiffre des dépenses de cette année 1827 aurait dû dépasser celui des dépenses de l'année précédente, on le trouve moindre de plus de mille francs. On peut s'en convaincre en comparant les résultats des deux années.

Recettes ordinaires et extraordinaires . 143,166 f. 56
Dépenses ordinaires et extraordinaires . 141,751 25

Excédant . . . . 1,415 f. 33

XXI.

Sous l'empire d'une législation où les conseils municipaux étaient nommés par les préfets, sur la présentation des maires, on voyait rarement s'élever des conflits entre le gouvernement et ces corps délibérants; et pourtant notre conseil municipal eût le courage, au commencement de l'année 1827, de répondre par un refus formel à une exigence du pouvoir. Le ministre de la guerre demandait à la ville un champ de manœuvre pour les exercices de la garnison, sans se préoccuper de la question de savoir à qui incombait l'obligation de le fournir. Le Conseil, se plaçant sur le terrain légal, répondit :

« La loi sur les finances du 15 mai 1818 autorise, au profit du trésor, sur les revenus des communes, un prélèvement désigné sous la dénomination de dépense du casernement et des lits militaires. Ce prélèvement ne peut s'élever, pour chaque année, au-dessus de sept francs par homme et trois francs par cheval. L'article 46 de cette loi ajoute : au moyen du paiement ci-dessus, les réparations et loyers de casernes et de tous autres bâtiments ou établissements militaires seront à la charge du gouvernement. Or un champ de manœuvre étant un véritable établissement militaire, nul autre que le gouvernement ne peut être appelé à faire les frais de son acquisition ou de son loyer. »

Tel est le résumé d'une délibération qui fut prise à l'unanimité et qui porte la date du 29 avril 1827.

Dans cette même séance, M. de Neffiès obtint un premier vote de fonds pour la reconstruction du mur du jardin du presbytère de St-Jacques et un deuxième vote de la somme de 1,181 fr. 25 pour faire combler une mare d'eau qui s'était formée sur le chemin de Vendres et dans laquelle s'était noyé un gendarme du nom de Barbe.

XXII.

Un an s'était à peine écoulé depuis le traité intervenu entre la ville et Cordier. Grâce à l'activité déployée par l'habile hydraulicien, M. de Neffiès put dire, à son Conseil le 3 août 1827 ;

« Nous touchons au moment de jouir du bienfait inappréciable que Béziers devra au talent et au patriotisme de M. Cordier. Une ère nouvelle va commencer pour notre ville, qui ne sera plus condamnée à la cruelle privation d'un des premiers besoins de la vie.

« Toute la population reconnaissante s'attend à ce que un évènement qui est pour elle d'un intérêt si majeur, soit consacré par une fête. Les étrangers nombreux que ne peut manquer d'attirer la curiosité pour voir monter l'eau a une si grande élévation par un procédé, jusqu'à ce jour inconnu dans nos contrées, méritent bien qu'on donne une sorte de solennité à un si beau jour.

« J'ai en conséquence l'honneur de vous proposer de voter une somme de quinze cent francs pour être employée à célébrer par une fête le jour où l'eau de la rivière sera introduite dans les fontaines.. »

Le Conseil s'associant à la pensée du maire et désirant donner une première marque de sa reconnaissance au mécanicien aussi habile que modeste qui, a si heureusement surmonté les difficultés qui semblaient rendre son entreprise impossible, adopte, à l'unanimité, la proposition et vote la somme demandée.

Les contemporains, ont gardé précieusement le souvenir de l'éclat et de l'animation qui marquèrent la journée du 23 septembre 1827 dans laquelle on célébra l'antique fête de Cantachz que le peuple appela, ce jour là, la *fête de l'eau*. Cordier fut le véritable héros de cette fête. Des cris de reconnaissance, des vivats enthousiastes l'accueillirent sur le passage du cortége officiel où on aimait à le voir à côté du digne magistrat qui avait eu foi en son génie.

« Après la fête municipale, nous dit le biographe de Cordier, s'improvisèrent des fêtes particulières : chaque quartier voulut adresser son hommage au héros du jour et célébrer par des réjouissances l'établissement de la fontaine qui lui portait la vie et la santé.

« Tous les poètes locaux chantèrent à l'envi les louanges de Cordier , et s'ils ne furent pas tous heureux dans leurs inspirations , ils eurent du moins le mérite d'être les fidèles interprètes de la reconnaissance publique. »

On voit se reproduire à la fin de l'année 1827, la question de préférence à donner au meilleur mode d'administration de l'octroi. En 1820, on avait opté pour la mise en ferme et durant trois années, le produit de *cent mille cinq cents francs*, obtenu par ce mode, avait permis de se livrer à quelques dépenses utiles et de réaliser même quelques économies. On voulut en 1823, revenir à la régie simple. Voilà que M. de Neffiès accuse un déficit dans les recettes et demande à reprendre le système de la ferme.

La question est renvoyée à l'étude d'une commission qui s'étant convaincue de la cause de ce déficit se range à l'opinion du maire et la fait adopter par le Conseil.

L'adjudication, ouverte sur une mise à prix de 85 mille francs, atteignit le chiffre de 115,760 fr. mais ce chiffre, défalcation faite des dix pour cent prélevés par l'Etat et de 15,760 fr., montant des frais de perception, se trouva réduit à celui de 90,000, ainsi qu'on peut s'en convaincre en parcourant le budget de l'année 1828 qui présente les résultats suivants :

Total des recettes, ... 171,981 f. 84
Total des dépenses . . . . : . . . 161,963   43
Excédant.   10,018   41

XXIII.

Dans la première séance municipale de l'année 1828, M. le maire, dépose sur le bureau un exemplaire d'un ouvrage intitulé : *Traité élémentaire du vaisseau dans le port* dont l'auteur M. de Bonnefoux, capitaine de frégate, sous directeur du Collége royal de Marine à Angoulême, fait hommage à sa ville natale.

Le Conseil en ordonne le dépot à la bibliothèque de la ville et charge M. le maire de faire agréer ses remerciments à son honorable compatriote.

Depuis que le gouvernement avait concédé à la ville ses anciens remparts à charge par elle de payer le quart de leur valeur, il avait procédé à une expertise contradictoire. La valeur de ce quart s'élevait au chiffre de 5,879f. 15 c. qu'on inscrivit au budget des dépenses de 1829, pour être versée dans la caisse de l'administration des domaines.

Possesseur de ces remparts et autorisé à en opérer la démolition, M. de Neffiès comprit qu'un nouvel horizon s'ouvrait pour la ville au double point de vue de l'extension de ses promenades et de sa viabilité intérieure et extérieure. Sa pemière pensée se porta sur la promenade basse du fer à cheval que le plan du géomètre Revel, en 1812, indiquait devoir être prolongée jusqu'au plateau des poëtes. Il fit immédiatement voter par son Conseil cette prolongation. Pourquoi se borna-t-il à ce vote isolé et ne fit-il pas alors étudier un plan général d'alignement qui aurait embrassé la vieille ville et la nouvelle qui devait fatalement s'élever dans le périmètre qui se développait hors des anciens murs ? Cette étude aurait sauvegardé l'avenir de notre viabilité urbaine et nous n'aurions pas à déplorer aujourd'hui cet amas de constructions élevées sans goût, sans symétrie, au mépris des règles les plus élémentaires de l'architecture privée et des besoins nouveaux de la circulation des voitures.

En cette même année fut accompli l'agrandissement de l'église de St-Jacques dont la dépense s'éleva à la somme de cinq mille francs.

Le budget pour l'année 1829, au lieu de suivre une progression ascendante, présenta une décroissance assez sensible dans le chiffre des recettes comme dans celui des dépenses.

Le total général des premières ne s'éleva qu'à . . . . 146,427 f. 75
Celui des dépenses à 145,764 80
Excédant 662 95

XXIV.

Peu d'événements municipaux sont à signaler durant le cours de l'année 1829.

Bien que par deux fois il eut été question d'organiser une compagnie de pompiers et qu'on eût inscrit, dans deux budgets successifs, un crédit de douze cents francs pour cette destination, la ville en était encore réduite, à chaque incendie, au concours spontané des habitants. Découragé par l'insuccès de ses démarches, le maire, dans la session de mai 1829, demanda et obtint de son Conseil le revirement du crédit ouvert (douze cents francs) et son application à l'achat de paniers à incendie.

Ce fut, dans cette session, que s'agita, pour la première fois, la question d'une subvention théâtrale.

Béziers n'avait vu jusqu'alors et à de rares intervalles apparaître dans ses murs que des troupes ambulantes jouant le vaudeville et l'opéra comique. Ces troupes traitaient de gré à gré avec les propriétaires de la salle de spectacle pour le prix de la location temporaire et ne sollicitaient aucune subvention de la commune.

Un enfant de Béziers du nom de Galland, artiste lyrique de quelque mérite, vint offrir à l'administration municipale une troupe sédentaire, composée de manière à aborder tous les genres. Bien que les appointements des artistes n'eussent point encore atteint les chiffres fabuleux de nos jours, il comprit, en sa qualité de directeur, qu'élevant le niveau de notre scène, jusqu'alors inférieur, il s'exposait à des frais plus considérables et qu'il pouvait, sans témérité, solliciter une subvention de la commune. Son attente ne fut pas trompée. Un vote émis à l'unanimité par le Conseil municipal, fit inscrire pour la première fois au budget une somme de douze cent francs sous le titre de subvention théâtrale.

Au mois de décembre 1829, le Conseil municipal eût à statuer sur une demande de l'Administration des hospices tendant à obtenir la jouissance gratuite de l'ancien cimetière pour en faire un étendoir et un lieu de récréation pour les enfants trouvés ; il accorda cette jouissance pour dix ans moyennant deux conditions : la première qu'il ne serait fait sur ce terrain ni construction, ni plantation ; la seconde que les hospices, à l'expiration de cette jouissance, deviendraient propriétaires du sol moyennant un prix déterminé par une expertise contradictoire et que ce prix se compenserait avec celui de la tuilerie Domairon dont ils venaient d'hériter et qui serait cédée à la ville, toujours après expertise, pour être affectée à l'établissement d'un abattoir.

Le Budget pour 1830, voté en cette année, présente la même particularité que celui de 1829 : une diminution dans les recettes et les dépenses, mais plus accentuée encore.

Le chiffre total des premières est de . 126,657 f. 17
Celui des dépenses de. 126,228   43

Excédant   408   74

XXV.

Nous avons vu, en 1825, le haut commerce de Béziers solliciter l'établissement d'un dépotoir et M. de Neffiès s'empresser de prêter son appui à cette utile et morale création. Disons à l'honneur de ce commerce que, loin de se décourager par un premier échec, il renouvelle sa demande au commencement de l'année 1830 et cette fois il s'entoure du concours des distillateurs et des débitants de boisson. Témoin de cette honorable persistance un sieur Rouveirolis offre de se charger de l'entreprise en abandonnant à la commune une partie de la recette qu'il sera autorisé à faire à son profit et à ses risques et périls.

Le Conseil municipal, adhérant aux propositions du maire délibère, à l'unanimité, qu'il y a lieu d'autoriser, avec liberté à chacun de s'en servir ou de ne pas s'en servir, l'usage du dépotoir que propose d'établir le sieur Rouveirolis lequel sera pourvu d'une commission de dépoteur juré et assermenté. Cette autorisation est accordée à titre d'essai et pour une année seulement et sans prélèvement aucun au profit de la ville sur la recette opérée conformément au tarif fixé à un franc par pièce de trois-six ou de vin.

Cette délibération est la dernière qui porte la signature de M. de Neffiés.

Après avoir consacré près de quatorze ans de sa vie à l'exercice d'une fonction gratuite, cet honorable magistrat avait quelques droits à la bienveillance du Gouvernement. Charles X le nomma secrétaire général de la préfecture de l'Aude. La population qui avait su apprécier son intelligence, son dévouement à la chose publique, son désintéressement et qui avait déjà recueilli plus d'un bienfait de sa longue administration le vit s'éloigner avec regret et l'accompagna de ses vœux. M. de Neffiés ne devait pas jouir longtemps de la modeste récompense accordée à ses services ; les journées de juillet et la Révolution de 1830 le rendirent à la vie privée et à sa ville natale où il fut entouré, jusqu'à sa mort, de l'estime et du respect de tous.

M. GLOUTEAU, premier Adjoint

Faisant fonction de Maire.

I.

Le Gouvernement de Charles X ne donna pas de successeur à M. de Neffiès. L'administration de la ville passa,
par la force de la loi, dans les mains de M. Glouteau,
1er adjoint.

Le premier objet important soumis à l'attention du
maire intérimaire fut le projet de réfaction du cadastre
parcell aire institué en 1808. Les opérations d'expertise,
de classement et d'évaluation des terres étaient dévolues
aux Conseils municipaux auxquels devaient s'adjoindre,
en nombre égal à celui de leurs membres, les plus forts
imposés à la contribution foncière. En exécution des instructions données à cet effet, M. Glouteau fit procéder,
dans la séance du 20 mars 1830, au choix des trente
plus forts contribuables de la commune qui prirent le
nom de commissaires classificateurs. On sait que cet
immense travail fut interrompu par la révolution de
juillet et ne reprit son cours qu'en l'année 1832.

On n'a pas oublié qu'au mois d'avril 1827, l'autorité
municipale, mise en demeure par le ministre de la guerre
de fournir un champ de manœuvre à la garnison, avait
répondu par un refus motivé sur une dispositition de la
loi qui met cette dépense à la charge de l'Etat.

Appelé trois ans après à se prononcer sur la même demande, le Conseil municipal, dans la séance du 12 avril 1830 , sans se départir des moyens de droit invoqués à l'appui de son refus, consent à concourir à la location d'un terrain destiné aux exercices de la garnison. Ce terrain devenu propriété des hospices par le testament de de M. Antoine Salvan, fut affermé au prix de douze cents francs dont sept cents à la charge de la ville et cinq cents à la charge du département de la guerre. Cette condescendance du Conseil s'explique par les avantages que la commune est appelée à retirer de la présence d'une garnison. Pourquoi la blâmerait-on quand on voit qu'elle s'est perpétuée jusqu'à nos jours, malgré les modifications radicales qu'a subies, depuis près d'un demi siècle la législation qui préside à la formation des Conseils municipaux ?

C'est sous l'administration de M. Glouteau que fut dressé le dernier budget municipal voté sous la Restauration. Ce budget porte encore la trace du mouvement de décroissance signalé dans les budgets précédents.

Le chiffre de ses recettes est fixé à. . 123,987 f. 24
Celui des dépenses à 123,836 43

Excédant. 150 81

II.

Lorsque éclata la Révolution de 1830, Béziers était encore sous l'administration du maire intérimaire. Peut-être faut-il attribuer à ce provisoire les désordres graves qui s'y produisirent à cette époque. Il existe un déplorable préjugé d'après lequel celui qui n'est pas directement investi par le chef de l'Etat d'une fonction

publique et qui ne l'exerce qu'en vertu d'une sorte de
délégation légale, n'est soumis ni aux mêmes devoirs, ni
à la même responsabilité que le fonctionnaire en titre. A
cette école appartenait, dit-on, M. Glouteau, de très honorable mémoire d'ailleurs.

Le gouvernement de la Restauration, on ne l'a pas
oublié, s'était installé au cri populaire dans nos contrées :
plus de *droits réunis !* Quinze ans de règne avaient prouvé
que les promesses des princes ne sont pas toujours des vérités. A la chute de ce Gouvernement, on crut, dans
notre ville, le moment opportun pour en finir avec un
impôt odieux (1).

Tandis que Charles X et la famille royale se dirigeaient,
à petites journées, vers Cherbourg où ils devaient s'embarquer pour l'exil, le 16 août 1830, la veille de ce jour,
l'émeute grondait dans nos rues. Rassemblés au son d'un
tambour, dans l'après-midi, les émeutiers se portent
d'abord au bureau du port du Canal, puis à la demeure
(2) du Directeur des contributions indirectes, où ils
font main basse sur les registres et papiers de cette
administration. La bibliothèque du Directeur allait aussi
être comprise dans la spoliation quand un courageux
citoyen, ami de ce fonctionnaire, la sauva par sa présence
d'esprit. Que faites-vous ? s'écria-t-il, en se précipitant
au devant des rayons qu'on commençait à dégarnir :

(1) La taxe sur les vins, bien que d'origine fort ancienne dans nos contrées, à toujours
été l'objet des répulsions de la population. Un fait emprunté à l'histoire romaine en est la
preuve. Man. Fonteius, prêteur, dans la Gaule Narbonnaise, depuis l'an de Rome 677
jusqu'en 680, s'étant avisé de mettre une taxe sur les vins jusqu'alors affranchis de tout
impôt, les Gaulois, nos pères, se révoltèrent et l'accusèrent de concussion. Il eût l'honneur d'être défendu par Cicéron qui, dans un magnifique plaidoyer, dont il ne nous reste
que des fragments, maltraite les Gaulois, ses accusateurs.

(2) Ce directeur M. Henri ! occupait le rez-de-chaussée et le premier étage de la
maison Régis, rue Paul Riquet No 4.

Respectez ces livres, ce sont les œuvres de Voltaire, l'ami du peuple! Respectons Voltaire l'ami du peuple s'écrie en chœur la multitude en se retirant!

On brûla les registres et les papiers sur les places de l'Hôtel-de-ville et de la Citadelle.

Il eût été facile de prévenir de pareils actes de violence quand on n'avait à faire qu'à des émeutiers si dociles à la voix d'un simple citoyen et si respectueux pour la mémoire de Voltaire. Quel intérêt avaient-ils d'ailleurs, dans une question d'impôt qui ne les touchait guère? On ne remarquait, dans leurs rangs, ni marchands de vin en gros, ni débitants. L'histoire impartiale doit flétrir les excitateurs secrets qui les avaient poussés à la révolte contre des lois établies; excitateurs dont l'intérêt personnel était le mobile et qui devaient plus tard, ainsi qu'on le verra, faire retomber habilement sur la caisse communale le poids d'un impôt qui n'atteignait que leur commerce.

Comme acte important de l'administration temporaire de M. Glouteau, nous trouvons qu'il présida la séance municipale du 19 septembre 1830 dans la quelle fut approuvé le traité supplémentaire et définitif intervenu entre la ville et M. Cordier à la suite d'un rapport de MM. les Ingénieurs Pradal et Maffre, experts amiablement désignés par les parties.

Du texte de ce traité il s'induit que la dépense, primitivement fixée à *soixante mille francs*, s'éleva au chiffre de *quatre-vingt-seize mille six cent-soixante dix-huit francs vingt-cinq centimes.*

Il faut reconnaître que, dans cette somme, étaient compris le montant des premières machines à vapeur et des machines supplémentaires, des constructions élevées pour leur emplacement, l'habitation du mécanicien affecté à leur fonctionnement, les frais d'établissement du réservoir et de la rampe d'accès sur la place Saint Louis, enfin de tous les frais en vue du projet d'alimentation d'eau.

Une seule modification était apportée au premier traité de 1826 : On éleva à onze mille cinq cents francs le chiffre primitif de 6,500 fr. alloué à M. Cordier pour l'entretien et le service des machines.

Dans la courte période de six mois qu'embrasse son administration, M. Glouteau assista à la chûte du gouvernement de la restauration et à l'avènement du règne de Louis-Philippe sous lequel il mourut à l'âge de 84 ans.

6me MAIRE

M. VIDAL (Octavien).

1830-1837.

I.

Près de trois mois s'étaient écoulés depuis l'abdication de Charles X et la proclamation de Louis-Philippe roi des français lorsque M. Octavien Vidal fut nommé maire.

Il inaugura ses fonctions par la proposition d'une adresse au roi.

Ce fut dans la séance du 51 octobre 1830 que se délibéra cette adresse, à l'unanimité, bien que le Conseil municipal à deux ou trois noms près, se composât des mêmes membres qui étaient en fonction sous le règne du monarque déchu.

13

Sire,

« Après tant d'héroiques efforts, le peuple français a reconquis enfin ses droits. Votre règne est celui des lois et de la vraie liberté et la France heureuse par votre avènement, vous bénira comme le sauveur de la patrie.

« Recevez l'hommage particulier des sentiments de la ville de Béziers ; elle dépose son respect, son dévouement et ses vœux aux pieds du trône élevé sur les immortelles journées de juillet, de ce trône qui sera inébranlable parcequ'il repose sur l'amour des français.

« Votre majesté a étouffé jusque dans leur premier germe les dissensions civiles et l'anarchie, en dévouant à la gloire et au repos du royaume une vie jusqu'alors écoulée dans le calme du bonheur privé. Plus jalouse d'être aimée que de recevoir de l'encens, elle préfère être grande de sa seule grandeur et l'histoire transmettra aux rois ce noble et salutaire exemple.

« Les vœux de la France, justement alarmée des atteintes portées à ses premières institutions, appelaient une émancipation plus conforme à ses mœurs, à sa haute raison et à ses lumières il sont accomplis. Votre Majesté règne par la loi constitutionnelle de l'État, par l'élection du peuple, par le plus beau de tous les titres. Les générations passent, mais les sociétés survivent et fortifient, par le maintien des libertés publiques , le respect des propriétés, l'esprit d'ordre et d'écomie, la prospérité de l'agriculture et du commerce.

« Mais, Sire, nous manquerions à notre serment de fidélité, si au milieu des transports d'une joie universelle, nous ne déposions pas dans votre sein paternel le vœu le plus ardent de nos concitoyens, celui de l'affranchissement de l'impôt sur les boissons. L'existence et surtout le mode de perception de cet impôt sont depuis longtemps un sujet d'extrême affliction pour les pays de vignobles et ravissent au cultivateur le fruit de ses pénibles travaux.

« Votre oreille aime la vérité et votre majesté ne verra dans l'expression de ce vœu qu'un nouveau gage des sentiments dont nous sommes pénétrés pour elle. »

Plus d'un lecteur s'étonnera peut-être que les tendances politiques qui se révèlent dans cette adresse et les critiques assez vives dirigées contre le régime déchu n'aient pas soulevé des oppositions dans le sein du Conseil municipal et provoqué même quelques démissions.

II.

Si toutes les Révolutions aggravent la situation financière de l'Etat, le contre-coup se fait sentir dans les budgets des communes.

Le budget de Béziers, après la Révolution de 1830, vit grossir le chiffre de ses dépenses, sans éprouver d'accroissement dans ses recettes. Ainsi la seule organisation de la garde nationale, institution délaissée en province depuis l'année 1815, nécessita l'ouverture d'un crédit de plus de dix mille francs.

Pour parer au déficit, il fallut se livrer à des économies, réduire quelques traitements et supprimer certaines allocations.

Le traitement du receveur municipal, bien que fixé par la loi du 24 août 1812, subit une réduction de cinq cents francs. Il en fut de même de celui du secrétaire en chef de la mairie qui de 2,000 francs passa à 1500 fr. On diminua de six mille francs la subvention des hospices et de deux mille celle du bureau de bienfaisance.

Après les réductions vinrent les suppressions. Plus de fonds affectés à la distribution des prix du collège ; plus d'encouragement aux religieuses de St-Maur pour l'école gratuite des filles pauvres ; plus de subvention pour le 3e vicaire de la paroisse de la Madeleine et pour le second de la paroisse de St-Aphrodise ; plus de traitement au médecin des filles soumises. On compta pour ce service sur le dévouement des médecins attachés au bureau de bienfaisance.

Une autre préoccupation avait, paraît-il, nécessité l'adoption de ce large système d'économie. La cause se révéla dans la séance du Conseil municipal du 12 décembre 1830.

Au début de la séance M. le maire expose :

« Que l'administration des droits réunis demande à la ville le remboursement d'une somme de 43,293 francs 72 due au Trésor pour droits non perçus par suite de l'incendie de ses régistres. Cette somme embrasse les droits d'entrée, les droits de vente au détail et les droits de circulation. Le chiffre représentant chacun de ces trois droits est calculé sur la base des recettes correspondantes des trois dernières années 1827-1828-1829. La régie appuie ses prétentions sur la loi transitoire sur les boissons en date du 17 octobre 1830 et dont l'article 2 est ainsi conçu : « Dans les lieux où les « perceptions auront été interrompues, le Gouvernement fera ap- « pliquer d'office, et pour tous les droits non perçus, l'abonne- « ment général autorisé par l'article 73 de la loi du 28 avril 1816, « pendant toute la durée de l'interruption. »

Par une délibération longuement motivée, le Conseil municipal repousse les prétentions de la régie.

« Et d'abord il proteste contre la pensée d'insurrection qu'on prête à la population. Exaltée par les glorieux évènements de juillet et supposant qu'elle était affranchie pour toujours des droits réunis, elle a voulu, dit-il, manifester sa joie en brûlant des papiers qu'elle croyait désormais inutiles.

Au fond, il démontre que les calculs de la régie sont essentiellement erronés, puisqu'ils ont pour base, les recettes d'une année
complète, quand il n'y a eu d'interruption que pendant 138 jours.
Il offre, à titre d'abonnement, une somme de seize mille huit cent
trente quatre francs vingt-six centimes sous la déduction des sommes perçues et à percevoir depuis le 15 août jusqu'au 31 décembre. »

C'est là l'origine de cette dépense, inscrite depuis plus
de quarante ans au budget de la ville, sous le nom *d'a-
bonnement des vendanges* et qui a englouti, au seul profit de quelques-uns, des sommes considérables dont
l'emploi eût tourné à l'avantage de la généralité des habitants.

Indépendamment de l'action en indemnité qu'eût à subir la Commune de la part de l'administration des contributions indirectes, le fermier de l'octroi, sous le prétexte de diminution des recettes par la non perception du
droit d'entrée des vins, demanda la résiliation de son
bail. Cette demande fut repoussée, à l'unanimité, par le
Conseil municipal le 19 décembre 1830, sous la réserve
pour le fermier de poursuivre l'indemnité à laquelle il
avait droit pour l'année 1831.

Dans la dernière séance tenue à la fin de l'année 1830
par le Conseil, on trouve la nomination de cinq commissaires classificateurs et de cinq classificateurs suppléants
chargés de procéder à la confection du cadastre, opération, ajournée par la Révolution qui venait de s'accomplir.

III.

Au début de l'année 1831, le préfet eût à pourvoir à
trois vacances qui s'étaient produites dans le sein du
Conseil municipal par suite de l'élévation de M. Octavien

Vidal aux fonctions de maire et de la démission de MM. Cavaillier-Mascou et Gailhac-Anglade. Les trois élus du Préfet furent MM. Fuzier, Guibert et Bourbon.

Deux affaires de voirie urbaine assez importantes appelèrent l'attention de ce Conseil. Plusieurs propriétaires riverains de la petite place de l'Airette, située au cœur du quartier du Capnau, sollicitaient l'autorisation d'élever des constructions sur cette place qui déjà avait été l'objet d'empiètements partiels.

Sur l'avis d'une commission chargée d'examiner la demande des pétitionnaires,

« Le Conseil considérant que la place de l'Airette est la seule qui se trouve au bourg du Capnau ; qu'elle est d'une grande utilité à ses habitants à bien des égards ; qu'elle favorise la circulation des charrettes et celle de l'air, si nécessaire à la salubrité d'un quartier populeux qui n'est sillonné que de rues étroites ; que sa suppression ou son retrécissement interdirait l'accès de plusieurs maisons et amènerait une perturbation dans les habitudes et les besoins des cultivateurs dont se compose principalement la population de ce quartier ;

« Estime que l'alignement demandé doit être refusé et que c'est le cas pour l'autorité municipale de faire cesser les usurpations qui ont été commises et d'étendre le plus possible la superficie de cette place. »

Dans la seconde affaire, l'intérêt de la viabilité se liait à celui de la sécurité publique.

On sait qu'avant le tracé sous les murs de la ville de la route nationale n° 109 de Paris à Perpignan, cette route passait à l'intérieur et suivait la ligne qui s'étend de la rampe Tourventouse à la place Napoléon. Dans ce parcours était un passage difficile et dangereux au point de rencontre des rues Française, de la Madeleine et Napoléon où la maison Bernard de Nattes formait saillie.

Le souvenir des nombreux accidents occasionnés par la difficulté de ce passage indiquait comme un devoir à l'édilité la suppression de la maison Bernard. M. le maire, dans la séance du 27 mars 1831, annonça que le propriétaire était disposé à consentir une vente de gré à gré et fit nommer une commission pour s'en entendre avec lui.

On ne perdit pas de temps en négociations, car le 9 avril suivant, le Conseil approuva une partie de l'acquisition proposée au prix de vingt mille francs, laissant à la charge du vendeur les frais de démolition, d'enlèvement des matériaux et d'alignement sur la rue de la Madeleine.

Tout en applaudissant à cette utile amélioration, on regrette qu'elle ait été votée avec parcimonie et sans esprit de prévision. Il fallait acquérir la maison Bernard tout entière, car la partie qu'on a laissé subsister contrarie l'alignement adopté plus tard pour la rue Napoléon et oblige la caisse communale à une seconde dépense, compliquée de l'accroissement de valeur acquise par toutes les propriétés urbaines.

Au mois de mars de cette année 1831, le ministre des finances jugea à propos de prononcer la Révocation du receveur municipal. Il fit inviter, aux termes de la loi, par le préfet, le Conseil à lui présenter trois candidats parmi lesquels devait être choisi le remplaçant.

Cette assemblée, tout en déclarant, dans l'intérêt de la vérité et de la justice, que M. Règnier, titulaire de l'emploi, avait toujours rempli ses fonctions avec zèle, intelligence et probité, présenta une liste de trois candidats :

MM. Chaboud (Emilien), Mazel père et Murat-Malaret. Le choix du ministre se porta sur ce dernier qui a dignement occupé le poste pendant plus de trente ans.

IV.

C'est toujours une mesure grave et pleine de périls que le remaniement d'un tarif d'octroi. Il fallut pourtant y recourir cette année. Dans la séance du 19 juin, le maire en fit connaître la nécessité et l'opportunité à son Conseil :

« La situation financière de la commune, dit-il, commande impérieusement de lui créer de nouvelles ressources pour satisfaire à ses besoins. Les droits d'octroi sont susceptibles d'une augmentation considérable qu'il conviendrait cependant de régler de manière à ne pas aggraver la position de la classe pauvre, qui fait la plus forte consommation des choses de première nécessité. Dès lors, il serait bon d'examiner quels sont les changements dont les règlement et tarif de notre octroi sont susceptibles pour obtenir les résultats désirés. Cette affaire est d'autant plus urgente que le bail à ferme actuel doit expirer le 31 décembre prochain. »

L'assemblée accueillit la proposition du maire et nomma une commission chargée de l'étudier. Cette étude eût pour résultat d'amener le Conseil :

« 1° A affranchir certains articles dont les droits sont onéreux et vexatoires pour le peuple ;

« 2° A faire subir une légère augmentation à quelques droits qui atteignent toutes les classes de la société ;

« 3° Enfin à assujettir à une taxe modique plusieurs objets qui n'avaient pas encore figuré au tarif.

« Ainsi, on affranchit de tous droits les vins, alcools et liqueurs de toute espèce, en cercles et en bouteilles, les raisins, les douelles et bois de tonnellerie de toute espèce, les futailles neuves, les cerceaux et les osiers ; enfin le bois à brûler de toute espèce, introduit à dos d'âne ou de mulet.

On augmenta les droits sur les huiles, la viande, la volaille, le poisson salé, le charbon de terre, la pierre de taille et le moellon :

« On soumit, pour la première fois, à un droit d'entrée tous les fromages, le sucre, le café, le vergeois, le savon, les huitres, les oranges et citrons, les chanvres et les cordages venant de l'intérieur. »

Ce remaniement ou plutôt ce bouleversement du tarif devait exercer une influence notable sur les recettes de l'octroi. Aussi fut-il facile de se convaincre que tandis que la suppression de tout droit sur quelques articles ne réduirait les recettes que d'une somme de 8,555 francs, l'augmentation du tarif pour quelques autres et la percep tion des droits nouveaux grossiraient le chiffre des recettes de 33,454 francs. On pouvait donc, par prévision, attribuer au produit de l'octroi un accroissement de 24,899 fr. Nous aurons occasion de nous assurer plus tard si ces prévisions furent réalisées.

Ce fut sans doute dans l'espoir de cette réalisation, que le maire n'hésita pas à demander un vote de fonds pour la célébration d'une fête nouvelle, celle de l'anniversaire des trois journées de juillet 1830, créée par une ordonnance en date du 6 de ce mois .

« L'heureux résultat de ces journées, dit le maire, fut le triomphe des lois, de la liberté et de l'ordre. Il importe de les solenniser dignement ; mais les fonds spécialement alloués par le budget pour la célébration des fêtes, ainsi que l'allocation pour dépenses imprévues étant épuisés, il y a nécessité de voter un crédit supplémentaire de douze ou quinze cents francs. »

Un vote unanime accueillit la proposition.

L'émission de ce vote implique la célébration d'une fête ; mais on ne trouve aux archives aucune trace d'un programme. Les malins expliquent cette lacune par l'impossibilité où l'on se trouva de faire figurer au cortége officiel le héros de toutes nos fêtes locales, le chameau qui avait été détruit, comme emblême de féodalité et de fanatisme dans les prèmiers jours d'effervescence de la Révolution de 1830 (1).

V.

La joie de la fête du 1er anniversaire des journées de juillet ne tarda pas à être troublée. Une seconde émeute éclata le 11 septembre contre les employés des contribu-tions indirectes. Le domicile du directeur (M. Bosonier), place d'Orléans, fut envahi vers huit heures du soir par une multitude entièrement désintéressée dans la question de l'impôt des boissons et qui semblait obéir à un mot d'ordre. Si on respecta la personne du directeur, on saccagea sa demeure, on brisa ses meubles et on brûla ses registres.

Les co-locataires de la maison n'échappèrent pas même à la fureur des émeutiers. Ils forcèrent les portes de l'appartement de M. Demartigny, chevalier de la Légion d'honneur, capitaine commandant la 17e compagnie du corps du train des équipage, alors en garnison dans notre ville. Ils enlevèrent tous ses papiers et registres de comptabilité et les livrèrent aux flammes.

(1) Ce chameau construit en bois, emmanché d'un long cou articulé et recouvert en toile peinte, émaillée d'inscriptions latines et patoises, était appendu au plafond du pérystile de l'Hôtel-de-ville. On le décrocha et le signal de sa destruction fut donné par un violent coup de sabre porté dans ses flancs par un membre de l'autorité. Les lambeaux furent dispersés par les gamins et la tête soigneusement conservée par un antiquaire. Elle fut rapportée à l'Hôtel de-Ville lors de l'inauguration de la statue de Riquet. Dans cette fête, brillante entre toutes, le peuple revit avec plaisir l'image du compagnon de St-Aphrodise qu'il considère comme le palladium de la cité.

Tous ces désordres s'accomplirent sans que l'autorité locale s'émût et prit la moindre mesure pour les arrêter. Le lendemain seulement, un juge de paix (M. Fuzier) se livra à un constat des dégâts commis chez M. le commandant Demartigny, et en détermina le chiffre. Sans attendre que la victime eût recours à la loi du 10 vendémiaire an iv, qui met à la charge des villes, la réparation des dommages causés aux citoyens par une émeute, le Conseil municipal vota l'indemnité due.

Quelques uns des émeutiers furent traduits aux assises ; mais il ne fut prononcé que des condamnations légères, les jurés demeurant convaincus que les vrais coupables n'étaient point sur le banc des accusés.

VI.

Pendant plus d'un quart de siècle, la France avait vécu sous le régime de la centralisation, établi par la convention et porté par Napoléon à ses plus extrêmes limites. Cette centralisation était politique et administrative. Loin de vouloir détruire la première, les libéraux de 1830 auraient désiré l'asseoir sur de plus larges bases. Leur seul but était de s'attaquer à la centralisation administrative. Ils tentèrent, mais sans succès, de l'atteindre par la loi municipale de 1831. Cette loi, hérissée de détails dont nous supprimons l'inutile et fastidieuse énumération, souleva d'unanimes clameurs dans les rangs de la démocratie et ce n'était pas sans motifs : Quel est en effet son économie ?

« Les Conseillers municipaux devaient être élus par une assemblée d'électeurs, composée des citoyens les plus imposés aux rôles des contributions directes de la commune, en nombre éga au dixième de la population dans les communes de dix mille âmes et au-dessous. Ce nombre devait s'accroître : de cinq par cent habitants, en sus de mille jusqu'à cinq mille ; de quatre par cent habitants, en sus de cinq mille jusques à quinze mille ; de trois par cent habitants au-dessus de quinze mille. On adjoignait à cette assemblée d'électeurs, uniquement recommandée par leur fortune certains citoyens censés plus capables que les autres, tels que médecins, avocats, notaires, juges, avoués, officiers de la garde nationale, fonctionnaires jouissant d'une pension de retraite, etc., lesquels néanmoins ne pourraient exercer leur droit d'électeur qu'en vertu de leur domicile réel établi dans la commune depuis un laps de temps déterminé. Élus pour six ans et composés de membres ne pouvant avoir moins de 25 ans accomplis, les conseils municipaux devaient être tous les trois ans, renouvelés par moitié.

« Pour ce qui est du maire et des adjoints, ils devaient être choisis parmi les conseillers municipaux ; mais leur nomination était attribuée au Roi, dans les chefs-lieux d'arrondissement et dans les communes de trois mille habitants ou au dessus ; au Préfet, dans les communes d'une population inférieure. »

Comme on le voit, le seul progrès réalisé était d'enlever aux préfets le droit de nomination des conseillers municipaux et de le conférer à une assemblée de notables.

Comment procéda-t-on, à Béziers, à l'exécution de cette loi ? Le maire nous l'apprend dans la séance du 18 septembre 1831.

« Messieurs dit-il, l'article 44 de la loi du 24 mars 1831 ordonne la division des électeurs communaux en sections, détermine le nombre des sections et veut que l'ordre des numéros en soit réglé par la voie du sort en assemblée publique du Conseil municipal. Afin de vous mettre à même de faire la division des sections par quartiers voisins et avec une répartition, autant que possible égale, du nombre des votants, je vais vous en faire connaître le chiffre total et vous désigner les divers quartiers dans lesquels ils sont disséminés.

Nombre total des électeurs censitaires . . . . , . . 748
Nombre total des électeurs adjoints. 78

Total 826

Ce nombre total de 826 électeurs est répandu dans les divers quartiers, comme suit :

Dans le bourg du roi,   y compris   cinq forains   98
    —   de Nissan   —   trois —   113
    —   Lespignan   —   un forain   27
    —   de la Fustarié —   deux forains   59
    —   de la Salvétat —   —   43
    —   de St-Louis   —   trois —   69
    —   Maurellhan,   —   un —   79
    —   de St-André   54
    —   du Capnau,   —   deux —   40
    —   St-Aphrodise —   un forain   46
    —   de Montibél   47
    —   de St-Jacques —   trois —   45
    —   du Pont   — sa banlieue et 8 forains   68
    —   de St-Pierre   —   —   9 —   38

Total égal   826

Le Conseil municipal, après un long et sérieux examen, fut d'avis, à l'unanimité, qu'il convenait de diviser, attendu leur nombre, les électeurs communaux en cinq sections. Il établit ensuite cette division par quartiers voisins et répartit d'une manière, aussi égale que possible, le nombre des votants, dans ces cinq sections, comme il suit :

Une section se composera des bourgs de Lespignan, de St-Jacques du pont et de sa banlieue, comprenant ensemble 140 électeurs.

Une autre section sera composée des bourgs de la
Salvetat, St-Louis, Montibel, comprenant . . . 159 —
Une autre section sera composée des bourgs de la
Fustarié et Nissan, comprenant . . . . 172 —
Une autre section sera composée des bourgs du Roi
et de Maureilhan, comprenant. . . . . 177 —
Une autre section sera composée des bourgs du
Capnau, St-Aphrodise, St-André et St-Pierre,
comprenant . . . . 178 —

Total égal . . . . 826 —

Aussitôt cinq bulletins, sur chacun desquels était écrit un numéro d'ordre, ont été déposés dans une urne et avant leur tirage, il a été convenu du numéro qui serait appliqué, par la voie du sort, à chaque section. Cela fait, il a été procédé au tirage et il en est résulté que le n° 1 est échu à la section composée des bourgs de la Salvetat etc. ; le n° 2 est échu à la section composée des bourgs de Lespignan etc. ; le n° 3 est échu à la section composée des bourgs du Roi etc, ; le n° 4 est échu à la section composée des bourgs de la Fustarié etc. ; le n° 5 est échu à la section composée des bourgs du Capnau etc.

Ces préliminaires remplis, on procéda aux élections municipales dans les assemblées des 27 et 29 novembre, 1, 3 et 5 décembre de l'année 1831. Le choix des électeurs porta sur les noms suivants dont voici la désignation dans l'ordre des suffrages obtenus par chacun.

MM.	Suffrages obtenus.	MM.	Suffrages obtenus
GLOUTEAU	78	COSTE BLANC, propriétaire	56
DONNADIEU (Jean)	78	DÉBÈS (Ferdinand)	56
VIDAL (Octavien)	75	CHAVERNAC, médecin	55
CABANNES (Louis)	70	DONNADIEU, notaire	54
VIALLES (père)	68	FONVIEILLE (Jean)	51
COSTE (Frédéric)	68	ARBIEU, ex-notaire	51
BERTRAND, négociant	67	ALAUZET, négociant	50

Moureau, négociant	65	Singla, négociant	49
Beulac, agriculteur	65	Crozals, négociant	48
Rocagel, courtier	65	Fuzier, imprimeur	45
Cazals, affeneur	63	Arbieu, agriculteur	43
Heirisson, propriétaire	63	Blanc, avoué	41
Barrière, propriétaire	58	Bourguet, neveu, médecin	36
Laurès (Cance), avoué	58		

Le budget municipal pour l'année 1832 devait subir inévitablement un mouvement ascentionnel dans ses recettes par suite des modifications dans le tarif de l'octroi. D'autre part, le déficit signalé dans les deux derniers exercices de 1830 et de 1831 avait besoin de ressources nouvelles pour être comblé.

Ces deux causes expliquent l'élévation des chiffres que nous trouvons dans ce budget.

Les recettes, sont prévues pour . . .	149,719 f.	67
Les dépenses pour	138,707	22
Excédant	11,012	45

VII.

M. Vidal, confirmé dans ses fonctions de maire par le roi Louis-Philippe, fut appelé à installer le nouveau Conseil municipal. Dans cette solennité qui eût lieu le 15 janvier 1832, le maire prononça les paroles suivantes :

« Messieurs,

« Aux termes de l'article 52 de la loi du 21 mars dernier, l'installation du Conseil municipal dont l'élection n'est point attaquée doit avoir lieu de plein droit. J'ai eu l'honneur de vous convoquer afin de remplir un préliminaire indispensable, c'est-à-dire la prestation du serment prescrit par la loi du 31 août 1830.

« Mais, avant de passer à cette formalité, permettez-moi l'expression d'un désir généreux. Elus de la même cité et pour un même but, le bien public, puissions-nous, constamment unis d'intention, mûs par le même esprit d'ordre, animés d'un égal amour pour la patrie et la vraie liberté, arriver heureusement à ce noble terme et dire à nos concitoyens : vous nous honorâtes de vos suffrages nous avons su nous en rendre dignes, car si nous n'avons pas accompli tout le bien que nous aurions voulu, nous avons fait du moins tout celui que nous avons pu faire. »

Après cette allocution, debout et la main droite levée il prêta serment en ces termes :

Je jure fidélité au roi des français, obéissance à la Charte constitutionnelle et aux lois du royaume.

Chaque membre du Conseil prêta successivement le même serment.

A peine installé, le nouveau Conseil municipal fut saisi d'une demande en indemnité, formée par le sieur Chuchet, ancien fermier de l'octroi.

Deux délibérations, l'une du 10 octobre 1830, l'autre du 10 avril 1831 avaient déjà reconnu les droits de ce fermier à un dédommagement. La première évoquant les évènements de juillet, la seconde les deux incendies des registres des contributions indirectes y trouvaient deux causes de diminution des recettes. Mais bien que le chiffre de cette double indemnité eût été fixé, l'indemnitaire n'avait rien perçu. Il fallut se livrer à une appréciation rétrospective, ainsi qu'à l'examen de l'état présent. On demanda un rapport au préposé en chef de l'octroi, M. Sibille. Celui-ci reconnut, par le dépouillement des registres de perception des années 1827, 1828 et 1829, que le fermier, dans les années 1830 et 1831, avait éprouvé une diminution assez sensible dans la perception des droits sur les vins, l'alcool et la bière et qu'il y avait justice à l'indemniser.

Eclairé par ce rapport, le Conseil vota une indemnité de 9,299 fr. 59, calculée en raison des pertes éprouvées par le fermier en 1830 et en 1831 par suite de la révolution de juillet et des deux émeutes qui avaient amené le changement du système de perception des droits sur les boissons.

Pour la première fois, au mois de mars 1832, le désir d'assurer à la ville la permanence d'une garnison de cavalerie amena le conseil municipal à agiter deux questions importantes : celle d'une infirmerie pour isoler les chevaux atteints de maladies contagieuses et celle d'un local pour l'établissement d'une forge.

Une somme de 400 francs fut votée pour être appliquée à cette double destination. L'exiguité de cette somme ne permettait d'obtenir qu'une installation provisoire. Aussi avons-nous vu plus tard l'administration du génie militaire se livrer à une dépense considérable pour la construction d'une infirmerie sur une vaste échelle et en dehors de l'enceinte du quartier.

VII.

Le mois de mai 1832 est marqué, dans Béziers, par de déplorables évènements connus sous le nom *d'affaire des dragons*. Cette *affaire* qui a laissé des traces de sang sur le pavé de nos rues et des remords dans plus d'une conscience, eût une cause bien futile, comme on va en juger.

14.

Le 8e régiment de dragons, commandé par le colonel Gauchet, était alors en garnison dans notre ville. Les sous-officiers de ce régiment se rendaient le dimanche à la salle de bal, dite de flore, rue de la comédie, fréquentée par les grisettes et les ouvriers. Peu familiers avec les usages du pays qui voulaient qu'on ne dansât qu'après s'être muni d'une carte, payée d'avance à un bureau de distribution, ces sous-officiers invitaient leurs danseuses et allaient, sans carte, se mêler aux quadrilles. Ce sans façon adopté dans tous les bals publics des villes du Nord, déplût à quelques ouvriers qui le considérèrent comme une sorte de provocation et de défi de la part des militaires contre les civils. De là échange d'abord de paroles vives, plus tard un duel entre un sous-officier de dragons et un biterrois, ancien sous-officier de cuirassiers. Ce duel, bien que sans résultat fâcheux, causa néanmoins une vive surexcitation dans les rangs de la population ouvrière et de la garnison. On vit, le dimanche suivant des groupes de sous officiers marchant en ligne dans les allées de la promenade et d'autres groupes de jeunes ouvriers aller leur barrer le passage.

Cette attitude respective, prise en public par des jeunes gens, était de nature à faire redouter de graves conflits. L'autorité eut le tort de ne pas s'en préoccuper. Seulement, le dimanche, 6 mai, le colonel des dragons crut devoir faire une sorte de manifestation préventive. Il fit stationner un détachement à cheval dans l'espace qui séparait alors, comme aujourd'hui, la promenade haute de la promenade basse. Ce détachement fut assailli par des pierres lancées du haut du rempart de la citadelle qui existait alors. Les dragons ripostèrent par quelques coups de feu. Un ouvrier étranger et un habitant de Béziers, père de famille, furent atteints mortellement, un agent de police

(Ouradou) fut blessé au bras. M. le procureur du roi Peytal (1), accouru sur le théâtre de la lutte, en jugea vite la gravité. Pour la faire cesser, il s'interposa bravement entre la foule et les dragons et obtint du commandant leur rentrée au quartier. Il semblait que ce conflit devait s'arrêter là et c'était trop d'un triple malheur. Mais aucune mesure conciliatrice n'ayant été concertée, dans la semaine, entre l'autorité civile et l'autorité militaire, celle-ci crut prudent d'envoyer, dans l'après-midi du dimanche suivant, 15 mai, un escadron à cheval sur la place Napoléon. A la vue de ce déploiement de force armée, la foule répandue dans les allées de la promenade, fit entendre quelques murmures et bientôt du milieu des groupes furent lancées quelques pierres, qui blessèrent assez gravement des dragons; mais la troupe ne répondit pas à ces provocations.

Le bruit de cette nouvelle collision se répand incontinent dans la ville. La générale est battue et deux cents gardes nationaux environ se rendent à cet appel sur la place St-Félix, lieu ordinaire de leur réunion. Là, le colonel (M. Royère) est entouré et invité à se diriger avec sa troupe vers la place Napoléon. Il répond qu'il ne peut agir sans réquisition de la municipalité. Quatre fusilliers de la compagnie des grenadiers sortent des rangs et offrent de l'accompagner chez le maire dont la demeure est voisine. Il s'y rend avec cette escorte. La porte de ce magistrat, fermée d'abord, s'ouvre sous les coups redoublés des crosses de fusils. Sa femme seule se présente en proie à une vive agitation et s'écrie : *Mon mari ne sortira pas!* Vainement on lui dit que la présence du Maire

---

(1) Cette conduite énergique valut à M. Peytal la décoration de la légion d'honneur et un avancement dans la magistrature; il est mort président du tribunal civil de Rambouillet.

est indispensable, qu'il s'agit d'éviter l'effusion du sang. Pour toute réponse, la porte est brusquement refermée.

Atterré par l'insuccès de sa démarche et assiégé par de sinistres pressentiments, le colonel regagne la place Saint Félix, ordonne à la garde nationale de rompre les rangs et de se retirer. Au moment où s'exécute cet ordre, des femmes, des enfants accourent tout effarés et criant en patois : *On les tue tous, aux armes! si vous n'y allez pas, vous êtes aussi canaille que les dragons!*

Ces cris, ces imprécations jettent une sorte de panique dans les rangs des gardes nationaux ; chacun charge son arme et croit à une imminente attaque. Au même instant, on voit, du côté de l'église de la Madeleine, arriver au galop, pistolet au poing, un sous-officier de dragons, qui parvenu à l'entrée de la rue Paul Riquet, retourne brusquement son cheval et menace de son pistolet, sans faire feu, les gardes nationaux et la foule confondus dans l'enceinte de la place.

Après cette bravade, il reprend, au pas, le chemin par où il est venu, mais il n'est pas plutôt à la hauteur de la porte du bureau de bienfaisance que cent canons de fusil sont dirigés sur lui. Bon nombre de balles l'atteignent et il va tomber mort à l'angle Est de la place au devant de cette même maison qui porte le n° 43 où l'on relevait vingt ans plus tard le cadavre d'une autre victime des guerres civiles (1).

(1) Le 4 décembre 1851, M Bernard Maury, traversant la place St-Félix entre sept et huit heures du matin pour aller en compagnie de M. Vernhes, son beau père, prendre son fils au collège, se trouva en présence d'un groupe d'insurgés repoussés de la Sous-Préfecture par la décharge d'une compagnie du 12e régiment de ligne.

A la vue de son élégant costume, on le signale comme aristocrate et il tombe criblé de balles. Il ne survécut que quelques heures à ses horribles blessures, sans avoir pu désigner aucun de ses assassins.

Cet assassinat, presque froidement consommé, n'était
que le prélude d'autres évènements non moins déplorables. Dans la soirée de ce même dimanche, 15 mai, un
chef d'escadron de dragons(1) était à la descente de la citadelle atteint d'un coup de pierre qui lui brisait les dents
de la machoire supérieure ; quelques heures plus tard, un
capitaine (M. La Villette) était tué, presque à bout portant,
devant la porte de la caserne au moment où il faisait aligner
la garde montante. Le coup qui l'avait atteint était parti du
terre-plein qui domine, au Nord, la caserne et qui
fait partie de la rue St-Jacques.

Tels furent les tristes et à jamais déplorables résultats d'un conflit dont un peu plus d'entente avec l'autorité militaire et un peu plus d'énergie chez les magistrats
municipaux eussent conjuré le sanglant dénouement.

On ouvrit une enquête dans le but de livrer à la justice
tous ceux qui avaient pris, comme auteurs ou complices,
une part à ces graves évènements. La peur ferma toutes
les bouches, la justice se déclara impuissante à sévir.
Le remords fut la seule punition des coupables.

IX.

Le souvenir des résistances qu'avait depuis peu ren-
contrées la perception de l'impôt sur les boissons, le fà-
cheux exemple donné par la population de plusieurs villes
en exerçant des violences contre les employés et en in-
cendiant les registres de la Régie, amenèrent le gouver-

(1) M. Degals-Marviral.

nement de Louis Philippe à introduire de notables modifications dans la législation existante sur la matière, notamment dans la loi du 24 avril 1816.

C'est dans la loi du 28 avril 1832 qu'on trouve ces modifications.

Les principales sont : « 1° La faculté pour les populations agglomérées de quatre mille âmes et au-dessus de supprimer les exercices et de convertir les droits de circulation, d'entrée et de détail sur les vins, cidres poirés et hydromels, ainsi que celui de licence des débitants, en une taxe unique aux entrées.

« 2° L'autorisation pour les conseils municipaux de consentir un abonnement général pour l'équivalent des sommes qui seraient dues pour l'année entière sur la consommation des vins fabriqués dans l'intérieur, moyennant que la commune s'engage à verser dans les caisses de la régie par vingt quatrième, de quinzaine en quinzaine, la somme convenue pour l'abonnement. »

Cette loi exige que, pour délibérer sur ces questions, les conseils municipaux s'adjoignent un nombre de marchands en gros et de débitants de boissons des plus imposés à la patente, égal à la moitié des membres du Conseil.

C'est dans la séance du 25 août 1832 que le maire fait à son Conseil, renforcé de huit gros patentés, l'exposé de la situation que la nouvelle loi crée à la ville et il termine par ces réflexions :

« La taxe unique, à l'entrée, sera perçue par les employés de l'octroi et elle ne sera pas plus élevée qu'elle ne l'était autrefois, lorsqu'elle était accompagnée d'une infinité de droits dont elle vous délivre.

« Je ne vois, messieurs dans l'adoption de cette taxe unique qu'un seul inconvénient que je ne dois pas vous dissimuler. Les négociants qui introduiront une grande quantité de vins, voudront s'affranchir du paiement de la taxe unique contraire aux intérêts de leur commerce et demanderont la faculté de l'entrepôt que la loi leur accorde. L'entrepôt entraîne nécessairement avec lui la nécessité de le constater. A cet égard, les négociants seront soumis à un contrôle des préposés de la régie, contrôle qui sera l'exercice même. Ces exercices, quelque onéreux qu'ils puissent paraître, ne le seront jamais autant qu'ils l'étaient ; et puisqu'il n'est pas en notre pouvoir de les éviter, restreignons-les du moins aux seuls négociants entrepositaires, et délivrons en le reste de la population. J'attends même de leur patriotisme ce sacrifice aux intérets et à la tranquillité de notre ville. »

La matière est mise en délibération et, dans le débat qui s'engage, il s'élève une vive opposition contre la taxe unique.

« Ce mode, dit-on, ne détruit qu'en apparence les exercices et il les fait revivre sous un autre nom. Comment percevoir en effet de droit unique sans s'introduire chez les négociants et les distillateurs pour constater les quantités de vin et d'alcool qu'ils auront chez eux, même comme entrepositaires ? Comment pourront-ils aussi s'affranchir du contrôle de la régie les propriétaires qui introduiront leur vin en ville pour en obtenir un prix plus avantageux par la vente au détail?

« Peut-être la perception de la taxe unique s'opéra-t-elle, dans le principe, avec des formes plus douces, plus bienveillantes, mais l'expérience de plus de vingt cinq ans n'a-t-elle pas démontré que ce mode de perception est toujours odieux par celà seul qu'il amène des étrangers à pénétrer dans le domicile et le secret des familles? N'est-ce pas toujours en murmurant et en tant que contraints que les contribuables l'ont subi ? chaque bouleversement politique n'a-t-il pas été l'occasion pour eux de manifester leur aversion pour cet impôt et de solliciter sa suppression?

« Tout en déplorant les actes de violence , l'incendie des registres, et les manifestations tumultueuses qui se sont récemment produits, le Conseil municipal exprime le vœu avec la plus intime conviction, et le plus grand dévouement au trône de Juillet que le gouvernement apprécie le tort que font les exercices de la régie au commerce et à la propriété et qu'il supprime entièrement un mode d'impôt qui ne peut que donner des craintes au pays. »

Cette délibération qui repousse la taxe unique, est prise à la majorité de vingt voix contre six.

A peine parvenue à l'autorité supérieure, elle souleva l'improbation générale. Le gouvernement y vit un acte d'insurrection contre la loi de 1832; la régie déclara que le rejet de la taxe unique était inconciliable avec la faveur de l'abonnement des vendanges; force fut d'assembler à nouveau le Conseil municipal avec le concours de cinq marchands en gros et de quatre débitants de boissons, tous choisis parmi les plus imposés à la patente.

Le Maire, qui avait pris, par son langage, l'initiative de la résistance, fut obligé de reconnaître que le Conseil avait outre passé ses pouvoirs, qu'il n'avait pas qualité pour demander le retrait de la loi sur les boissons et l'abolition absolue des exercices. Il ajouta que bien que l'adoption de la taxe unique entraînât pour les entrepositaires l'inventaire par les employés de la régie, cette mesure cesserait d'être vexatoire, grâce à la modération avec laquelle elle serait pratiquée et au bon vouloir des assujettis; enfin que la conséquence de cette adoption serait l'affranchissement pour la classe agricole de tout droit sur les vendanges.

La majorité se laissa convaincre et dix-huit voix contre six se prononcèrent contre la résolution première et votèrent la substitution de la taxe unique aux droits de circulation, d'entrée et de détail sur les boissons.

La question de l'abonnement obtint, dès l'abord, plus de faveur dans le sein du Conseil municipal. On était encore sous la terreur de l'émeute qui remontait à trois mois à peine, on en redoutait le retour si on laissait les producteurs des vins fabriqués dans l'intérieur soumis soit au paiement du droit sur les vendanges, soit à l'inventaire. On n'hésita pas à adopter le tempérament offert par l'article 40 de la loi de 1832, sans se préoccuper de cette idée qu'on faisait peser sur l'universalité des habitants une charge qui n'atteignait qu'un petit nombre.

La délibération fut prise à l'unanimité. Encore si ce n'eût été qu'une mesure temporaire; mais elle s'est perpétuée jusqu'à nos jours. Tous les ans, dans le mois qui précède la récolte, l'abonnement des vendanges est discuté entre le Conseil municipal et le directeur des contributions indirectes. Le chiffre de cet abonnement a pour base la quantité sur laquelle les récoltants auraient payé le droit d'entrée dans une année de récolte complète, avec réduction, s'il y a lieu, dans la proportion des produits apparents de la récolte de l'année. On peut en moyenne, porter ce chiffre à trente mille francs. Inscrit pendans quarante ans dans le budget de la ville, il représente une somme de douze cent mille francs. Que d'améliorations importantes auraient pu réaliser des administrations intelligentes, si elles avaient trouvé dans la caisse municipale ce supplément de revenu!

X.

On se rappelle que le jour de l'ouverture de la session des Chambres, le 10 novembre 1832, une tentative d'assassinat contre la personne du roi Louis-Philippe émut la France entière. Au moment ou le roi à cheval, en tête de son escorte, arrivait sur le pont Royal, une détonation d'arme à feu se fit entendre, il tressaillit, se courba rapidement sur le pommeau de la selle, comme s'il eût été blessé ; mais bientôt il eut la force de lever en l'air son chapeau pour saluer la foule et prouver qu'il n'avait pas été atteint.

A la nouvelle de cet attentat, tous les conseils municipaux s'émurent et votèrent des adresses de félicitation au souverain. Celui de Béziers formula ainsi la sienne dans la séance du 2 décembre :

« Sire,

« La ville de Béziers ne peut exprimer toute l'horreur dont elle a été pénétrée, en apprenant l'attentat dirigé contre les jours de votre majesté, jours que la providence a pris soin de conserver et si précieux au repos et au bonheur d'un grand peuple.

« La tentative faite sur votre auguste personne est le signal de désespoir des ennemis de la prospérité publique; mais elle révèle en même temps la malheureuse impuissance d'une démence qui, seule, les eut vaincus, s'ils n'étaient conduits par une aveugle fureur, et d'une magnanimité qui eut paralysé leurs coupables projets, s'ils n'étaient irréconciliables avec l'ordre et une sage liberté.

« Sire, les biterrois rendent mille fois grâce au Ciel qui protège la France; et leur dévouement au trône de Juillet attend de l'alliance de la fermeté avec la modération des mesures qui seront victorieuses de tous les éléments de sédition.

« Ils y applaudissent d'avance par ce cri dont l'écho résonne au fond de tous les cœurs vraiment français : Vive le Roi! »

Les termes de cette adresse démontrent, s'il en était besoin, que l'exagération est l'arme éternelle des partis. Le poignard de Louvel, sous la restauration, avait été une idée libérale. L'attentat contre Louis-Philippe fut considéré comme une idée républicaine. Le jeune professeur Bergeron, poursuivi devant la cour d'assises, comme coupable, fut acquitté.

Le Conseil municipal descendant des hauteurs politiques où l'avait jeté cet attentat, s'occupe de la formation du budget pour l'année 1833 :

Il arrête le chiffre des recettes ordinaires et extraordinaires à. . . . . 205,713 f. 95
Celui des dépenses ordinaires et extraordinaires à 199,726 06

Excédant 5,987 89

Si l'on remarque dans ce budget une augmentation assez sensible dans le chiffre des recettes comparées à celles de l'année précédente, on doit l'attribuer principalement au produit présumé et non réalisé de la vente des remparts (24,855 fr. 91) et au remboursement fait par l'État à la ville d'une somme de 6,000 fr. pour fourniture de lits aux casernes.

XI.

Au début de l'année 1833, le Conseil municipal fut appelé à émettre son avis sur l'opportunité de la création d'un tribunal de commerce à Bédarieux.

On sait que François Ier jeta les premiers fondements de notre justice consulaire, à Toulouse, au mois de juillet 1549. Les rois, ses successeurs, créérent de pareilles juridictions pour les plus grandes villes, telles que Rouen, Bordeaux, Tours, Orléans, etc. Peu à peu on les étendit dans toutes les villes où il y avait un grand nombre de marchands.

La loi du 24 août 1790 leur donna le nom de tribunaux de commerce et détermina, dans son article premier, « qu'il serait établi un de ces tribunaux dans les villes « où l'administration de département, jugeant ces éta- « blissements nécessaires, en formerait la demande. »

Dix-sept ans plus tard, (le 14 septembre 1807), le code de commerce, dans son article 615, voulait « qu'un « règlement d'administration publique déterminât le nom- « bre de ces tribunaux et les villes susceptibles d'en « recevoir par l'étendue de leur commerce et de leur in- « dustrie ».

Ce règlement n'étant jamais intervenu, la création d'un tribunal de commerce reste livrée à l'arbitraire du Gouvernement. On comprend dèslors que chaque ville où se produit un courant commercial tant soit peu important, aspire à être dotée d'un tribunal de commerce. A ce titre, Bédarieux pouvait plus qu'une autre ville manifester une pareille aspiration. Elle fut repoussée d'abord par une délibération des membres du tribunal de commerce de Béziers et puis par notre conseil municipal.

Les motifs sur lesquels se fondent ces deux délibérations ne sont pas d'une grande puissance. On sent qu'ils émanent d'un fond de patriotisme local, qui n'est, en somme, que de l'égoïsme de clocher. Nous nous bornons à citer l'argument capital :

Bédarieux a un tribunal de prud'hommes, de quelle utilité serait pour lui un tribunal de commerce ? Le Gouvernement partagea cette opinion et la partage encore, puisque des tentatives dans le même but, réitérées, depuis un demi-siècle, par tout le commerce de Bédarieux n'ont pas eu plus de succès que la première.

XII.

Notre collége, en 1832, devait être dans une période de décadence puisque le Conseil municipal, frappé du petit nombre d'élèves qui fréquentaient les classes de réthorique et de seconde, avait émis le vœu qu'un seul professeur fut chargé de ces deux classes. Le ministre de l'instruction publique refusa son assentiment à ce singulier vote, qui, dicté par un déplorable motif d'économie, aurait eu pour résultat de porter un coup mortel à la prospérité de notre collége. Le Conseil n'hésita pas à reconnaître son erreur et vota, le 15 janvier 1833, le traitement de deux professeurs.

Le nouveau cadastre venait d'être mis en vigueur : il fut l'objet d'une multitude de réclamations. Une des principales, portant sur l'évaluation excessive des maisons de la ville, appela l'attention du Conseil. Un sieur Denis de Ruthye, contrôleur des contributions directes, était accusé de n'avoir tenu aucun compte de la valeur relative de chaque maison eu égard au quartier dans lequel elle était située, puis d'avoir confondu le revenu net avec le revenu brut, enfin d'avoir fait des estimations arbitraires, sans prendre l'avis du sieur Chaneau, maître maçon, expert dont il était assisté.

Ce contrôleur ayant été destitué, avant que l'autorité compétente eût statué sur toutes ces réclamations, le Conseil s'associant aux plaintes des habitants, prit l'initiative d'une demande au préfet pour que ce magistrat fit procéder à une nouvelle évaluation des propriétés urbaines.

On soumit cette délibération à l'administration des contributions directes, qui répondit d'abord que, aux termes du règlement du 15 mars 1827, le conseil renforcé, seul, avait qualité pour s'occuper des réclamations en cette matière. Puis elle envoya à Béziers un inspecteur, M. Lobry, qui ménagea une sorte de transaction avec le Conseil municipal renforcé. On ne donna pas suite aux réclamations des propriétaires des maisons, à cause du refus des commissaires classificateurs d'accomplir la mission dont on les avait chargés; mais on réduisit d'un quart environ l'estimation première qui avait été faite des jardins de l'intérieur et de l'extérieur de la ville. C'est ce qui résulte d'une délibération émanée du Conseil municipal, à la date du 26 mai 1833.

XIII.

La mise en ferme de l'Octroi ayant été délibérée par le Conseil municipal dans la session de février, il fut procédé le 12 mai à une adjudication publique. Le résultat des enchères fut loin d'atteindre le chiffre que tout faisait pressentir, pas même celui de la mise à prix (140,000 francs.) Aussi un cri général ne tarda-t-il pas à s'élever contre le peu de sincérité de l'adjudication, les intrigues et les manœuvres qui l'avaient précédée et accompagnée. Des révélations arrivèrent de toute part à l'autorité municipale. Une enquête préalable amena le Maire à demander à son Conseil, dans la séance du

9 juin 1833, qu'il fut procédé à une nouvelle adjudication; que le Receveur central fût suspendu et le préposé en chef révoqué.

Voici le résumé des motifs présentés pour justifier cette triple mesure.

Durant la dernière période de la régie, on avait suborné quelques employés et, avec leur aide et concours, on était parvenu à diminuer les produits. Ainsi les balles de sucre s'introduisaient sous la forme et le nom de balles de farine affranchies du tarif ; les balles de café étaient déclarées comme balles de haricots. La surveillance avait disparu à tel point que les voitures publiques et privées introduisaient le jour, comme la nuit, tous les objets tarifiés et ce sans acquittement de droits et sans qu'aucun procès verbal fut dressé contre les contrevenants.

L'abaissement du chiffre des recettes, ainsi obtenu, on devait fatalement voir diminuer le nombre des prétendants à la ferme et faire la fortune de celui qui l'obtiendrait à vil prix.

On ne s'était pas contenté de ce premier moyen de succès. Pour mieux écarter certain prétendant on lui avait consenti pour *treize mille francs des lettres de change.*

Un autre prétendant avait offert à **M.** le maire, quelques jours avant l'adjudication, d'élever son enchère jusques à cent quarante quatre mille francs. Celui-ci fit part de cet offre au préposé en chef qui le détourna de l'accepter. D'autre part, le Receveur central interpellé par le maire sur sa participation aux manœuvres frauduleuses dénoncées, déclara n'avoir pas voulu s'y associer, bien qu'on lui eût offert une prime de quinze cents francs ;

mais il avoua en même temps avoir écrit de sa main les obligations souscrites pour garantir le prix du silence des concurrents.

Le conseil accueillit, à l'unanimité, toutes les demandes du Maire; mais on doit s'étonner que les employés, révoqués pour des malversations aussi graves, ne fussent pas immédiatement livrés à la justice des tribunaux.

Cet acte de vigueur de la part du Maire et du Conseil municipal contre des agents infidèles de la commune produisit un bon résultat. En effet, l'adjudication nouvelle à laquelle on procéda vit le prix de la ferme de l'octroi s'élever à 150,500 francs, bien que le produit net de la dernière régie fut descendu à 124,664 fr. 61.

Bénéfice net pour la caisse municipale 25,835 fr. 39.

Si le budget pour l'année 1834 ne porte pas ce dernier chiffre en accroissement des recettes ordinaires de la ville, c'est que ce budget avait été voté avant la nouvelle adjudication. Nous ne devons pas nous étonner que ce budget de 1834 soit presque la reproduction de celui de l'année précédente. Comme dans ce dernier, les recettes ordinaires et extraordinaires se

portent à . . . . , ... 205,717 f. 85

Les dépenses ordinaires et extraordinaires à 200,921 70

Résultat en excédant . . 4,796 15

Le chiffre officiel de la population, qui figure en tête de ce budget, est de 16,500 âmes.

XIV.

Depuis l'année 1811, toute inhumation avait cessé dans l'ancien cimetière situé à l'extrémité Nord du faubourg du Capnau. Bien que le décret du 23 prairial an XII (12 juin 1804), qui forme à peu près toute la législation de la matière des cimetières, autorisât la ville à affermer ou à vendre l'ancien champ de repos après l'expiration d'une période de cinq années depuis le dernier ensevelissement, on s'était borné à abandonner gratuitement à l'hospice St-Joseph la jouissance de son emplacement. Mais cette jouissance ne l'avait pas garanti contre la spoliation des pierres du mur d'enceinte. Aussi le maire crût-il devoir, dans la séance du 16 juin 1833, proposer au Conseil municipal la vente aux enchères publiques de ce vaste terrain pour y élever des constructions.

Cette proposition fut immédiatement et unanimement accueillie et l'on vit bientôt se construire un quartier nouveau auquel le tracé du boulevard du Nord devait plus tard donner une valeur considérable.

L'ancienne porte de ville, connue sous le nom de porte des Carmes à cause de sa contiguité avec les murs du couvent de ces religieux, avait pris, sous l'empire, le nom de porte Napoléon. A la chute de l'empire et depuis le passage à Béziers du duc d'Angoulême, on lui donna le nom de porte Angoulême.

Dans la séance municipale du 1er août 1833, un conseiller, fanatique sans doute des gloires de l'Empire, proposa de restituer à cette porte le nom de Napoléon. L'assemblée applaudit et, d'une voix unanime, vota la somme de trois cents soixante francs pour fournir à la dépense de l'inscription de ce nom en lettres d'or, sur une plaque de marbre noir.

Dans la même séance, on voit le Conseil municipal élever à douze cents francs la subvention théâtrale pour l'année 1834, alors qu'elle n'avait été fixée qu'à mille francs l'année précédente.

La dernière session de l'année 1833 est consacrée à l'examen de deux questions d'une assez grande importance.

La première est relative à l'état de dégradation de la dernière voûte du clocher de l'église St-Nazaire. M. le maire signale les craintes qu'inspire à l'architecte le défaut de solidité de cette voûte et le danger de voir crouler la charpente à laquelle est suspendue la grosse cloche. (1)

« Le Conseil, considérant que les églises sont une propriété publique dont la conservation intéresse tous les habitants non seulement sous le rapport de l'exercice du culte, mais encore sous le rapport monumental; que la cloche de l'église St Nazaire est un des plus beaux monuments du pays et que l'on ne saurait trop veiller à sa conservation ; que si les fonds que la fabrique doit employer annuellement à la conservation de l'église et de ses dépendances sont épuisés, il est du devoir du Conseil d'y pourvoir. »

Décide à l'unanimité, la nomination d'une commission chargée d'étudier ce qu'il y a à faire.

(1) Le chapitre de Saint-Nazaire avait acquis de ses deniers, peu avant la révolution de 1789, cette cloche dont le poids est de 116 quintaux ou 5,800 kilos. La dépense s'éleva au chiffre de 17,400 francs, apert du procès-verbal en date du 17 septembre 1788, qui en adjugea l'entreprise au sieur Claude Brenel, fondeur lorrain. Ce procès-verbal existe dans les archives de l'église St-Nazaire.

Lors de la mise à exécution de la loi qui ordonnait la fonte des cloches pour en employer la matière à la fabrication de la monnaie de billon, des ouvriers reçurent l'ordre de décrocher de la charpente notre grosse cloche, A peine avaient-ils commencé l'opération que l'un d'eux se laissa tomber d'une hauteur de plusieurs mètres et fut blessé mortellement. Une sorte de terreur religieuse gagna les travailleurs et leur fit déserter le chantier. Ce ne fut qu'à ce sinistre accident que l'on dût la conservation de notre cloche capitulaire.

Cette commission se transporta sur les lieux en compagnie de M. Colard, architecte municipal et reconnut l'urgence des réparations à faire. Sur le rapport qu'elle adressa au Conseil, il fut voté un premier crédit de deux cents francs affectés à l'exécution du devis des travaux.

La seconde question se réfère au plan d'alignement. Bien que la loi du 30 septembre 1807 eût imposé aux villes l'obligation de faire étudier un plan et de déterminer le délai dans lequel il devait être mis à éxécution, le plan dressé en 1812 par le notaire et géomètre Revel était resté à l'état de lettre morte. M. le Maire, sollicité par une lettre du Préfet en date du 7 novembre 1833, met cet ancien plan sous les yeux du Conseil et demande s'il convient de sanctionner l'approbation qui lui a été déjà donnée et d'en faire l'application.

« Le Conseil, après avoir pris connaissance du plan Revel et du rapport qui en fait connaitre toute l'économie, décide à l'unanimité que : « ce plan est inéxécutable puisqu'il ne tend à rien moins qu'à détruire la ville en entier pour y en substituer une nouvelle ; que, indépendamment des siècles qui seraient nécessaires pour l'accomplissement de cet alignement, il faudrait des millions pour acheter le terrain ; qu'il ne suffit pas de vouloir l'embellissement d'une ville ; mais qu'il faut encore voir la possibilité de cet embellissement ; que si, en l'année 1812, on approuva le plan de M. Revel, ce fut par dérision, ou par imprévoyance : ce qui le prouve c'est que, depuis, un pan de mur n'a pas été touché en exécution de ce plan ; qu'il n'y a donc nullement lieu à adopter le plan de M. Revel comme n'étant pas même susceptible de modification ;

« Mais considérant que tous les habitants de la ville sont intéressés à tout ce qui touche à son embellissement dans la mesure du possible et dans des proportions en rapport avec les ressources de la caisse communale, délibère aussi à l'unanimité, qu'il soit nommé une Commission chargée de préparer et d'étudier le projet du nouveau plan d'alignement qui sera soumis ultérieurement à l'approbation de l'Assemblée »,

XV.

Au commencement de l'année 1834, le Conseil municipal fut appelé à s'occuper de l'instruction primaire. On sait que la Constitution de 1791 avait décrété que l'instruction publique serait gratuite à l'égard des parties de l'enseignement indispensables pour tous les hommes. Plusieurs Décrets de 1793 et 1794 établirent un instituteur pour chaque Commune avec un traitement de douze cents francs au minimun et une retraite proportionnée ; mais ces mesures ne reçurent aucune exécution.

La loi du 25 octobre 1795 n'accorda plus à l'instituteur primaire d'autre traitement que celui de la rétribution des parents.

Les lois de l'Empire ne favorisèrent point le développement de l'instruction primaire. Il était défendu aux maîtres de porter leur enseignement au delà de la lecture, de l'écriture et de l'arithmétique (article 192 du Décret du 15 novembre 1811).

C'est de l'ordonnance du 20 février 1816 que date le nouvel essor donné à l'instruction primaire ; mais les progrès furent arrêtés par l'esprit peu libéral qui se manifesta dans la politique de la Restauration de 1822 à 1828.

Depuis la Révolution de 1830 on vit le Gouvernement, les chambres, l'administration donner un élan nouveau et toujours croissant à l'instruction élémentaire et couronner leur œuvre par la loi du 28 juin 1833 qui consacre tout ce qu'il y avait d'utile et de sage dans les réglements antérieurs, en leur donnant une majestueuse autorité et en établissant des améliorations fécondes.

Cette loi s'applique à toutes les classes de la société ; elle saisit toutes les intelligences ; elle met l'instruction à la portée de tous et sanctionne dans de sages propor-tions le principe de la liberté d'enseignement.

Le premier bienfait recueilli par les populations est dans l'obligation imposée à toutes les Communes d'entre-tenir au moins une école primaire élémentaire, car, à cette époque, plus de quinze mille communes étaient privées d'écoles.

Dans sa communication au Conseil municipal pour la prompte exécution de cette loi, le Maire fait remarquer que « l'éducation du peuple est un premier devoir à « remplir, puisque l'homme instruit exécute les lois et « est bon citoyen ; que l'instruction est un des plus « grands moyens que l'autorité puisse employer pour le « bonheur des administrés. »

A la suite de cette communication, une commission fut nommée pour rechercher les locaux nécessaires à l'ins-tallation de nouvelles écoles, ainsi que le personnel des professeurs appelé à les diriger.

Le choix du local fut facile. La ville prit à loyer une partie de l'ancien couvent des Jacobins moyennant la somme de cinq cents francs par an. Plus difficile fut le choix de l'instituteur. Le concours ouvert à cet effet ne produisit pas de résultat : heureusement on trouva, sans emploi, un élève de l'école Normale de Montpellier, instituteur primaire de degré supérieur, M. Bousquet, qui voulut bien se charger provisoirement de la direction de l'école nouvelle. Béziers fut doté d'un enseignement mutuel, méthode importée d'Angleterre.

Tandis que nos édiles donnaient leurs soins à l'exé-cution de la loi nouvelle sur l'enseignement, de graves évènements s'accomplissaient à Lyon et à Paris. Une lutte engagée entre le pouvoir et le parti républicain avait couvert de sang le pavé de ces deux grandes villes et la victoire était restée au gouvernement. C'était au mois d'avril 1834. Dans la séance du 20 de ce mois, le maire, se disant l'interprète de la population bitteroise, faisait voter, à l'unanimité, par le Conseil municipal, l'adresse suivante :

« Sire,

« Dans la seconde ville du royaume, des factieux ont osé lever l'étendard de la révolte et proclamer hautement leur coupable projet de renverser nos lois et votre trône constitutionnel pour établir sur leurs débris le règne de l'anarchie. Grâce au courage de nos troupes et à l'habileté du chef qui les commandait, la rebellion a été vaincue. Cependant cette téméraire entreprise a eu du retentissement au sein même de la capitale; mais la sédition semble ne s'y être montrée un moment que pour faire mieux éclater le dévouement de la garde nationale et de l'armée, le bon esprit de la population parisienne et l'accord parfait qui existe entre votre majeté et ses deux chambres dont l'empressement à venir vous témoigner leur attachement a dû soulager votre noble cœur des émotions pénibles que lui avait fait éprouver l'effusion du sang français.

« La ville de Béziers applaudit, sire, à cet heureux concert des pouvoirs de l'état. Elle en attend le salut de la France; elle espère que la fermeté de votre gouvernement saura y puiser les armes nécessaires pour combattre et réduire à l'impuissance deux factions ennemies du trône de Juillet, ennemies entre elles et dont l'éphémère et monstrueuse alliance n'aurait pour résultat que d'enfanter l'anarchie et la guerre civile.

« Eloignez de vous ces redoutables fléaux ! que la sévérité des lois retombe de tout son poids sur la tête des coupables qui ont voulu nous les ramener ! Et que leur châtiment, en imprimant une salutaire frayeur à ceux qui seraient tentés de marcher sur leurs traces, inspire aux bons citoyens la sécurité du présent, la confiance dans l'avenir et l'espoir bien fondé de jouir en paix et sous la protection des lois, de la liberté et de l'ordre public, promesses de la révolution de Juillet. »

Cette adresse, véritable manifeste politique, était nulle de plein droit aux termes de l'art. 28 de la loi municipale du 21 mars 1831 ; elle n'attira pas même un blâme à ses auteurs.

XV.

Après cette excursion dans l'arène politique, notre Conseil municipal rentre dans le cercle des intérêts locaux.

M. l'abbé Marion, s'inspirant de cette pensée que nul ne doit passer sur cette terre sans y laisser des traces qui recommandent sa mémoire à la postérité, avait avant, de mourir, consigné dans un testament otographe la disposition suivante :

« Je donne et lègue à la mairie de Béziers un contrat de six mille francs, portant une rente de trois cents francs, consentie en ma faveur par madame la maquise de St-Juéri de St-Priest, le 15 juin 1825, avec clause et réserve d'en laisser la jouissance à ma sœur Claire Marie pendant sa vie; et après sa mort, je veux que les intérets de cette rente soient uniquement employés à marier, chaque année, et à perpétuité, le jour anniversaire de la mort de ma sœur ou de la mienne, deux filles vertueuses natives de Béziers, prises dans la classe des artisans pauvres et nécessiteux, au désir de M. le Maire, de M. le Président du Conseil de Charité et des quatre Curés de cette ville, à la pluralité des voix. »

Appelé à donner son acceptation à cette libéralité, le Conseil, dans la séance du 10 mai 1834, s'associe aux vues philantropiques de son auteur, se plait à rendre hommage au mobile qui l'a dirigé et déclare qu'il se soumet à la condition imposée.

Voilà bientôt quarante ans que le legs de M. l'abbé Marion reçoit sa destination et que sa mémoire est bénie par les jeunes filles appelées à en recueillir le bienfait.

Une double question de viabilité urbaine est soumise au Conseil par le maire dans la séance du 29 juin 1834.

Quelques habitants de la place des Trois-Six sollicitent la démolition des maisons, possédées aujourd'hui par MM Comte et Couronne, et qui obstruent, l'une, l'entrée de la rue de la Notairie, l'autre, l'entrée de la rue Paul-Riquet.

D'autres sollicitent le percement d'une rue à travers la maison Vincentis pour mettre en communication les places de l'Hôtel-de-Ville et de St-Félix.

Il parait que la première de ces pétitions fut accueillie avec peu de faveur, car on ne lui fit pas même l'honneur d'une discussion.

La seconde au contraire, par suite sans doute de cette circonstance que la maison Vincentis était en ce moment démolie pour être reconstruite, fut l'objet d'un examen sérieux. Les partisans du projet rappelaient que déjà, en 1826, il avait été étudié et voté ; et que s'il n'avait pas été exécuté, c'est que les fonds avaient été appliqués à une amélioration plus importante, à l'élévation des eaux de l'Orb par la machine Cordier. L'opportunité et l'utilité de l'ouverture de cette artère centrale doivent, ajoutaient-ils, frapper les yeux de tous et jamais peut-être l'occasion ne se reproduira de la pratiquer avec autant d'économie.

Croirait-on que les adversaires du projet objectèrent que le percement demandé serait plus nuisible qu'utile, car il allait réduire l'espace affecté aux marchandes d'herbes sur la place de l'Hôtel-de-Ville; et que cette dernière place serait exposée au vent du Nord-Ouest contre lequel elle était parfaitement abritée.

Cette argumentation où le puéril le dispute au ridicule prévalut; sur vingt conseillers présents, il s'en trouva quinze qui firent rejeter le projet. .

Par ce vote, l'avenir de la caisse municipale fût grevé de l'énorme dépense qu'a exigée de nos jours (1869) la réalisation d'une amélioration impérieusement réclamée par les besoins nouveaux de la circulation intérieure.

XVI.

Bien que le gouvernement de la restauration eut, en 1818, doté la France de l'utile institution des caisses d'épargne, Béziers n'avait point été encore appelé à jouir de ce bienfait. Ce fut sur l'initiative du Préfet et après un rapport de M. Frédéric Coste, que notre Conseil municipal, dans la séance du 7 septembre 1834, vota à l'unanimité l'établissement d'une caisse d'épargne.

Cette caisse fonctionne à partir du 27 janvier 1835, date de l'ordonnance royale qui en autorise la création. Voici le but de son institution et l'économie de ses statuts primitifs :

La Caisse est destinée à recevoir en dépôt des sommes qui seront confiées par toute personne domiciliée à Béziers ou dans ses deux cantons.

Le fonds de rotation se compose de la subvention annuelle votée par le Conseil municipal et des dons privés résultat d'un appel fait aux personnes bienfaisantes, qui voudront concourir à la prospérité de cette intitution philantropique.

Une salle de l'Hôtel-de-Ville est destinée à son administration. Cette administration, toute gratuite, est confiée à un Conseil privé composé du maire et de quinze directeurs dont trois choisis dans les rangs du Conseil municipal et douze parmi les citoyens les plus recommandables de la ville et particulièrement parmi les souscripteurs.

Les directeurs sont nommés pour cinq ans et renouvelés par cinquième, chaque année, par la voie du sort pour les premières années et ensuite par l'ancienneté.

La présidence du Conseil des directeurs est dévolue au maire et à son défaut, à un vice président nommé à la majorité des suffrages de ses collègues.

Comme la caisse d'épargne n'est qu'un intermédiaire entre le trésor royal, et les déposants, tous les dépôts d'argent doivent être immédiatement versés dans les caisses de ce trésor, conformément à l'ordonnance royale du 3 juin 1829.

La caisse ne reçoit pas moins d'un franc ni au-delà de trois cents francs du même déposant; mais les dépôts successifs faits par le même déposant ne peuvent pas dépasser deux mille francs.

Les dépôts sont constatés sur un livret remis au déposant, contresigné par un des directeurs et un secrétaire.

Deux mois après l'émission de ces statuts il y fut apporté quelques légères modifications dont la principale consista à élever à cinq, au lieu de trois, le nombre des conseillers appelés à l'administration de la Caisse. Les lois nouvelles ont laissé subsister l'organisation première de ces Caisses.

Pour la première fois, au mois de novembre 1834, le Conseil municipal fut appelé à se renouveler par moitié et par la voie du sort conformément aux dispositions des art. 17 et 53 de la loi du 21 mars 1831.

Les noms des membres que le tirage au sort fit sortir furent ceux de MM. Arbieu (Laurent), Singla, Alauzet, Barrière, Bertrand, Heirisson, Glouteau, Donadieu (Jean), et Rocagel. L'élection n'en fit rentrer que cinq : MM. Glouteau, Heirisson, Arbieu (Laurent), Rocagel et Bertrand.

Les élus à nouveau furent : MM. Lagarrigue, Reboul-Coste, Azais, avocat, docteur Gimié, Baluffe, Abbal, avocat, Maurel, avoué, Fuzier, imprimeur et Blanc, avoué.

L'élection n'ayant eu lieu que dans le courant du mois de décembre, on n'installa le Conseil municipal renouvelé que dans les premiers jours de l'année suivante.

Le budget pour l'année 1835 présente une légère augmentation dans les recettes; on doit l'attribuer à la fixation d'un chiffre approximatif de quinze mille francs, produit présumé de la continuation de la vente des remparts.

Dans ce budget, les recettes s'élèvent à. . 225,711 f. 63
Les dépenses à. 216,372   31

Résultat en excédant . . 9,339   32

Dans les premiers jours de l'année 1835, il est soumis au Conseil municipal une pétition des habitants du quartier St-Aphrodise qui se plaignent des incommodités qu'entraine pour eux le voisinage du champ de voirie et sollicitent son éloignement.

On reconnait fondée la demande des pétitionnaires. La ville achète à l'administration des hospices un champ au ténement des Terriés, situé à six cents mètres environ des remparts et l'on y transporte la voirie. C'est ce qui résulte d'une délibération prise, à l'unanimité, par le Conseil, en session de février et sur un rapport de Commission.

XVII.

A l'année 1835, remonte l'existence légale de notre société archéologique. Ce n'est que le 6 avril de cette année qu'elle fut autorisée par le gouvernement, bien qu'elle fut fondée depuis le 28 octobre 1834.

Le but de ses fondateurs était de ranimer l'étude des monuments d'art et d'histoire disséminés dans nos contrées, de veiller à leur conservation, de les décrire, d'en rechercher l'origine et de fournir ainsi des matériaux à l'histoire de l'art ancien. L'utilité de la science archéologique ne pouvant être comprise et appréciée que par les érudits, ses fondateurs eurent l'heureuse pensée de la manifester par quelque signe visible. Ils furent on ne peut mieux inspirés en émettant le projet d'élever une statue à P. P. Riquet et de créer un musée. Par le premier, ils réparaient l'oubli de plus d'un siècle; par le second, ils initiaient à la connaissance et à la jouissance des arts des populations qui y étaient complètement étrangères.

Ces projets à peine connus, on vit se grouper autour de la société naissante des hommes éminents qui ne dédaignèrent pas d'accepter le titre de membres correspondants : nous pouvons nommer MM. Guisot, de Salvandi, Flourens, Viennet etc.

A la vue de l'intérét qu'excitait autour d'elle une société qui ravivait le souvenir des anciennes académies de Béziers, (1) le Conseil municipal pouvait-il rester indifférent et ne pas saluer sa bienvenue par un vote d'encouragement ?

Au Conseiller Arbieu, ex-notaire, revient l'honneur de l'initiative de ce vote. Nous le voyons, dans la séance du 10 mai 1855, raconter l'origine de la nouvelle société, exalter son présent, prédire ses succès futurs. Si l'on peut reprocher à l'orateur, d'être remonté un peu haut et sur un ton un peu emphatique, on se sent porté à lui pardonner en faveur de la nature du sujet et du mobile qui l'anime.

Après avoir fait l'historique des révolutions successives qu'a éprouvées le progrès depuis Pharaon jusqu'à nos jours, il continue ainsi :

« Béziers marche sous sa bannière; il vient d'entrer dans la famillè des associations scientifiques du midi. Un homme de savoir, M. Boudar, professeur de mathématiques, s'est posé. A sa

---

(1) Le besoin de s'associer pour s'éclairer et éclairer leurs semblables, se fit sentir de bonne heure à ceux de nos ancêtres qui cultivaient les sciences. s'il n'est pas bien démontré qu'une réunion d'hommes studieux s'était formée dans Béziers avant le règne de François Ier, toujours est-il que, à la fin du XVIe siècle, nous avions une académie, car Henri IV, en 1599, sur le produit de l'impôt de quatre écus par deux minots de sel dont fut grevée la province de Languedoc, accorda un deux cent quarantième au collége de Béziers et un tiers de deux cent quarantième à l'académie de la même ville.

Voir l'Hist. de Languedoc par don Vaissette, t. 5 aux preuves, p. 350.

Au commencement du dix-huitième siècle, nouvelle réunion académique dans Béziers. Cette seconde académie qui exista pendant plus de soixante ans, comptait des illustrations scientifiques ; Mairan, Bouillet, deux Portalon etc., etc.

Une troisième réunion académique se forma au commencement de ce siècle et n'eût qu'une existence éphémère. Les fondateurs furent MM. Viennet, mort doyen de l'académie française le marquis de St-Geniès, traducteur de Tibulle et Jacques Azaïs, mort président de notre société archéologique.

voix, des hommes honorables et distingués de la ville et des communes environnantes se sont groupés autour de lui. Tous les rangs, toutes les conditions sont confondus. La seule prépondérance est celle que donne la capacité.

« Plus de lutte, plus d'exaltation ! le progrès rapproche les hommes, adoucit les mœurs, épure le goût, dirige leur conduite, non point par une morale de localité et de circonstance, mais par une morale universelle, commune à tous. »

Suit une description minutieuse des travaux accomplis par la société, des médailles, des statues, des vases, des colonnes, des mosaïques antiques, qu'elle a recueillis.

L'orateur propose, en terminant :

1° De lui voter une subvention de mille francs ;

2° D'acheter le monticule des poètes pour y placer la statue de Riquet et de prolonger la promenade jusqu'à ce monticule.

« Le Conseil, considérant, sur la première proposition, les avantages que doit retirer la cité, d'une société qui a pour but l'étude des monuments de l'art et de l'histoire des temps passés.

« Considérant les services que cette société a rendus, ceux qu'elle ne peut manquer de rendre, par la fondation d'un Musée ;

« Considérant, sur la 2e question, la nécessité de pourvoir à l'embellissement de la ville par le prolongement de la promenade jusqu'au monticule de Terre Blanche;

« Considérant que la statue de Paul Riquet, pour l'érection de laquelle la société archéologique a ouvert une souscription, serait convenablement placée sur ce monticule ;

« Vote à l'unanimité, une somme de mille francs qui sera portée au budget prochain pour être payée en 1836. »

Par la même délibération, il est nommé une commission de cinq membres, en tête desquels M. Arbieu avec mandat de présenter un projet pour le prolongement de la promenade du fer à cheval et de nivellement du plateau des poètes.

XVIII.

L'anniversaire de la Révolution de Juillet approche et s'il faut ajouter foi à des bruits mystérieusement répandus, cet anniversaire doit être marqué par un attentat (1).

En effet, le roi Louis-Philippe sorti à cheval des Tuileries, le 28 juillet, à dix heures du matin, pour une promenade solennelle dans Paris, était à peine parvenu sur le boulevard du Temple à la hauteur du jardin Turc, lorsqu'on entend tout à coup comme un feu de peloton bien nourri. En un instant, la terre est jonchée de morts et de mourants. Frappés à la tête, le maréchal Mortier et le général Lachasse de Vérigny tombent baignés dans leur sang. On compte onze autres victimes dans le cortège. Le roi n'est pas blessé et n'a reçu qu'un choc violent au bras gauche. Tous ces malheurs sont l'œuvre de la machine Fieschi.

La France entière s'émut à la nouvelle d'un attentat si froidement préparé, si audacieusement exécuté. Tous les

(1) Une lettre écrite de Berlin, le 26 juillet 1835, porte : « Le bruit court généralement ici qu'il y aura une catastrophe pendant l'anniversaire des trois jours. » La même nouvelle a été donnée, le 25 juillet, par un article inséré dans le *Correspondant de Hambourg.*

A Coblentz, à Turin, à Aix, à Chambéry, les mots de *machine infernale* ont été prononcés.

Enfin on raconte que passant dans un village de la Suisse, deux voyageurs ont écrits sur un registre d'auberge, à la suite des noms de Louis-Philippe et de ses fils : *qu'ils reposent en paix.*

(Louis Blanc, hist. de dix ans, tome 4, page 467.)

Conseils municipaux s'empressèrent d'adresser leurs félicitations au roi qui avait providentiellement échappé au
désastre de la journée du 28 juillet.

Dans la séance du 2 août, sur la proposition de M.
Rocagel, notre Conseil municipal formulait ainsi les sien-
nes :

« Sire,

« Le génie qui veille au bonheur de la France a paralysé la
main parricide qui voulait plonger la patrie dans le deuil et cour-
ber son front sous le joug sanglant de l'anarchie et du despotisme.

« Vos jours nous sont conservés!!...

« Mais nous déplorons la perte d'un illustre guerrier et de ces
braves qui sont tombés sous un plomb assassin.

« Pénétré de la plus profonde indignation, le Conseil municipal de la ville de Béziers saisit avec empressement cette occasion
de renouveler à votre Majesté l'assurance de son dévouement
sans bornes et de son inaltérable fidélité. »

Les émotions politiques passées, le Conseil municipal
reprend le cours des affaires locales. Le Maire lui donne
connaissance, dans la séance du 6 septembre 1835, d'une
lettre du préfet qui l'engage à émettre son avis sur la
demande, formée par les négociants de Cette et de Montpellier, pour obtenir l'établissement dans la première de
ces villes d'un marché de spiritueux qui serait fixé au
mercredi de chaque semaine.

La matière mise en délibération, le Conseil,

« Considérant que les marchés pour les spiritueux sont déjà
assez rapprochés dans cette contrée, puisque, outre celui de
Béziers, il en existe à Pézénas et à Narbonne; qu'il n'est guère
probable qu'un marché de plus, improvisé à Cette, put attirer
un concours nombreux d'acheteurs et de vendeurs, qui seul constitue l'essence d'un marché; et qu'il est à craindre que les prix
qui seraient arrêtés, par les courtiers, ne le fussent d'après des

quantités presque nulles ou infiniment petites, d'où résulteraient
des cours fictifs bien différents de ceux des autres places mieux
achalandées et qui causeraient nécessairement des embarras au
commerce.

« Est d'avis qu'il n'y a pas lieu, par l'autorité supérieure compétente, de s'arrêter à la demande des négociants de Cette et de
Montpellier. »

Les locaux de l'école communale, dirigée par les frères de la doctrine chrétienne au quartier St-Aphrodise,
étant devenus insuffisants, l'autorité municipale dut,
pour obéir aux prescriptions de la loi du 28 juin 1833
sur l'instruction primaire, s'en procurer de plus spacieux.
L'ancien couvent de Ste-Ursule, situé dans un quartier
central, était des mieux indiqués au point de vue de
l'espace et des conditions hygièniques. On le loua le 11
octobre 1835 pour le prix de cinq cents francs par an,
et pour une période de six années ayant leur point de départ au 1er janvier 1856.

En cette année 1835, le choléra avait fait sa première
apparition dans la ville et l'arrondissement de Béziers.
Le fermier de l'octroi sous prétexte de la diminution de
ses recettes par suite de l'invasion du fléau, adressa,
le 6 novembre, au Conseil municipal une demande en
indemnité. Cette demande fut repoussée par un double
motif : le premier puisé dans l'article 129 du décret du
17 mai 1809 qui interdit aux Conseils municipaux de
délibérer sur les demandes en résiliement ou en indemnité formées par les fermiers des octrois ; le second
dans le texte de l'article 1769 du code civil qui dispose
que si le bail est fait pour plusieurs années et qu'il
y ait lieu à indemnité, l'estimation n'en peut être faite
qu'à la fin du bail, auquel temps il se fait une compensa-
tion de toutes les années de jouissance.

Une pareille demande en indemnité, pour le même motif, ayant été faite par le fermier des places, fut aussi repoussée par le Conseil.

Les attributions de l'architecte voyer sont si multiples si variées qu'un seul homme avait peine à suffire à tous les détails du service. On lui donna un auxiliaire, sous le nom de surveillant de voirie, dont la mission principale consistait à s'occuper de l'entretien du pavé et de l'inspection des promenades. Un modeste traitement de quatre cents francs fut voté pour le titulaire de ce nouvel emploi.

En comparant le budget de 1835 avec celui voté pour l'année 1836, on ne signale aucune variation dans les chiffres des recettes et des dépenses. Dans l'un comme dans l'autre en effet, la source principale des recettes ordinaires provient du produit invariable de la ferme de l'octroi et du poids public; les recettes extraordinaires sont calculées, par prévision, sur le produit de la vente des remparts et du vieux cimetière.

Pour 1836, le budget en recette s'élève à . . . . 224,316 f. 99

Le budget en dépenses à 220,389   11

Résultat en excédant. . .   3,927   88

XIX.

On n'a pas oublié que, dans la séance du 10 mai 1835, le Conseil municipal, s'associant à la pensée d'un de ses membres, avait non seulement encouragé par un vote de fonds les premiers travaux de la société archéologique, mais encore nommé une commission chargée de choisir l'emplacement du monument à élever à Paul-Riquet. Voici le texte du rapport fait par cette commission le 3 janvier 1836 :

« Messieurs,

« La société archéologique a écrit à M. le Ministre de l'intérieur pour le prier de prendre part à la souscription ouverte pour l'érection d'un monument à Paul Riquet.

« Le Ministre a répondu qu'il est tout disposé à donner suite à la demande de la société archéologique si l'état des fonds applicables à des dépenses de ce genre peut le permettre, mais qu'il est nécessaire qu'il connaisse la nature du monument qu'on se propose d'élever et qui ne pourra l'être que quand une ordonnance royale l'aura autorisé et que les projets auront été examinés par le Conseil des bâtiments civils et les fonds assurés.

« La société archéologique s'est empressée de remplir, pour ce qui la concerne , les préalables proscrits par M. le Ministre. M. Pradal, ingénieur du canal, un de ses membres, a levé le plan du lieu ou elle a cru que le monument devait être placé et une note jointe à ce plan donne toutes les explications nécessaires sur la nature du monument et sur tous les accessoires.

« Le plan et la notice explicative ont été adoptés par la société archéologique. Notre commission a pris en communication ce plan et cette notice et elle s'est convaincue, après mûr examen, que le projet résultant de ce plan et de cette notice devait être adopté par le Conseil municipal.

« Un autre projet bien différent de celui adopté par la société archéologique vous a été proposé, il a pour base le prolongement de la promenade du fer à cheval, jusqu'au monticule des poètes sur lequel serait placé la statue de P. P. Riquet.

« Ce projet est séduisant au premier coup d'œil, mais il ne peut être exécuté sous plusieurs rapports.

« En premier lieu, il est impossible de prolonger la promenade du fer à cheval jusqu'au monticule des poètes sans établir une espèce de coude qui ôterait toute grâce au prolongement.

« En deuxième lieu, la statue de P. P. Riquet , au lieu d'être au milieu de nous , serait reléguée à quatre cent mètres au moins de la ville et dans un lieu solitaire où le monument ne serait peut-être pas en sûreté.

« En troisième lieu, pour prolonger la promenade du fer à cheval et placer sur le plateau des poëtes la statue de Riquet, il faudrait : 1° acheter le terrain qui est entre cette promenade et le plateau et le vaste terrain formant la superficie de ce plateau; niveler ce plateau et combler l'immense ravin qui le sépare de la promenade du fer à cheval ; 2° élever des murs de soutènement et les couronner de balustres ; 3° Enfin placer sur la nouvelle promenade et le plateau un nombre infini de bancs de pierre et faire des plantations très coûteuses dans un terrain aride, complètement dépourvu d'eau, ce qui entraînerait un travail de plus de dix ans et une dépense de deux cent cinquante à trois cent mille francs, sans y comprendre le coût du monument.

« En quatrième lieu, après un long travail et d'énormes dépenses, la ville aurait une promenade brûlée par le soleil, battue par tous les vents et qui ne pourrait être visitée, le monticule surtout, que, pendant trois ou quatre mois de l'année seulement et après le coucher du soleil,

« Le plan tracé par M. Pradal et adopté par la société archéologique ne présente aucun de ces inconvénients.

« La porte de la citadelle est déjà démolie et le bastion ou boulevard R-R-R, va l'être incessamment. Lorsque ce bastion aura été démoli et que les déblais nécessaires auront été faits, la place de la citadelle, ne fera qu'un même corps avec les deux promenades et la grande place qui se trouve entre deux.

« La statue de P. P. Riquet, placée au centre du parallélogramme A. B. C. D. en face du bastion qui aura été démoli et entre les deux promenades, frappera d'abord les yeux de tous ceux qui déboucheront des rues qui s'ouvrent, sur la place de la Citadelle, ainsi que de tous ceux qui arriveront d'Agde, de Narbonne, de Montpellier, de Bédarieux, de Bessan, de Florensac, etc., etc; Elle sera continuellement exposée à la vue de ceux qu fréquentent les deux promenades et la place de la Citadelle et, le vendredi de chaque semaine, jour de marché, elle attirera les regards de cette foule de commerçants qui, de tous les points du Midi de la France, arrivent et se réunissent à Béziers.

« P. Riquet sera au milieu de nous, et dans la partie la plus belle et la plus fréquentée de la ville; il sera, pour ainsi dire, au centre du commerce de Béziers que son ouvrage immortel a créé.

« Une grille environnera le parallélogramme A. B. C. D. Deux portes : l'une au milieu du côté B. C. du parallélogramme, l'autre au milieu du côté A. D. permettront aux promeneurs d'aller, sans se dévier, de l'une à l'autre promenade. Ces deux portes, fermées, l'été, à dix ou onze heures du soir et, l'hiver, à l'entrée de la nuit, mettront le monument à l'abri de toute atteinte.

« Nous n'avons pas dix ans à attendre. Avant la fin de l'année 1836, le monument pourra être en place.

« La ville n'aura à dépenser ni deux cent cinquante, ni trois cent mille francs ; elle dépensera tout au plus trois mille cinq cents francs qu'elle aurait également dépensés quand même le monument n'aurait pas été érigé, ou qu'il aurait été érigé ailleurs.

« Les fonds pour le monument sont assurés. La seconde liste de souscription, qui sera incessamment livrée à l'impression, s'élèvera de cinq à six mille francs, laquelle somme jointe à celle de douze mille et quelques cents francs, montant de la première liste, donnera un total de dix-sept à dix-huit mille francs. Le déficit sera de six à sept mille francs, une somme de vingt-quatre mille francs étant tout au moins nécessaire. Mais nous avons la ferme confiance que ce déficit sera comblé par MM. les Ministres de Sa Majesté qui ont donné à la société archéologique des preuves de l'intérêt qu'ils lui portent et du désir qu'ils ont de l'aider dans la réalisation de son projet patriotique. Nous demanderons, au besoin, des secours à Sa Majesté elle-même, que nous voyons, chaque jour, concourir par ses largesses à l'exécution de tout ce qui est grand, utile et généreux. Nous espérons d'ailleurs que les nouveaux efforts que fera la société archéologique pour obtenir des souscriptions donneront lieu à une troisième liste dont le chiffre s'élèvera de quinze cents francs à deux mille francs.

« Votre commission, messieurs, vous propose d'adopter purement et simplement le projet déjà adopté par la société archéologique et de prier M. le Maire d'inviter M. Pradal à veiller, quand il en sera temps, à l'exécution du plan qu'il a tracé. »

La matière mise en délibération, le Conseil municipal tenant les motifs développés par la commission, auxquels il adhère, adopte à l'unanimité, le projet déjà adopté par la Société archéologique et prie M. le maire d'inviter M. Pradal à veiller à l'exécution du plan qu'il a tracé. Il vote en outre l'impression de la présente délibération.

C'est en vertu de cette décision du Conseil que le monument Riquet fut érigé sur l'emplacement qu'il occupe encore aujourd'hui. On doit regretter qu'il ne s'élevât pas alors, dans l'assemblée de nos représentants municipaux, une seule voix en faveur du projet qui donnait la préférence au plateau des poètes. Le temps a fait justice de la double objection qui amena le rejet de ce projet : l'impossibilité de relier la promenade du fer à cheval avec ce plateau et l'énormité de la dépense d'acquisition des terrains. Mais avant que le problème eût été résolu, il nous souvient que David, convié à la fête de l'inauguration de la statue de Riquet, l'un de ses chefs-d'œuvre, s'écria à l'aspect du splendide horizon qui se découvre du haut du monticule des poètes : — *Pourquoi ne m'a-t-on pas dit que Béziers possédait un si merveilleux site ? C'est de là que Riquet devait contempler son œuvre !* Cette exclamation donne la mesure de l'inspiration sous laquelle le grand artiste aurait déterminé la pose de l'immortel auteur de notre canal,

XX.

Depuis la promulgation de la loi du 30 septembre 1807, qui impose aux villes l'obligation d'un plan d'alignement, l'édilité du premier empire s'était seule préoccupée sérieusement de cette question d'utilité publique ; mais le beau plan, dressé sous son inspiration, en 1812, par M. Revel, était resté une lettre morte. Aussi en dépit de quelques tentatives infructueuses de l'édilité de la Restauration, en 1818, Béziers était-il resté, pour sa voirie urbaine, à l'état stationnaire. L'arbitraire et le bon plaisir de l'autorité municipale dominaient seuls dans les questions d'alignement.

Un arrêté du préfet de l'Hérault en date du 17 mai 1834 vint tenter de faire cesser ce désordre en chargeant le sieur Louis Lemasson, géomètre à Montpellier, de dresser un plan d'alignement pour la ville de Béziers, en se conformant, dans cette opération, aux prescriptions des circulaires ministérielles relatives à la matière et notamment à celles des 29 octobre 1812 et 2 octobre 1815.

M. Lemasson se mit à l'œuvre et fut en position de présenter, après un travail de quinze mois environ, un plan complet de notre ville. Ce plan étudié avec soin et dans lequel on retrouve un peu les idées du géomètre Revel, fait disparaître sinon le labyrinthe de nos rues, du moins toutes les lignes tortueuses qu'elles présentent et appelle la ligne droite à trôner en souveraine. La commission municipale auquel il fut soumis s'effraya de la perturbation que son exécution allait jeter dans la propriété urbaine et de l'énormité de la dépense à imposer à la caisse communale. Aussi, à la suite du rapport que fit cette commission, rapport qui témoigne de cet effroi, voyons-nous le Conseil émettre, dans la séance du 3 janvier 1836, un avis ainsi conçu :

« Considérant qu'il résulte des circulaires ministérielles qu'aussitôt qu'un plan est levé, c'est au Conseil municipal, de concert avec le géomètre, à tracer sur ce plan les redressements et alignements nouveaux que les besoins de la circulation et du commerce et en général la raison d'utilité publique lui paraissent comporter; et que par conséquent, le géomètre n'a pas qualité pour dresser lui seul un plan d'alignement qui doit être essentiellement l'ouvrage du Conseil municipal;

« Considérant que certains profils de M. Lemasson, tendant à favoriser la viabilité, ont paru bons et devoir être adoptés par le Conseil; et que d'autres, au contraire, relatifs à des percements et à des embellissements lui ont paru inutiles et devoir être rejetés soit à cause des difficultés que présentent les différences de niveau, soit à cause des grandes dépenses qu'ils entraîneraient, soit parce que un trop grand nombre de maisons serait frappé, pour tout le temps de leur durée, de l'interdiction à laquelle les règlements de voirie assujettissent les bâtiments atteints par les redressements de la voie publique;

« Est d'avis que M. Lemasson rédige le projet de plan d'alignement de la ville conformément aux observations ci-dessus et sans y faire figurer les projets qui n'ont pas obtenu l'assentiment du Conseil, sauf les droits de l'autorité départementale avec laquelle l'autorité municipale se flatte de marcher toujours d'accord. »

Suit la nomenclature des rues et places, ainsi qu'elles sont indiquées sur les diverses feuilles du plan présenté.

Nous nous bornons à signaler les principales améliorations proposées par M. Lemasson et les modifications apportées par le Conseil à son travail.

En tête des améliorations, tracées sur le plan, figurent :

« 1° L'ouverture d'une rue partant de la place Napoléon et se dirigeant en droite ligne, à travers les rues Française et d'Envedel sur la place St-Félix.

« 2° L'élargissement de la rue de la Madeleine et de là rue Française ;

« 3° Le percement d'une rue pour mettre en communication les places de l'Hôtel-de-Ville et de St-Félix ;

« 4° L'élargissement de la place de l'Hôtel-de-Ville par la démolition du groupe des maisons formant une île entre cette place, celle du vieux marché et de la rue St-Eutrope ;

« 5° Le prolongement de la rue de la Coquille jusqu'à la promenade par la suppression de la maison de M. de Rey-Pailhade et du mur de ville;

« 6° L'élargissement des rues de la Promenade et de la Notairie et la démolition des maisons Jaussan et Fraissinet, pour donner un accès convenable à l'ancienne cathédrale (Saint Nazaire).

« 7° L'ouverture d'une rue entre la place du Capus et la rue Tourventouse ;

« 8° Le prolongement de la rue de la Rôtisserie jusqu'à la promenade ;

« 9° Enfin l'élargissement de la rue Vanière. »

Un caractère d'utilité réelle s'attachait à chacune de ces propositions. Quelques-unes à peine trouvèrent faveur auprès du Conseil. Ainsi le prolongement de la rue de la Coquille jusqu'à la promenade, l'élargissement de la rue Vanière ; celui de la rue Ste-Eutrope avec deux alignements ; celui de la rue Française, mais aux deux extrémités seulement.

Toutes les autres furent rejettées d'abord comme *trop dispendieuses*, et puis, le croirait-on ? par ce motif que *les lieux présentaient une viabilité suffisante.*

Ainsi le plan de M. Lemasson qui, quoique empreint d'un peu d'exagération dans la transformation de notre viabilité urbaine, se fait remarquer par l'intelligence des besoins de la circulation intérieure dans une ville où la population est à la fois agricole, industrielle, et commerçante alla rejoindre celui de M. Revel dans les cartons des archives communales. Ni administrateurs, ni administrés ne songèrent à demander son approbation et sa mise à exécution. La caisse communale en fut pour les honoraires légitimement acquis à son auteur.

XXI.

Jusqu'à l'année 1836, l'école primaire supérieure d'enseignement mutuel et de dessin avait occupé le local de l'ancien couvent des Jacobins. La propriété de ce local ayant changé de maître, force fut à la ville de s'en procurer un autre. Son choix porta sur l'ancienne salle de bal, dite de Flore, appartenant au sieur Viguier-Sérisse (rue de la Comédie). Celui-ci consentit à la commune une location pour une période de six années et moyennant le prix de sept cents francs par année. Cette location fut sanctionnée par un vote du Conseil municipal le 1er mai 1836. Dans ce même mois de mai 1836, le Conseil municipal ayant reconnu que les locaux du collége étaient insuffisants pour abriter le personnel des élèves, en plein mouvement ascensionnel, fit étudier par M. Colard, architecte, un projet de construction d'une aile nouvelle sur un terrain abandonné, dit de la congrégation. Le devis de cette construction s'éleva au chiffre de dix-neuf mille quatre cent cinquante francs, qui fut voté à l'unanimité. Notre collège était encore, à cette époque, au compte du Principal, M. Mercadier, qui, entré en fonctions en l'année 1854, ne reçut une autre destination qu'en 1841..

A la fin de cette session de mai, le maire donna connaisance au Conseil d'une lettre de N. Ruette, inspecteur général de l'Université, exprimant le vœu de voir établir à Béziers une salle d'asile. Le Conseil, tout en prenant ce vœu en considération, décida qu'il y avait lieu d'ajourner cette création.

Des difficultés s'étant élevées entre le directeur du Théâtre et les propriétaires de la salle, le Conseil municipal nomma une commission chargée d'examiner la question de savoir s'il convient d'acheter cette salle ou seulement de la prendre en location, mais toujours avec les deniers de la ville.

Pour la seconde fois et à une année de distance, le Conseil municipal est appelé à voter une adresse à la suite d'une nouvelle tentative d'assassinat contre Louis-Philippe. On se rappelle que le 25 juin 1836, à six heures et demie du soir, le roi quittait le palais des Tuileries pour se rendre à Neuilly. Sa voiture parvenue au tournant du guichet du pont royal, le roi se penchait à la portière pour saluer la garde. A ce moment, un jeune républicain fanatique, du nom d'Alibaud, déchargea sur lui un fusil-canne. Un rapide mouvement en arrière sauva le Roi, mais la bourre de l'arme resta dans ses cheveux. (1)

Voici l'adresse votée à la suite de cet attentat :

Sire,

« C'est maintenant ou jamais le cas de dire : *Dieu protège la France* ; car, dans aucun temps, les destinées de la France n'ont

---

(1) Alibaud était natif de Perpignan. Dans sa défense devant la cour des pairs, il fit entendre ces paroles : « *J'avais, à l'égard de Philippe* 1er, *le droit dont usa Brutus contre César.* »

été plus intimement liées qu'aujourd'hui à la vie de son roi. La Providence, en préservant des jours si précieux, a encore une fois sauvé la patrie et nos institutions constitutionnelles. Grâces lui soient rendues pour ce bienfait signalé. Puisse-t-elle veiller, toujours avec la même sollicitude sur une tête aussi chère !

« Tels sont les sentiments dont sont pénétrés le Maire et le Conseil municipal de la ville de Béziers que l'attentat du 25 juin a réveillés plus vivement dans leurs cœurs et dont ils se plaisent à déposer l'expression aux pieds du trône de votre Majesté.

XXII.

Encouragée par le succès qu'obtenait dans l'arrondissement et dans tout le Midi de la France la souscription pour le monument à élever à P. Riquet, la société archéologique voulût qu'une fête locale marquât la date de la pose de la première pierre. Elle sollicita l'intervention du maire de la ville et un vote de fonds pour donner à la fête un certain éclat.

Le Maire soumit au Conseil, dans la séance du 18 septembre 1836, la demande qui lui était adressée et le Conseil, après une assez vive discussion :

« Considérant que, quoique la fête dont il s'agit n'ait pas un caractère politique, ce n'est pas moins une fête de localité à laquelle toute la ville est appelée à prendre part ; qui, par l'affluence des étrangers qu'elle attirera, doit procurer un grand profit à la ville; qu'elle est le prélude des opérations qui ont pour objet d'enrichir la ville d'un monument précieux; et que, dès lors, il convient que la ville contribue aux frais de cette fête ;

« A délibéré, à la majorité de onze voix contre quatre qu'il y a lieu de reconnaître que la fête du 20 septembre est réellement une fête publique et que, par conséquent, M. le Maire peut vala-

blement disposer du crédit, à ce relatif, alloué au budget pour acquitter, jusqu'à concurrence des fonds qui restent libres, la dépense
qui en résultera. »

Comme on le voit, quatre conseillers refusent de s'associer à ce vote. Il y a plus : deux de ces quatre (MM. Fuzier et Laurès-Cance) consignent sur le registre des délibérations leur refus motivé en ces termes :

« Les soussignés, qui ont voté avec empressement 1º la somme
de mille francs en faveur de la société archéologique ; 2º celle de
six mille francs pour l'érection de la statue de Riquet, parceque
c'est un monument qui honore la ville de Béziers, déclarent s'opposer de la manière la plus formelle au vote qui vient d'être fait
pour subvenir aux frais de la pose de la première pierre du même
monument, parce que c'est donner une fausse direction aux deniers
publics qui, au lieu de servir à des fêtes publiques pour lesquels
ils étaient destinés, seront absorbés par une fête particulière donnée par la société archéologique en son propre et privé nom, sans
que la ville y figure en aucune manière. »

Les deux conseillers qui se séparaient ainsi de leurs
collègues, durent regretter leur imprudente protestation
à la vue de l'enthousiasme de la population, le jour de
la pose de la première pierre du monument, (20 septembre 1836.)

A cette solennité assistaient M. le duc de Caraman,
pair de France, ancien ambassadeur à Vienne; M. le
comte de Villeneuve d'Hauterive; M. le comte de Pins de
Voisins; M. Domezon, tous les quatres membres de la
famille Riquet, et M. Maguès, ingénieur en chef du canal du Midi.

On préluda à la cérémonie par une messe solennelle
célébrée par monseigneur Thibault, Evêque de Montpellier, dans l'église St-Nazaire et, à laquelle assistèrent
le corps municipal, la société archéologique, le général

Durrieu, commandant le département, M. Floret préfet, et tout l'état-major du 12e régiment de chasseurs, alors en garnison à Béziers. Après la messe, Monseigneur Thibault, dans une brillante improvisation, rattacha à la religion l'hommage qui allait être rendu à la mémoire de P. P. Riquet.

La musique de la ville et celle des chasseurs accompagnèrent le cortège officiel sur la place de la Citadelle. Là M. Azaïs, président de la Société archéologique, présenta la truelle à M. le préfet et le pria de poser lui-même la première pierre.

Ce magistrat déféra à cette invitation et prit la parole en ces termes :

« Messieurs,

« Le canal des deux mers, l'ouvrage le plus considérable et le plus parfait qui existe en architecture hydraulique, entrepris en 1666, fut livré à la navigation eu 1681.

« Depuis plus d'un siècle et demi, cette merveilleuse rivière, création du génie de l'homme, versait, dans nos provinces méridionales, d'incalculables richesses, et rien encore n'avait été fait pour honorer la mémoire de son auteur.

« Mais si la reconnaissance des peuples est quelquefois tardive celle-là du moins est la mieux méritée et la plus juste dont la voix s'élève longtemps après qu'ont vécu les hommes qui en sont l'objet.

« Tel est le caractère de celle dont le monument qui se prépare portera témoignage ; reconnaissance commandée par des bienfaits qui durent depuis bien des années, et qui renaissent chaque jour avec la prospérité du pays.

« Mais encore, il le faut reconnaître, le temps est à peine arrivé où nos populations pouvaient avoir conscience de ce qu'elles doivent à l'auteur du canal du Midi, où leur reconnaissance pouvait se manifester par des témoignages unanimes et populaires.

La statue ne pouvait être érigée lorsque Colbert mourait, dégoûté du service de son maître et que son cercueil était insulté, ni dans les temps postérieurs, époque de guerres et de discordes civiles; elle ne pouvait l'être que dans cette ère de paix et de travail dont nous voyons les premiers jours, et ou la meilleure manière de s'illustrer sera d'être utile aux hommes.

« Cette illustration, Riquet l'a acquise à une époque où le génie de l'homme devait encore s'appliquer à la guerre. Il a devancé le siècle où nous vivons; et c'est notre génération qui, la première, pouvait avoir la pensée d'honorer sa mémoire,

« Honneur donc à Pierre-Paul Riquet!

« L'homme a été placé sur la terre pour la conquérir par le travail, pour y utiliser à son usage les forces de la nature : c'est la tâche qui lui fut imposée dès le commencement des choses, c'est la fin vers laquelle l'humanité a tendu après bien des siècles d'épreuve, et quelle semble à peine commencer à comprendre, aujourd'hui que le travail n'avilit plus, mais au contraire, ennoblit.

« Heureux ceux qui, dans l'accomplissement de cette tâche immense, peuvent marquer leur participation par une œuvre pareille au canal du Midi, pareille à l'invention des machines à vapeur! leur nom restera en vénération parmi les hommes et grandira avec les progrès de l'industrie et de la civilisation.

« Honneur à Pierre-Paul Riquet ! Honneur aux hommes utiles! »

M. Azaïs, au nom de la société archéologique et de la généralité des habitants de Béziers, prononça le discours suivants :

« Messieurs,

« Le Monument qui est élevé à la mémoire de Pierre-Paul Riquet, est d'autant plus honorable pour lui, que ce n'est que cent cinquante ans après sa mort, que nous en posons la première pierre. Elle est sans doute bien solide cette gloire que près de deux siècles n'ont point usée, et qui, après un si long terme, obtient l'hommage le plus solennel de la reconnaissance publique.

« Le Canal du Midi, exécuté sans modèle, (car qu'était-ce que le canal de Briare, qui, joignant la Loire à la Seine, et ne se recommandant par le mérite d'aucune difficulté vaincue, n'a qu'une longueur de dix lieues), le canal du Midi a été le type de tous les canaux qui ont été exécutés plus tard en France et en Angleterre. L'homme qui le créa fut du petit nombre de ces hommes de génie que la Providence semble envoyer de loin en loin au monde pour combler, si je puis m'exprimer ainsi, les lacunes de la création. Si nous ne trouvons pas, en effet, le cachet du génie dans une conception originale et hardie, fondée sur de vastes aperçus, sortie victorieuse de la grande épreuve de l'exécution, suivie d'immenses, d'utiles résultats, et sanctionnée par de nombreuses imitations, où le trouverons-nous ?

C'est au commencement du dix-septième siècle que Pierre-Paul Riquet naquit au milieu de nous; et ce qu'il y a de bien remarquable, c'est que ce même siècle nous donna Jean Boscager, Pierre Andoque, les deux frères Esprit, le père Vanière, Daniel Galtier, Paul Pélisson, le père Gonet, le père Cléric, Jean Barbeyrac, Jacques Lazerne, Jean Bouillet et Mairan. Ces illustres contemporains se groupent autour de Pierre-Paul Riquet, mais leur gloire pâlit devant l'auréole qui ceint la tête d'un bienfaiteur de l'humanité.

« Jouissez de la gloire de votre aïeul, augmentée de celle que vous acquîtes vous-même dans les plus hautes missions de la diplomatie, noble descendant de Pierre-Paul Riquet qui, ne cessant de perfectionner son ouvrage, vous en êtes, pour ainsi dire, approprié la création.

« Et vous qui nous faites l'honneur de présider à cette cérémonie, brave général qu'a immortalisé la belle défense de Glogau ; magistrat aussi laborieux que judicieux et éclairé, qui ne cessez de consacrer vos veilles au bonheur de vos administrés; digne prélat, qui, jeune encore, méritez par vos lumières et vos vertus, le repect que n'obtient pas toujours la vieillesse, recevez nos remerciments et agréez les témoignages de notre reconnaissance. »

M. Ferdinand Débès, membre du Conseil général du département, s'exprima ainsi, au nom du commerce de la ville de Béziers :

« Messieurs,

« Le culte des grands hommes a existé chez tous les peuples. La reconnaissance l'a fondé, la raison l'a adopté. En effet, quel mobile plus capable d'inspirer des pensées élevées, d'enfanter de belles actions !

« Entre toutes les nations, la France si généreuse, si sensible à la gloire, s'est montrée empressée d'honorer la mémoire de ceux de ses enfants qui se sont rendus recommandables par leurs exploits, la supériorité de leur intelligence, ou des travaux éminemments utiles, conceptions du génie. A ce dernier titre, qui mieux que Pierre-Paul Riquet, mérite les hommages de ses concitoyens ? D'autres renommées ont plus d'éclat peut-être ; aucune n'est plus justement acquise.

« Au nom du commerce, je viens déposer un tribut de reconnaissance au pied du monument que notre cité, trop longtemps oublieuse, élève enfin au créateur du canal des Deux Mers, sans moyen d'exporter les produits de son sol, notre beau pays languissait au milieu de ses éléments de richesses ; les terres, sans valeur, étaient délaissées par le cultivateur. L'immortelle pensée d'un homme porte tout à coup la vie et la fertilité dans nos campagnes. Le commerce prend un essor qu'il n'aurait osé rêver, et une ère de prospérité commence pour Béziers.

« Honneur donc à Riquet ! Que le bronze perpétue son image, et que les siècles futurs apprennent le bienfait et le souvenir que nous en avons conservé ! »

M. Gurriet, maître plâtrier, entouré d'une députation d'ouvriers de toute profession, fit entendre ces quelques paroles :

« Quiconque a bien mérité des hommes pendant sa vie, doit être honoré après sa mort. L'hommage qui est rendu à la mémoire de Pierre-Paul Riquet est juste ; les ouvriers et artisans de la cité y adhèrent, et je me tiens heureux d'être chargé d'exprimer leur adhésion. Honneur à Pierre-Paul Riquet ! honneur à ses descendants ! honneur à la ville qui l'a vu naître ! »

M. Charles Bauton, à la tête d'une députation des cultivateurs, prononça, en patois, la spirituelle harangue dont on admirera avec nous la piquante originalité.

« Messius ,

« Naoutrés paysans, sén pas fors per blaga, mé aben l'aïnat (1). Sentissen for pla qué sé moussu Riquet (daban Dious siague!) abio pas traouquat Malpas (2) et fax dabala las aïgos d'en sus pér las éclusos dé Founséranos, à qui ount y a dé soucados dé tarrex, d'aramouns et dé calignanos qué foou baba dé beire, y aurio pas qué dé mouxès, dé caoussidos et dé rabusclés. Naourian pas, pla ségu, tan dé bignos à Mountimas (3), et gastarian pla mens dé ferré qu'oun né gastan,

« Moussu dé Caraman, bous qué sés lou digné éfan d'un tan gran payré, permetès as paysans dé Bésiés dé bous souhata, à bous et as bostrés, autant de prouspéritat qué bostré ancien u'à dounat an aquesté pays.

« Messius dé la souciétat doun podi pas troüba lou noun, car on dirio qu'abés fax esprès de lou pla rambouilla, bous remercian dé

____

(1) L'aïnat, l'aîné. On appelle aiusi à Béziers le bon sens qui tient en effet le premier rang dans l'ordre des qualités dont il importe à l'homme d'être doué.

(2) Malpas. C'est le nom de la montagne que fit percer Riquet pour y faire passer le canal du Languedoc.

(3) Mountimas. Partie du territoire de Béziers où les cultivateurs possèdent beaucoup de vignes.

la péno qué prénés pér fa randre al gran Riquet un ôûnoû qu'y
éro pla dégut. Escoutés pas lous roundino-pâ-càout (1), anas bostré
trin ; aurés bostro part dé nostre récouneissenso. » (2).

Tous les assistants s'étonnèrent que la voix du maire
ne se fit pas entendre dans cette solennité, qui avait pour
objet la glorification d'un des plus illustres enfants de
Béziers.

A deux heures de l'après midi , la même foule, qui
avait assisté à la cérémonie du matin, se trouva encore
sur la place de la Citadelle pour jouir d'un spectacle
nouveau pour elle , d'un carrousel exécuté par les
sous-officiers du 12e régiment de chasseurs.

(1) Lous roundinao pa caout. Ceux qui se fâchent de ce que le pain est tendre, les grogneurs, en d'autres termes, ces esprits mal faits qui trouvent mal ce que les autres trouvent
bien.

(2) Voici la traduction des paroles de Charles Bauton :

« Nous, paysans, ne sommes pas forts pour babiller, mais nous
avons du bon sens. Nous concevons fort bien que si Riquet (Dieu
veuille avoir son âme), n'avait pas, en perçant Malpas, fait déscen-
dre les eaux du Haut Languedoc par les écluses de Fonseranes
là où nos yeux se reposent agréablement sur des monceaux de
raisins, nous ne verrions que des bruyères, des ronces et des char-
dons. Nous n'aurions pas certainement autant de vignes à
Montimas , et nous gâterions bien moins dé fer que nous n'en
gâtons.

« M. de Caraman, qui êtes le digne rejeton d'un homme aussi
illustre, permettez aux paysants de Béziers de vous souhaiter, à
vous et aux vôtres, autant de prospérité que votre aïeul en a
donné à notre pays.

« Messieurs de la Société dont je ne puis trouver le nom, car
on dirait que vous avez pris à tache de le bien embrouiller, nous
vous remercions de là peine que vous prenez pour faire rendre à
l'immortel Riquet un hommage qui lui était bien dû. N'écoutéz
pas les grogneurs ; allez votre train : vous aurez votre part de
nôtre reconnaissance.

Le soir, à six heures, dans la grande salle de l'ancien évêché, un banquet était offert par les membres du corps municipal et de la société archéologique aux représentants de la famille Riquet, à tous les hauts fonctionnaires, à l'Etat-Major de la garnison et aux deux orateurs de la classe ouvrière. Comme milieu de table figurait la colonne de Naurouse, exécutée en sucrerie et imitant exactement celle que la famille Caraman avait fait élever en l'honneur de son illustre aïeul.

Un concert et un bal, à l'Hôtel-de-Ville, couronnèrent cette fête qui avait attiré à Béziers un concours extraordinaire d'étrangers.

XXXIII.

Bien que le décret du 23 prairial an XII, qui forme toute la nouvelle législation des cimetières, comptât plus de trente ans d'existence, aucune administration municipale n'avait songé à user de la faculté donnée aux communes par les articles 10 et 11 de ce décret de faire des concessions de terrains aux particuliers et de créer ainsi une nouvelle source de revenus. M. Vidal fut le premier Maire qui appela sur ce point l'attention de son Conseil.

« Depuis que le cimetière a été agrandi, lui dit-il, dans la séance du 1er novembre 1836, bon nombre de personnes m'ont exprimé le désir d'y posséder une place distincte et séparée pour y fonder leur sépulture et celle de leurs parents et successeurs, y construire des caveaux, monuments et tombeaux, ou conserver à perpétuité ceux qui y ont été établis par tolérance.

« Je mets sous les yeux du Conseil le plan du cimetière duquel il resulte que, déduction faite du terrain nécessaire pour les allées et de celui qn'on pourrait aliéner, 12,128 mètres seront consacrés à la sépulture commune, étendue huit foiset demie au moins plus

considérable que l'espace nécessaire pour y déposer le nombre
présumé de cadavres qui peuvent être inhumés chaque année, en
sorte qu'il peut être permis de céder aux particuliers le surplus
du terrain situé au pourtour du cimetière, ainsi que le long des
allées sur une largeur de trois mètres.

« Le Conseil municipal,

« Vu le décret du 23 prairial an XII,

« Vu le plan du cimetière de la ville,

« Délibère qu'il y a lieu de demander l'autorisation de faire
des concessions de terrain aux particuliers qui le désireront, à la
charge par eux de payer la somme de 80 francs pour chaque mètre
carré, dont 60 francs reversibles à la commune et 20 francs à
l'hospice ou au bureau de bienfaisance, au choix du concession-
naire, lesdits terrains à prendre le long des allées sur une largeur
de trois mètres, ou au pourtour du cimetière, marqué au plan par
une teinte rouge. »

XXXIV.

Il n'existait, en 1856, à Béziers, qu'un pont unique
pour le passage de la rivière d'Orb. Ce pont, qui subsiste
encore et qui porte les marques de l'élargissement qu'il
a subi, était insuffisant pour la circulation qui se produit sur la route nationale n° 109 de Paris à Perpignan
et avait été le théâtre d'accidents nombreux et souvent
sinistres. Il fallait ou l'élargir pour la seconde fois, ou
le remplacer par un pont plus large, avec trottoirs. Mais
les députés de Béziers, bien que tous en crédit par suite
de leurs votes toujours favorables au gouvernement, depuis le rétablissement de la représentation nationale,
s'étaient mis peu en souci des plaintes et des aspirations
de leurs commettants à cet endroit. Le hasard fit ce que
le seul sentiment d'humanité et un peu de patriotisme

de clocher eussent dû faire. Dans un des fréquents passages à Béziers du maréchal Soult, alors ministre de la guerre, pour se rendre, de son château de St-Amans (Soult-Berg), à Paris, sa chaise de poste fut accrochée à une borne de l'intérieur de notre pont. Grand émoi du maréchal qui put croire un instant à un danger car les eaux de l'Orb, grossies par des pluies récentes, couvraient en partie les arches de ce pont.

Cet accident, heureusement sans gravité, n'en impressionna pas moins le maréchal qui engagea le maître de poste de notre ville à adresser au gouvernement une pétition pour obtenir un nouveau pont et promit gracieusement d'appuyer sa demande.

Le conseil fut immédiatement suivi par M. Bernard Jany dont la pétition, adressée le 14 novembre 1836 à M. le Ministre du Commerce et des travaux publics, ne séjourna pas longtemps, dans les cartons de ce ministère. Transmise immédiatement au préfet de l'Hérault, elle fut l'objet d'un arrêté en date du 10 décembre qui ordonne, *avant dire droit*, qu'elle soit communiquée au Conseil municipal de Béziers avec mandat de fournir ses observations et de donner son avis.

Extraordinairement convoqué le 25 décembre 1836, ce Conseil formula son avis de la manière suivante :

« Considérant que le pont dont il s'agit est beaucoup trop étroit; qu'il dépare la route royale dont il fait partie et qu'il n'est pas rare que les passants y éprouvent des accidents funestes ;

« Qu'il est étonnant, vu la largeur qu'on ne cesse de donner aux routes royales, pour subvenir aux besoins toujours croissants du commerce et de la circulation, qu'on ait si longtemps laissé subsister un pont qui étrangle, pour ainsi dire, les communications dans un point du Midi de la France où elles sont si actives.

« Que le gouvernement, qui a fait construire à Pézénas, sur la rivière de Peyne, un pont qui était beaucoup moins nécessaire, a trop de justice et d'humanité pour laisser les habitants de Béziers plus longtemps exposés aux dangers que leur font courir les charrettes de roulage, les diligences et les voitures de voyage de toutes espèces qui encombrent sans cesse le pont actuel;

« Qu'il est urgent que ce pont, qui ne pourrait suffire aux besoins de la localité, soit remplacé par un pont en harmonie avec les besoins généraux; et qu'il y a lieu d'espérer que le gouvernement exaucera le vœu qu'émet à cet égard, chaque année, le Conseil général du département;

« Adopte unanimement les conclusions de la pétition de M. Jany et se joint au pétitionnaire pour supplier le gouvernement d'y faire droit. »

A voir la célérité avec laquelle s'engageait la question, on eût cru à une solution prochaine. Elle se fit longtemps attendre et ce ne fut, comme on le verra plus tard, que, grâce à l'intervention énergique et puissante d'un de nos députés qu'on obtint en 1841 le magnifique pont qu'on admire aujourd'hui et dont l'exécution fait honneur à M. l'ingénieur Jansolin.

Le budget, pour l'année 1837, est fixé :

En recette à la somme de . . . . . . 244,453 f. 99
En dépense à la somme de 241,527   38

D'où résulte un excédent de recettes de. 2,926   61

On doit attribuer le mouvement ascensionnel, qui se remarque dans les recettes, au chiffre de 170,000 francs auquel est élevé le produit brut présumé de l'octroi que le conseil suppose devoir être régi par la ville, car il ne pouvait compter sur un renouvellement de la ferme, le gouvernement n'ayant pas approuvé les nouveaux règlements et tarifs, votés durant l'exercice de l'année 1836.

Les craintes manifestées par le Conseil ne se réalisè-
rent point. Une lettre du Sous-Préfet en date du 6 février
1837 et qui lui fut communiquée dans la séance du 10
de ce mois, portait ampliation d'une ordonnance royale
du 10 janvier précédent qui approuvait les modifications
apportées au réglement et tarif de notre octroi. Satisfait
de cette approbation et persistant dans ses préférences
pour le mode de la ferme, le Conseil, dans la même séance
délibéra qu'il y avait lieu de consentir un nouveau bail
pour une période de 3 ans et demi et d'ouvrir les enchères sur une mise à prix de cent trente six mille
francs.

XXXV.

Béziers était alors et depuis longtemps en possession
d'une garnison de cavalerie et avait affermé à grands frais
(3,000 fr.) un champ de manœuvre, situé sur la rive
gauche de l'Orb et dépendant du domaine de Pécoucut,
propriété de M. Bonnet, aujourd'hui Viennet. Le 12e régiment de chasseurs, qui composait cette garnison, reçut
le 14 avril, une destination nouvelle et le gouvernement
ne songeait pas à lui donner un remplaçant.

Le Conseil municipal s'émut de ce cet abandon dont
la cause restait inconnue et s'empressa, dans la séance
du 7 mai suivant, de delibérer une pétition au ministre
de la guerre. Dans cette pétition, il s'étonne d'abord
que le gouvernement supprime la garnison au moment
où il vient de faire construire à grands frais une infirmerie pour les chevaux et où la ville, de son côté, vient de
se livrer à une grande dépense soit pour approprier la ca-

serne, soit pour y établir des abreuvoirs alimentés par l'eau de la machine Cordier à l'aide d'une canalisation spéciale. Comme derniére considération, il fait remarquer que le présence d'une garnison est une garantie d'ordre et de sécurité pour les administrateurs et pour les administrés.

Quelques puissants que fussent ces motifs, ils n'obtinrent pas un succès immédiat. Nous dirons plus tard l'époque à laquelle la garnison nous fut rendue.

Dans cette même session de mai, le Conseil reçut l'offre de M. Henri de Dulac de céder à la ville un passage qu'il venait d'ouvrir à travers sa maison du plan du Capus. Il y avait sans doute avantage à mettre en communication directe le quartier St-Nazaire avec la place St-Félix; mais cette acquisition entraînait la commune dans une dépense considérable devant laquelle le Conseil recula.

La session de mai se termine par la nomination d'une commission chargée de l'examen des comptes du maire. La présidence de cette commission est dévolue à M. Arbieu, ex-notaire.

A partir de ce jour, 13 mai 1837, se produit une lacune regrettable dans les registres du conseil municipal. On remarque, à la fin du 1er registre de cette année, sept feuilles de papier blanc, vierges de toute écriture. Ce n'est que à la date du 1er août que l'on retrouve, sur un registre nouveau, la suite des délibérations des représentants de la commune.

On explique cette lacune par l'incident de la démission du maire, qui fit un certain bruit dans la cité.

Le Gouvernement ne pourvut pas de suite à son remplacement, car le mois de juin où se produisait cette démission était l'époque à laquelle expirait le mandat de

la moitié des membres du Conseil municipal et où il fallait procéder à de nouvelles élections (Art. 17 de la loi
du 21 mars 1831.) Ces élections eurent lieu dans les
journées des 11, 12, 13, 14, 15, 17 et 19 juin. Leur
résultat fut la confirmation dans leur mandat de six des
conseillers sortants et le remplacement des sept autres par
des hommes nouveaux.

Voici les noms des élus dans l'ordre des suffrages obtenus par chacun d'eux.

MM.

Heirisson Louis, anc. nég.
Gast Louis, march. mercier.
Donnadieu, notaire.
Arbieu, ancien notaire.
Bertrand, des Balances.
Maurel, avoué.
Fuzier, imprimeur.
Vidal Octavien, anc. maire.
Coste Frédéric, avoué.
Bernard André, pharmacien.
Glouteau père, ex-adjoint.
Fabrégat Auguste, avocat.
Reboul, ancien député.
Chavernac, médecin.

MM.

Baluffe, négociant.
Gimié, médecin.
Blanc, avoué.
Lagarrigue Victor, banquier.
Rocagel, courtier.
Arbieu Laurent, propriétaire.
Bourbon, négociant.
Bertrand Antoine, négociant.
Perréal, médecin.
Azaïs Jacques, avocat.
Debès Ferdinand, anc. nég.
Bourguet, médecin.
Abbal, avocat.

Bien que démissionnaire, M. Vidal, privé d'adjoints,
depuis longtemps, resta, comme c'était son devoir, à la
tête de l'administration, jusqu'à la validation des élections
qui venaient de s'accomplir. Mais après avoir, dans la séance
du 1er août 1837, procédé à l'installation des conseillers
nouvellement élus, il déclara persister dans la démission
qu'il avait déjà donnée et se retira.

Il fallut d'urgence, pourvoir à la vacance des fonctions
municipales. La loi de 1831 (art. 5) appelait à ces fonc-

tions le premier couseiller dans l'ordre du tableau. Celui-ci, (M. Heirisson) qui réunissait toutes les conditions de capacité et d'honorabilité, déclina, par modestie, l'honneur qui lui était dévolu par la loi, et de crainte de se trouver en butte aux sollicitations pressantes de ses collègues, ce qui n'eut pas manqué d'arriver, il ne se rendit pas à la séance, où, toute la population savait que devait s'agiter la question de la succession du maire.

Cette absence constatée, et les motifs du refus du 1er conseiller connus, le 2e conseiller fut invité à prendre le fauteuil de la présidence.

7me MAIRE

M. GAST (Louis).

Faisant fonction de Maire,

1er Août 1837 — 4 Août 1939.

L'intelligence et le dévouement de M. Gast étaient à la hauteur du mandat dont l'investissait la loi et qu'il devait à un titre plus précieux encore, au rang qu'il occupait dans le tableau des suffrages émis par ses concitoyens.

Le premier objet dont le maire intérimaire eût à entretenir le Conseil, fut une demande de l'intendance militaire. La ville privée depuis quelque temps de garnison, le champ de manœuvre devenait complètement inutile et pouvait donner lieu à une sous-location. L'administration de la guerre, se préoccupant de cette situation, fit demander par un sous-intendant qu'on additionnât au bail à ferme existant une clause ayant pour but de lui faire, en cas de sous bail, concéder les cinq douzièmes du prix alloué à la caisse communale par le gouvernement.

Le Conseil résista à cette prétention par les motifs suivants :

« Considérant que si l'administration de la guerre n'a point, lors des susdites conventions, stipulé en sa faveur les réserves qu'elle réclame aujourd'hui, on doit en conclure qu'il avait été entendu que dans le cas éventuel du retrait de la garnison, la ville profiterait, à titre de dédommagement, des revenus que pourrait produire le terrain abandonné;

« Considérant d'ailleurs que la ville ne peut se bercer de l'espoir d'un revenu quelconque à retirer d'un terrain tassé, pendant deux années, par le piétinement des chevaux et qui ne pourrait être remis en culture qu'après des travaux longs et dispendieux;

« Considérant enfin qu'il y aurait plus qu'imprudence de la part de la ville à sous-affermer ce terrain, le retour d'une garnison pouvant se produire d'un instant à l'autre, et l'exposant à une action en dommages de la part du fermier évincé ;

« Délibère à l'unanimité qu'il y a lieu de repousser la demande l'administration de la guerre. »

Appelé pour la première fois à former le budget de la ville et désirant imprimer aux recettes un mouvement ascensionnel, M. Gast proposa de remanier le tarif de l'octroi. A une commission fut dévolu le soin de rechercher les objets non encore assujettis, en même temps que l'augmentation à faire subir à ceux déjà tarifiés. Par ce remaniement, on imposa, pour la première fois, certains comestibles de luxe : le gibier, les truffes noires ; dans la classe des combustibles, les bougies et cierges ; dans celle des matériaux, les marbres de toute espèce, les bois d'ébénisterie; dans celle des liquides, les bières et cidres venant de l'extérieur. Le chiffre présumé des recettes à réaliser fut porté à vingt-quatre mille francs..

Au nombre des améliorations de la viabilité intérieure, portées au plan d'alignement par M. Lemasson, il en était une dont la population de la ville et de l'arrondissement souhaitait la réalisation : le dégagement du coq d'Inde au point de rencontre des rues de la Citadelle, de la Vache, de la Font-du-maine et de la Rôtisserie. On doit savoir gré à M. Gast d'avoir, dans la séance du 1er novem- 1837, proposé et obtenu une délibération tendant à l'acquisition et à la démolition de la maison Bringuier, plus tard Audouy, dont la présence sur ce carrefour était un obstacle permanent à la circulation des voitures et une cause continuelle de danger pour les piétons. Toute utile toute populaire que fut cette résolution, elle resta sans effet par suite d'un revirement d'opinion qui se produisit subitement dans les rangs du Conseil municipal. Ce n'est que vingt ans plus tard que la population a pu applaudir au dégagement de la place du coq d'Inde.

Le budget pour l'année 1838 présente en recettes ordinaires et extraordinaires le chiffre de.   207,342 f. 14

En dépenses ordinaires et extraordinaires, celui de. . , ...   196,729   80

Résultat en excédant .   10,612   34

On trouve dans ce budget que le produit présumé de l'octroi, en régie, est porté à 174,000 fr. chiffre supérieur à celui de l'année précédente à cause des espérances d'augmentation de recettes, fondées sur le remaniement du tarif.

II.

Au commencement de l'année 1838, M. Gast fut appelé à présenter au Conseil municipal un projet important à divers points de vue : un projet d'édification d'une salle de spectacle.

Durant le cours des XVIe et XVIIe siècles, les jeux scéniques, on le sait, avaient été en grand honneur à Béziers. On y représentait, tous les ans, le jour de l'Ascension, sur des tréteaux, dressés en plein air, sur la place de l'Hôtel-de-Ville, des pièces *historiées,* qui sont parvenues jusqu'à nous sous le nom de *théâtre de Béziers.* (1) Ces représentations, à ciel ouvert, étaient indépendantes d'un autre genre de spectacle donné par des troupes ambulantes qui s'abritaient alternativement dans la salle du jeu de Paume et dans la grande salle de l'Hôtel-de-Ville que MM. les maires, les lieutenants de maires et les consuls mettaient gracieusement à la disposition des directeurs. Il est probable que c'est dans une de ces salles que Molière, durant son excursion en province et son séjour à Béziers, installa sa troupe de comédie. On sait que le prince de Conti, gouverneur du Languedoc, qui tenait alors les Etats dans notre ville, fit à son camarade de collége l'accueil le plus bienveillant et que c'est sur notre théâtre que se donna, en l'année 1656, la première représentation du *dépit amoureux.*

Plus d'un siècle après ce mémorable événement, on lit dans les archives de l'Hôtel-de-Ville que, en 1788, un sieur Sabatier, par amour de l'art ou par spéculation, offrit au maire, aux consuls et à la communauté « de faire construire, à ses frais, dans un quartier central « et sur un sol dont lui et ses ayant cause auraient la « propriété, une salle de comédie à deux rangs de lo-

---

(1) Le recueil de ces pièces, devenu fort rare, a été réédité dans le bulletin de notre Société archéologique et ne forme pas moins d'un fort volume in 8o.

« ges, avec décorations variées et tous les accessoires
« convenables. » Il mettait pour condition à son entreprise « de percevoir une rétribution de 12 livres, par
« représentation, des directeurs de troupes dramatiques;
« de 18 livres, pour chaque bal public et de 2 livres
« pour tous les spectacles de bêtes féroces, d'individus
« extraordinaires et autres objets curieux. »

Cette offre fut acceptée et le Conseil invita le maire et
les consuls à se pourvoir devant monseigneur l'Intendant
de Languedoc pour le supplier de faire les diligences
convenables afin d'obtenir un arrêt du Conseil du roi qui
accordât le privilège sollicité par le sieur Sabatier. Durant
le cours de ces démarches officielles et avant qu'elles eussent abouti, éclata la révolution de 1789. Le drame,
tombé dans la rue, n'avait plus besoin d'une enceinte
pour exciter des émotions.

Lorsque, après la suppression des communautés religieuses, qui étaient au nombre de douze dans notre
ville, la loi du 12 août 1792 eût ordonné la mise en
vente des locaux occupés par ces communautés, un
spéculateur acquit de la nation l'immense couvent des
moines de St-Augustin et eût la bizarre et peu religieuse pensée de transformer le réfectoire de ce
couvent en salle de spectacle. Cette transformation
fut opérée avec tant de parcimonie que l'on conserva à l'ancien local la forme oblongue, attestant sa
destination primitive. On se borna à flanquer les deux
parties latérales de deux galeries superposées, sans se
mettre aucunement en peine de s'assurer si l'œil des
spectateurs pourrait ou non plonger sur la scène. Du
reste, nul souci des exigences de l'art dramatique, pas
plus que des garanties de sécurité publique. Au lieu
d'isoler la salle on la laissa adossée à un amas de maisons,

formant le centre d'un quartier populeux sillonné par des rues étroites, tortueuses, inaccessibles aux voitures. Le public y entrait par une porte unique, ouvrant sur une allée étroite au bout de laquelle se dressait un escalier très raide, conduisant aux divers étages. Quatre caveaux décorés du nom pompeux de *loges des acteurs*, servaient de boudoir commun aux artistes des deux sexes. La lumière de la rampe était fixe et ne se prêtait à aucun effet de nuit. Point de matériel de machines, quelques décors accusant la brosse d'un peintre d'enseignes. Nul doute que le spirituel auteur du *Bénéficiaire*, s'il eut connu l'intérieur et l'extérieur de cette salle, n'eut fait tomber sur elle plutôt que sur les *Frises du théâtre de Pézenas* les plaisanteries de l'*essoufflé*. Remarquons toutefois que si elle trouva grâce devant la verve des vaudevilistes, elle fut plus d'une fois en butte aux sarcasmes des petits journaux de Paris dans lesquels on la comparait à une grange alsacienne.

Malgré son insuffisance et sa défectuosité primitives, cette salle fut seule affectée aux représentations scéniques, depuis l'avènemunt de la première République jusqu'aux deux tiers du règne de Louis-Philippe. Durant son existence de plus d'un demi-siècle et à l'état de monument presque archéologique, elle vit représenter dans son enceinte les chefs d'œuvre de l'art lyrique et dramatique et applaudir les artistes les plus éminents. Son plus beau titre de gloire fut le passage de Talma en 1817. Le grand tragédien y joua *Britannicus Hamlet et Manlius*. Les contemporains racontent que la représentation d'*Hamlet* fut troublée par un incident assez bizarre. Au moment du célèbre monologue du fils exhalant sa douleur sur les cendres de son père, l'urne funéraire, mal assurée sur une table vermoulue, se

rènverse, roule, et se brise. A cette vue, les rires sé mêlent aux larmes des spectateurs : Talma rentre furieux
dáns la coulisse, jurant qu'il ne reparaîtra pas en scène;
il ne fallut rien moins que les supplications respectueuses du public et l'intervention gracieuse du maire pour
lui faire reprendre la pièce.

Un dédommagement du meilleur goût fut ménagé le
lendemain au grand artiste par le public biterrois. La
représentation de *Manlius* donna lieu à une véritable ovation qui eût pour couronnement la lecture d'un quatrain
improvisé par un jeune poète :

> O sublime Talma! si le peuple romain
> Du vaillant Manlius t'eut vu jouer le rôle,
> Au lieu de te jeter du roc Tarpéïen,
> Ils t'aurait triomphant conduit au Capitole.

III.

La génération contemporaine serait peut-être encore
réduite à cette modeste salle, illustrée par les noms des
grands chanteurs et des grands tragédiens, qui y marquèrent leur passage, sans l'événement d'un grave
procès dont nous devons lui révéler la cause, les péri-
péties et le dénouement.

Les héritiers du fondateur de cette salle étaient en
possession d'un véritable monopole. N'ayant à redouter
aucune concurrence, ils élevaient leurs exigences pour
le prix de location à mesure qu'ils voyaient se développer le goût des biterrois pour le théâtre. Le moyen
pour un directeur de troupe d'arrondissement, arrivant
avec un personnel d'artistes, engagés sur la foi d'un
privilége ministériel, de se soustraire à ces exigences!

Il les subissait, tout en criant à l'arbitraire , à l'injustice ! Il advint un jour que le Conseil municipal eût
l'ambition de se donner une troupe sédentaire et un
biterrois pour directeur. Celui-ci trouva exorbitant
le prix de location, élevé par degré au chiffre énorme
de 4,856 fr. pour une durée de six à sept mois environ.
Il fit une offre inférieure, qui fut refusée. De là un
conflit qu'on déféra à la justice.

Après un débat solennel, le Tribunal civil de Béziers,
présidé par M. Alzieu, rendit à la date du 1er août 1837,
le remarquable jugement qu'on va lire (1).

« Attendu que si la propriété est inviolable, si le droit qu'elle
donne amène comme une de ses conséquences la plus essentielle
et la moins douteuse celui d'administrer, par soi-même, ou par
des agents, avec une liberté pleine et entière, de consentir ou de
refuser des baux à loyer ou à ferme, de régler arbitrairement
le prix et les conditions de ces baux, ce droit de la propriété,
droit absolu que les juris-consultes ont défini un droit d'usage
et d'abus, a dû recevoir et a reçu des modifications nombreuses
dans les rapports avec l'intérêt général et celui de certaines
industries, comme en matière de mines, de grande et de petite
voirie, de cours d'eau, d'usines, de logements militaires et
autres ;

« Attendu qu'au nombre de ces modifications qu'il a été indispensable d'introduire et qui ont dû faire fléchir le principe du
droit de propriété sous les conditions, qui le délimitent et le res-
treignent, se trouve celle qui, tout en accordant un droit de
monopole et de privilége aux propriétaires des théâtres dans les
villes de deuxième ordre, limite leurs droits de propriété pri-

(1) Voir la Gazette des Tribunaux du 15 Août 1837, qui reproduit ce jugement, ainsi
que le résumé des plaidoiries de Me Mirepoix père, pour les propriétaires de la Salle
et de Me A. Fabregat pour le directeur.

vilégiée sur divers points, et en particulier sur celui de la location de leurs salles;

« Attendu qu'en effet et relativement à ces locations dont il s'agit au procès, les réglements spéciaux qui régissent la matière, réglements qui ne sont que des mesures de haute administration, et dont l'exécution ne saurait être dès-lors contestée, en prohibant d'une part l'existence de plus d'un théâtre, dans les villes susdites (décret du 8 juin 1806, art. 7), en ne permettant, d'autre part, l'exploitation de ces théâtres qu'à des directeurs privilégiés (ord. de 1824, art. 2), en contraignant ainsi les propriétaires à ne traiter qu'avec les directeurs, et ces derniers à ne traiter qu'avec les propriétaires des salles, ont forcément introduit contre ces propriétaires : premièrement, modification à leur droit de traiter pour leur location avec qui bon leur semble, puisqu'ils ne peuvent bailler à d'autres qu'aux directeurs nommés ; deuxièmement et par une conséquence nécessaire, modification à leur droit d'imposer toutes les conditions qu'ils peuvent juger convenables, puisque ces conditions, si elles devenaient onéreuses et abusives, pourraient priver le directeur de l'utilité du titre qu'il a obtenu et qui n'a pas moins de force que le leur même, s'agissant de privilége de part et d'autre ; troisièmement enfin, nécessité de l'intervention des Tribunaux lorsque les parties qui sont obligées de traiter entre elles, par le résultat de leur position forcée, n'ont pu amiablement s'entendre.

« Attendu que si ces modifications au droit des propriétaires de théâtres, et notamment celle qui rend nécessaire l'intervention des Tribunaux pour les difficultés relatives aux locations, ne sont pas textuellement écrites dans les réglements sus-mentionnés, elles n'en existent pas moins et n'ont pas moins d'autorité et de force que si elles étaient formulées d'une manière sûre et précise, puisque ces réglements, tous compétemment rendus, ainsi qu'il vient d'être dit, ne sauraient exister sans elles; qu'elles en sont une conséquence forcée et directe; que tous réglements et toutes lois régulièrement établis s'étendent toujours aux conditions indispensables à leur existence, et que dans le cas dont il s'agit, mettre ces modifications en doute serait, contrairement à toutes les notions de justice, dépouiller le gouvernement d'un droit d'administration qui lui appartient, anéantir dans la main des directeurs une commission qui doit être utilisée par eux et faire servir un privilége à la destruction d'un autre privilége, existant au même titre et entouré d'une faveur égale.

« Attendu que loin d'inférer aux propriétaires des théâtres de justes sujets de griefs, cet état de choses, et notamment leur droit de recours aux Tribunaux, leur offre dans leur position donnée, des motifs de sécurité et de garantie, en leur assurant à leur tour, contre les exigences des directeurs, une protection qui peut leur devenir précieuse ; mais qu'en résulta-t-il pour eux, quelque gêne dans l'exercice de leur droit de propriétaire, d'une part ils en trouveraient un large dédommagement dans le privilége qu'ils exercent et qui éloigne d'eux toute concurrence ; d'autre part il y aurait nécessité pour eux à subir les conséquences d'une position exceptionnelle qu'ils se sont faite et dont ils ne sauraient répudier les inconvénients, alors qu'ils en recueillent les avantages ;

« Attendu enfin, d'un côté, que les auteurs qui se sont occupés de la matière, ainsi que l'enseignent Edmond Blanc, Vivien et Dalloz ; de l'autre la jurisprudence ainsi que l'attestent quatre arrêts du Conseil d'Etat, ont hautement reconnu aux Tribunaux ordinaires le droit de régler le prix des baux en cas de discord entre les propriétaires des théâtres et les directeurs.

- « Attendu que l'autorité des Tribunaux sur ce point rentre dans leur droit de pleine attribution, qui embrasse essentiellement toute contestation sur la propriété ou la jouissance d'un immeuble ;

« Par ces motifs, le Tribunal, tenant le discord existant entre les propriétaires et le directeur privilégié du théâtre, ordonne que la location contestée aura lieu, non à l'année, mais par jour de représentation théâtrale ; fixe l'indemnité de cette location à 25 fr. par chaque représentation, les répétitions comprises ;

« Ordonne que les propriétaires seront tenus de délivrer la salle, accessoires et dépendances généralement quelconques, y compris les loges et les baignoires, dans la huitaine de la signification du présent ; ordonne qu'il sera fait, par M. le Juge de paix, le jour de la délivrance, un constat des lieux , machines, décors et matériel ; ordonne l'exécution provisoire du présent jugement, nonobstant appel, et condamne les propriétaires aux dépens. »

Ce jugement fut frappé d'appel par les propriétaires. La Cour de Montpellier se fit le champion du droit de propriété, proclama qu'on n'y pouvait, dans aucun cas, porter atteinte ; partant, qu'il était libre, aux propriétaires de la salle de spectacle de Béziers, de fixer à leur gré le taux de la location.

Dès ce jour, notre ville n'avait plus de théâtre , car l'autorité municipale devenait impuissante à requérir l'ouverture d'une salle dont le propriétaire avait seul le droit de disposer. Cette situation, tout exceptionnelle, inspira à un de nos plus honorables concitoyens (1) la pensée de construire une salle de spectacle par souscription et d'offrir à la ville, sans intérêt, le capital nécessaire à cette construction.

Voici le texte du projet qu'il soumit à l'adhésion des souscripteurs :

1° Une nouvelle salle de spectacle sera construite à Béziers, pour le compte de la ville, à ses frais et sur un terrain communal. Les dépenses de cette construction seront acquittées avec le pro-

---

(1) M. Frédéric Sabuc, ancien négociant, membre de la Société Archéologique et de l'Administration des Hospices, sous-préfet de Béziers, après la révolution de 1830.

duit d'un emprunt, contracté sans intérêt, au profit des actionnaires et remboursable dans l'espace de quarante années, un quarantième tous les ans.

2° L'emprunt est composé de soixante actions classées en actions entières, deux tiers et un tiers d'action. Le montant de cet engagement ne pourra dépasser, en aucun cas, la somme de 2,000 fr. pour l'action entière; les deux tiers et le tiers d'action ne sont aussi engagés, chaque fraction, pour ce qui la concerne, que dans la même proportion.

3° La libération d'une quarantième partie de l'emprunt devant être opérée, chaque année, le Conseil municipal classera, par la voie du sort, l'ordre et la série du remboursement. Cependant les actionnaires pourront, de concert et à l'amiable, demander le placement à la tête de la série des coupons qu'ils désigneront.

4° En dédommagement de l'intérêt auxquels ils renoncent, les souscripteurs se réservent, durant tout le temps qu'ils n'auront pas été remboursés, la jouissance gratuite d'une loge pour chaque action et fraction d'action ; rentrés dans leurs fonds, ils se réservent, tant pour eux que pour leurs héritiers, jusqu'au remboursement intégral, la même jouissance, en continuant à payer au directeur ou à qui de droit, une somme représentant l'intérêt à 5 pour cent pour chaque année de l'action qu'ils avaient souscrite.

5° L'emplacement et la commodité des loges réservées devant être en rapport, autant que possible, avec les trois espèces d'engagements contractés, il est entendu que celles estimées les mieux placées et les plus commodes, appartiendront de droit aux preneurs d'une action entière, et ainsi de suite pour les autres fractions secondaires et tertiaires. Cette réserve des loges est purement restreinte à leur occupation, sans préjudice du droit d'entrée au spectacle, qui appartient exclusivement au directeur.

6° Les souscripteurs, qui se seront engagés, dans la huitaine qui suivra l'émission de l'emprunt, tireront au sort la faculté de choisir leurs loges. Cette opération se renouvellera tous les huit jours pour les actionnaires, jusqu'à ce que l'emprunt soit entièrement rempli (1).

7° Aussitôt que le Conseil municipal aura fait connaître qu'il prend le projet en considération, il sera nommé une Commission, présidée par M. le Maire et composée de huit membres du conseil, joints à un même nombre d'actionnaires choisis par leur coassociés. Cette Commission s'occupera de l'emplacement qu'elle jugera le plus convenable pour la construction de la salle ; elle recevra les plans et devis qui lui seront présentés ; elle désignera ceux qui lui sembleront mériter la préférence et adressera ses décisions au Conseil municipal, pour qu'il prononce et avec prière de solliciter de l'autorité supérieure une prompte solution.

8° Si le projet est approuvé, les entreprises des différents travaux seront mises en adjudication d'après les formes voulues par la loi ; mais le cahier des charges devra exiger que ces travaux s'exécutent d'après les plans et devis adoptés par la Commission et délibérés par le Conseil municipal. La sévère observation des obligations imposées aux entrepreneurs sera conférée à la surveillance de la Commission.

9° A ces conditions, les soussignés s'obligent à verser dans la caisse du Receveur municipal de la ville de Béziers : 1° De suite, un tiers du montant de chaque action souscrite, chacun pour ce qui le concerne ; 2° Le second tiers, un an après ce premier versement ; 3° le dernier tiers lorsque la salle, étant entièrement confectionnée, les travaux auront été définitivement agréés par l'autorité. Chaque versement sera fait sur un reçu délivré à l'actionnaire par le Receveur municipal à ce dûment autorisé. Au dernier versement, les trois récépissés seront convertis en une obligation, consentie par la ville aux conditions et clauses énoncées ci-dessus.

Béziers, le 26 décembre 1837.

---

(1) Cette clause fut modifiée par une délibération des actionnaires, qui décida qu'il n'y aurait qu'un seul tirage au sort et après l'émission de toutes les actions.

Voici la liste des premiers adhérents au projet, ainsi que le nombre et la catégorie des actions pour lesquelles ils souscrivent.

Actions entières.

MM. Sahuc (Frédéric).
    Sicard, père.
    De Nattes (Henry).
    Rouzier, lampiste.
    De Nattes (marquis).
    Guiraud, notaire.
    Lagarrigue (Victor).
    Donadieu de Jessé.
    Salvan (Etienne).
    Tudié du Bosc.
    De Cassagnes, père.
    Sicard (Antonin).
    Lugagne (Frédéric).
    Gauthé, veuve.
    Andrieu-Singla.
    Galabrun (Eugène).

MM. Galabrun (Victor).
    Reboul-Coste.
    Bourbon , négt.
    Pradal, ingénieur.
    Fabre, juge d'instruction
    Coste-Vernazobres.
    De Belloc.
    Martin, notaire.
    Vincentis-Heirisson.
    Flourens, père.
    Chaneau (Etienne).
    Cance (Elisa).
    Crozals, père, négt.
    Fabregat (Auguste).
    Pélissier.
    Daurel, juge.

2/3 d'Actions

MM. De Cassagnes.
    Baluffe-Alauzet.
    Olivier (Joseph).
    Rolland (Eugène).
    De Nattes (Henry).
    Guiraud, notaire.
    Rouzier, lampiste.
    Chaneau (Etienne).
    Rigal , aîné.
    Bouisset (Pascal).
    Chaneau (Etienne).
    Chaneau (Etienne)
    Rigal aîné.

MM. Birot, frères.
    Birot, frères.
    Chaneau (Alexis).
    Roque (Etienne).
    Chaneau (Alexis).
    Combes (Etienne).
    Combes (Etienne).
    Combes (Etienne).
    Roque (Etienne).
    Caillou (Victor).
    Caillou (Victor)
    Chaneau (Alexis).
    Birot, frères.

1/3 d'Actions.

MM. BESSIÈRE.	MM. CHANEAU (Etienne).
DOMERGUE.	RIGAL ainé.
BLANC, avoué.	CAILLOU (Victor).
GAUZY.	RIGAL aîné.
MARTIN (Auguste).	BIROT frères.
BERNARD, de l'Hôtel-Midi	BIROT, frères.
VIGUIER, huissier.	BIROT, frères.
GINIEIS.	CHANEAU (Alexis).
LENTHÉRIC, charron	CHANEAU (Alexis).
BUARD, père.	CHANEAU (Alexis).
AVÉROUS-LENTHÉRIC.	COMBES (Etienne).
ROUZIER, lampiste.	COMBES (Etienne).
CHANEAU (Etienne).	COMBES (Etienne).
CHANEAU (Etienne).	ROQUE (Etienne),

Comme on le voit, en jetant les yeux sur ce tableau, la souscription ne fut pas entièrement couverte. Cinquante actions seulement trouvèrent preneurs, quand il en avait été émis soixante. Croirait-on que *la politique ne fut pas étrangère à l'événement ?* On s'en convaincra par la suite du récit des phases diverses que traversa le projet avant d'entrer dans la période d'exécution.

Si ce premier échec mit la joie au cœur des adversaires du projet, il raviva le zèle des partisans qui le firent présenter au Conseil municipal, dans la séance du 11 février 1838. Sur vingt-un membres présents, quinze votèrent pour la prise en considération et la nomination d'une Commission , chargée de l'étudier au double point de vue des intérêts de la caisse communale et de la population. Cette Commission se mit à l'œuvre et fit, dans la séance du 25 mars suivant, un rapport qui embrasse tous les côtés de la question et répond victorieusement aux attaques dirigées contre le projet par la passion ou l'intérêt personnel. L'étendue de ce document nous détermine à n'en donner qu'une analyse succincte.

Le Rapporteur émet d'abord l'opinion qu'un théâtre est un élément de civilisation et de moralisation ; si, dit-il, vers la fin du 18ᵉ siècle, cette opinion donna lieu à une savante controverse entre deux illustres philosophes, elle est aujourd'hui tenue pour vraie et le législateur prend soin de la proclamer *lorsqu'il exhorte les communes à devenir propriétaires de salles de spectacle, à les abandonner gratuitement aux directeurs, ou à en payer le loyer à la décharge de ceux-ci, quand elles appartiennent à des particuliers* (1).

Puis, abordant l'objection que la salle existante est plus que suffisante, il démontre que cette salle ne remplit ni les conditions légales, ni les conditions exigées par les besoins et les goûts de notre population, encore moins par le développement donné à l'art de la mise en scène. Il ajoute que, à côté de ces motifs, il en est un plus puissant tiré de la situation faite à la ville par la récente décision d'une Cour souveraine ? Nos édiles ne peuvent désormais traiter avec aucun directeur privilégié, puisque les propriétaires de cette salle sont armés du droit d'en refuser la location ou de lui imposer un prix arbitraire et hors de proportion avec le produit des recettes ?

En présence d'une situation aussi anormale et qui équivaut, pour la commune, à une privation complète de salle de spectacle, le Rapporteur démontre la nécessité d'en créer une nouvelle. Cette nécessité démontrée, il fait ressortir les avantages du prêt de cent vingt mille francs, offert sans intérêt à la ville. Au moyen du remboursement annuel d'une somme de trois mille francs, la ville se trouvera n'avoir rien dépensé pour la construction d'un

---

(1) Voir les articles 22, 23 et 24 du règlement sur les Théâtres, en date du 15 mai 1815. — Vivien et Edmond Blanc, législation des théâtres, page 384.

monument dont elle aura joui pendant quarante ans , en même temps que des magasins disposés dans le pourtour. Ce monument restera sa propriété, et contribuera à son embellissement.

Par toutes ces considérations, le Rapporteur conclut à l'adoption du projet et passe à l'examen de la question du choix de l'emplacement du nouveau théâtre.

Deux emplacements, dit-il, se sont offerts à la pensée de la Commission : 1° la Halle au blé ; 2° l'extrémité nord de la Promenade.

En optant pour la place St-Félix , il faut ou enserrer le théâtre dans la Halle au blé, ou le construire en dehors et parallèlement à cette Halle. Dans le premier cas , nécessité d'acquérir, à grands frais, les maisons construites sur le sol des anciennes chapelles de l'Eglise et réparer un des deux arceaux de cette église qui menacent ruine. Autant de dépenses qui absorberont le capital de cent vingt mille francs offert à la ville.

Dans le second cas, on se trouve arrêté par le défaut d'espace·

En effet, entre le parapet qui forme l'enceinte de la place et le mur côté ouest de l'ancienne église, il n'y a qu'un développement de 34 mètres. Si l'on en affecte 8 à 10 à la rue qui doit séparer les deux monuments, il ne reste pas une superficie suffisante pour l'emplacement d'un théâtre. Et puis, dans une ville où les places manquent, ne serait-ce pas méconnaître les lois de l'hygiène et de la salubrité publiques que de restreindre la superficie de celles qui existent ?

Toutes ces considérations, dit le Rapporteur, ont déterminé la Commission à abandonner l'emplacement du quartier St-Félix et à opter pour celui de l'extrémité nord de la Promenade. Les motifs abondent pour justifier ce choix.

D'abord, le nouveau théâtre sera assis sur un terrain communal , et dans les conditions d'isolement qu'exige la loi. Tous ses abords seront aussi faciles pour les voitures que pour les piétons. Il deviendra, en peu de temps, un point central ; la ville,

par sa position topographique, ne pouvant étendre ses constructions qu'au nord est et au sud. Si les oisifs se plaignent qu'on
va diminuer notablement la longueur de la promenade, qu'ils
se rassurent : ce sera un motif de plus pour faire reprendre plus
tôt le projet de prolongement de la promenade du fer à cheval
jusqu'au plateau des poëtes.

Sous l'impression de ce rapport, qui met si bien en
relief les défectuosités de la vieille salle, son insuffisance, et les inconvénients attachés à sa nature de propriété privée, en même temps que les avantages qu'assure
à la ville dans le présent et dans l'avenir, le prêt offert
sans intérêt d'une somme destinée à la construction d'un
nouveau théâtre, le Conseil municipal n'hésita pas à
prendre une délibération dont les considérants ne sont
que le résumé des arguments développés dans le rapport
et dont il suffit de donner le dispositif.

1° Une nouvelle salle de spectacle sera construite à Béziers
pour le compte et par les soins de la ville, sur un terrain communal, désigné à l'extrémité nord de l'Esplanade, au moyen
d'un emprunt qui ne pourra excéder cent vingt mille francs,
contracté sans intérêt au profit des actionnaires ; « à charge de
« remboursement dans l'espace de quarante années, un qua-
« rantième tous les ans et aux autres conditions ramenées dans
« l'acte de soumission ci-dessus énoncé et déposé dans les mi-
« nutes de la Mairie.

« 2° M. le Ministre de l'Intérieur sera prié de provoquer,
« dans la session actuelle, une loi qui autorise la ville de Béziers
« à contracter l'emprunt dont il s'agit, loi dont une consé-
« quence nécessaire sera que le Conseil municipal devra com-
« prendre, tous les ans, parmi les dépenses obligatoires, une
« somme de trois mille francs au moins, jusqu'à parfait rem-
« boursement de l'emprunt ;

« 3° M. le Ministre sera également prié de se concerter avec

« son Collègue des travaux publics pour que , lors de la présen-
« tation de la loi, ils fassent connaître au Roi et aux Chambres
« que le Ministre compétent est disposé à approuver la cons-
« truction après que l'emprunt aura été autorisé (induction
« tirée de la circulaire du Ministre de l'Intérieur, du 7 août
« 1837, relative à l'exécution de la loi sur l'Administration
« municipale).

« 4° M. le Maire est invité à se pourvoir, dans un bref délai,
« devant qui de droit, pour obtenir de l'École Royale d'archi-
« tecture les plan, projets et devis relatifs à ladite construction,
« dont la dépense ne doit pas dépasser le chiffre de cent vingt
« mille francs, et à faire toutes les diligences nécessaires pour
« l'exécution de la présente délibération

« Étaient présents : MM. Louis Gast , président ; Coste
« (Frédéric), secrétaire , Debès, Arbieu, ex-notaire, Rocagel,
« Abbal , Baluffe, Bourguet, Auguste Fabregat, Blanc, Per-
« réal, Chavernac, Azaïs, Lagarrigue , Gimié, Bertrand aîné,
« Bertrand fils , Arbieu (Laurent), Glouteau , Bernard et
« Maurel , qui ont signé au registre après lecture faite.

Tandis que le Maire venait de recevoir du Conseil municipal
mandat de s'adresser à l'École Royale d'architecture pour obtenir un plan du nouveau théâtre, un heureux hasard présida au
choix de l'architecte.

David d'Augers, convié à la fête de l'inauguration de la statue
de Riquet, l'un de ses chefs-d'œuvre, apprit, pendant son séjour
à Béziers, qu'on se proposait de construire un nouveau théâtre.
Il indiqua, comme digne de la confiance de la ville, l'architecte
Isabelle, son ami, qui s'était déjà fait un nom par le plan du magnifique hôtel de la Douane de Rouen. Un tel patronnage ne
permit pas même l'hésitation. La Commission, d'une voix unanime, demanda à Isabelle un plan pour notre théâtre.

Les fonds votés, l'Architecte choisi, il semblait que la construction du monument devait être prochaine, et qu'il serait donné

à l'administration de M. Gast, qui prêtait à la Commission théâtrale un concours si dévoué, de présider à son inauguration. Hélas ! l'enfantement de notre théâtre devait encore passer par de rudes épreuves, et voir la chute de plus d'un administrateur.

IV.

Depuis que la vente et la démolition des remparts étaient en cours d'exécution, la ville se trouvait ouverte presque sur tous les points. Aussi, voyait-on se produire, sur une vaste échelle, l'introduction en fraude des objets soumis à l'octroi. Il fallut fatalement augmenter le personnel des préposés. Le Conseil municipal n'hésita pas à porter à vingt mille francs le chiffre destiné au traitement de ce personnel. Mais, contradiction singulière ! Dans la même séance où il reconnait la nécessité d'élever les frais de perception, le Conseil se soumet à une réduction des recettes. En effet, prenant en considération une pétition des maîtres et ouvriers tonneliers, qui réclament l'exemption de tout droit d'octroi, en faveur des douelles et cerceaux servant à la confection des futailles, il rapporte, sans rien préjuger pour l'avenir, la délibération qui frappait ces divers articles.

Avant l'établissement des machines Cordier, les fontaines de la ville étaient, on le sait, alimentées par l'eau du Pech de Baume, amenée par des conduites en poterie qui, aux abords du quartier St-Aphrodise, reposaient sur une ligne d'arceaux à plein cintre, en pierre de taille, connus sous le nom de *Portanelles*. Les habitants de ce quartier demandèrent, dans l'intérêt de l'agriculture et de l'amélioration de la viabilité, la suppression de ces arceaux, qui existaient depuis l'année 1615. Le Conseil, dans la séance du 15 juillet 1838, accédant à ce vœu, délibéra la démolition demandée et la construction d'un aqueduc souterrain à l'aide des fonds qui proviendraient de la vente des matériaux. Cette vente produisit la somme de 3,853 fr. 26 c.

Le bureau d'octroi, situé à l'entrée du vieux pont sur l'Orb, était la propriété du sieur Jacques Lenthéric, auquel la commune ou le fermier payait une location annuelle de 120 fr. Sur l'offre de ce propriétaire et après estimation faite par l'architecte-voyer, le Conseil municipal en décida l'acquisition, au prix de deux mille francs, dans la séance du 4 août 1838.

Dans le budget voté pour l'année 1838, on avait fixé, par prévision, le produit brut de l'octroi à 174,000 fr., Et le relevé des recettes des mois écoulés depuis le commencement de l'exercice, ne permettait d'espérer, pour l'année entière, qu'un produit de 147 mille francs.

La caisse municipale allait se trouver en présence d'un déficit de plus de vingt-six mille francs. Comment parer à ce déficit? Il n'y avait guère qu'un moyen : recourir à une imposition extraordinaire. C'est ce que fit le Conseil municipal sur la proposition de son Président, dans la séance du 5 août 1838.

Grâce à ce vote de centimes additionnels sur les quatre contributions directes, on put, le lendemain, équilibrer le budget pour l'année 1839. On trouve pour la première fois inscrit dans ce budget un crédit pour l'habillement des agents de police qui, jusque là, n'avaient aucun signe distinctif.

Le chiffre des recettes est fixé à   202,802 fr. 14 c.
Celui des dépenses à   202,251   35

Résultat en excédant. .   550 fr. 79 c.

Par une lettre du Préfet de l'Hérault, en date du 11 septembre 1838, le Conseil municipal fut convoqué extraordinairement à l'effet de délibérer sur la fondation de quelques bourses à la nouvelle école d'arts et métiers que le Gouvernement se proposait de créer et de placer dans le midi de la France, à Montpellier peut-être.

Le Conseil s'empressa de s'associer à la pensée du Gouvernement dans la séance du 23 septembre, et formula ainsi son vote :

« Reconnaissant les avantages qui résulteraient, pour toutes « les villes du département, de l'établissement au chef-lieu d'une « Ecole d'arts et métiers ; mais considérant d'un autre côté l'état « de gêne où se trouve la commune par suite de l'insuffisance « des revenus de l'octroi à laquelle il n'a pu être pourvu que « par une imposition extraordinaire et regrettant de ne pouvoir « s'associer, d'une manière plus efficace, au vœu du Conseil « général et de la ville de Montpellier.

« Vote la fondation d'une bourse entière et de deux demi- « bourses, bien entendu que son vote est subordonné à l'établis- « sement de l'Ecole à Montpellier et à la situation des ressources « de la commune au moment où la dépense devra être portée « au budget. »

Au commencement de l'année 1838, on s'aperçut que les tuyaux en poterie, qui portaient l'eau de la machine Cordier aux fontaines publiques, avaient éprouvé de fortes avaries. Des fuites d'eau étaient signalées surtout dans le parcours du réservoir St-Louis à la fontaine St-Nazaire. On reconnut la nécessité de les remplacer par des tuyaux en fonte. Mais le devis, dressé par M. Colard, architecte, élevant la dépense totale à 12,706 fr. 36, le Conseil municipal recula et se borna, à voter, à titre d'essai, trois mille francs, qui furent employés à la canalisation de la petite artère, comprise entre la place St-Louis et la place St-Nazaire.

M. Cordier, chargé de la fourniture de la fonte, livra, à vingt-deux francs le mètre courant, les tuyaux évalués dans le devis à 27 fr. 89.

Dans la même séance, il fut voté une somme de 15,575 fr. 66 pour réparations reconnues urgentes à la charpente et à la toiture de la Halle-au-Blé.

V.

M. Gast eût la bonne fortune de présider aux fêtes brillantes qui marquèrent l'inauguration du monument Riquet dont la première pierre, on s'en souvient, avait été posée, le 20 septembre 1836, sous l'administration de M. Vidal. Ces fêtes remplirent les journées des 20 et 21 octobre 1838.

La matinée du 20 fut consacrée à un acte religieux. Dans le cortége qui se rendit de l'Hôtel-de-Ville à l'église St-Nazaire, on remarquait M. Floret, préfet de l'Hérault, le Corps municipal, la Société archéologique, l'État-major du 4e régiment de dragons, alors en garnison dans notre ville, M. le duc de Caraman, M. le comte Georges de Caraman, M. le prince de Chimay et son fils, tous membres de la famille de Riquet. Monseigneur Thibault officia et, après la messe, prononça un éloquent discours sur l'objet de la cérémonie. On remarqua surtout dans ses chaleureuses paroles une triste et touchante allusion à la mort du marquis de Caraman pendant l'expédition de Constantine. Le chœur et

19

la nef de l'église étaient combles et depuis longtemps notre antique cathédrale n'avait vu se presser, dans son enceinte, une assemblée aussi imposante et aussi nombreuse.

Dans l'après-midi du même jour, eût lieu à l'Hôtel-de-Ville une fête littéraire. Un double attrait s'attachait à cette réunion extraordinaire : on allait entendre M. le comte Georges de Caraman, nommé membre résidant de la Société archéologique et puis connaître les pièces de poésie française et patoise envoyées au concours en l'honneur de Riquet et du statuaire David. Il circulait aussi mystérieusement, dans la foule, le bruit que le généreux fondateur de ce concours cesserait, ce jour-là, de s'abriter sous le voile de l'anonyme. Les curieux furent frustrés dans leur attente car, bien qu'il se trouvât parmi les spectateurs, il ne jugea pas à propos de se faire connaître. Il se borna à adresser au président de la Société archéologique une lettre qui fut lue au début de la séance. Dans cette lettre, après avoir donné des éloges à cette Société pour le monument élevé à Riquet, *il l'engage à poursuivre son œuvre de reconnaissance et à honorer la mémoire de tous les hommes illustres que Béziers a produits. Il annonce que le statuaire David a déjà pris l'engagement de sculpter en marbre le buste de Vanière; il fonde de nouveaux prix pour être distribués, le jour de l'Ascension de l'année 1839, à la meilleure biographie du père Vanière, de Gaviaux, artiste lyrique et compositeur et de l'un des quarante-sept évêques de Béziers; il termine en décernant une couronne d'acanthe à M. Domairon, auteur de la biographie du coutelier Perret, né à Béziers, le 30 juillet 1730.*

Après cette lecture, M. le comte Georges de Caraman

prit la parole pour remercier la Société archéologique
de l'honneur qu'elle avait bien voulu lui faire en
l'admettant dans son sein. Dans ces remercîments
l'orateur glissa, avec autant d'esprit que d'apropos ,
l'éloge des habitants de Béziers. M. le président Azais,
chargé de répondre au récipiendaire , trouva une expli-
cation assez ingénieuse pour justifier la dérogation faite
aux statuts de la Société par l'admission d'un étranger
dans la classe des membres résidants : *Vous êtes du sang
de Riquet, M. le comte, et à ce titre, vous et les vôtres, serez
toujours des enfants de notre cité*. Puis examinant les titres
de l'élu, il fit ressortir le mérite du *guide du voyageur
sur le canal du Midi*, ouvrage dans lequel M. le comte
de Caraman s'est montré tout à la fois littérateur et ar-
chéologue.

M. Boudard, secrétaire de la Société, fit un rapport
sur la partie du concours relative à l'éloge de David. Le
premier prix fut décerné à M. Constans Dubos, médecin
à Compiègne. Une versification facile, de l'enthousiasme,
de grandes et belles images distinguent l'ode de M.
Dubos dont nous nous bornons à citer le début *pinda-
rique*:

> C'était aux rares jours où l'aigle impériale,
> A regret, suspendait sa marche triomphale.
> A la frise du Louvre un peuple de sculpteurs
> S'empressait ; dans les airs un cri soudain s'élance .
> Ce cri, tous l'ont redit ; un seul, par son silence ,
>   Condamne les acclamateurs.
>
> Allons, enfant, debout ! l'arme des sentinelles
> Résonne et jette aux cieux ses gerbes d'étincelles,
> Que ton marteau s'arrête !... entends-tu les tambours
> Debout ! c'est l'Empereur ! — et l'enfant indocile
> Polit, sourd aux transports de la foule servile,
>   L'acanthe aux gracieux contours.

O David, c'était toi ! de ton échaffaudage
Tu prenais en pitié, courbé sur ton ouvrage,
De leur grand Empereur la vaine majesté.

. . . .

Après ce début, le poète déroule la vie de l'artiste républicain et décrit les chefs-d'œuvre qu'a produits son ciseau. On remarque d'admirables strophes sur le *fronton du Panthéon*, qu'il appelle :

Une œuvre de géant devant qui tout s'efface.

Un rapport en patois sur les pièces de poèsie patoise en l'honneur de Riquet termina la séance. M. Domairon chargé de la difficile tâche de rapporteur, l'accomplit à la plus grande satisfaction de ses nombreux auditeurs, car il sut à la fois exciter leur hilarité et leurs applaudissements. Le fondateur du concours avait voulu que tous les idiomes patois des départements compris entre les rives du Var et les bords de la Gironde fussent appelès à célébrer la gloire de Riquet. Son appel fut largement entendu; mais disons-le à l'honneur de nos poètes locaux, MM. Azaïs (Bruno) de Bèziers et Daveau, coiffeur à Carcassonne, furent proclamés vainqueurs dans ce tournoi littéraire.

La journée du 20 octobre fut couronnée par une représentation théâtrale extraordinaire. M. le docteur Aliès, de Saint-Thibery, avait eu l'heureuse pensée de composer, pour la circonstance, un vaudeville en un acte intitulé : *L'attente ou l'inauguration du Canal du Midi*. L'œuvre se recommandait d'abord par l'apropos du sujet et puis par la manière dont il était traité.

La scène est à Bèziers. M. Durfort, bourgeois de cette ville, a promis de donner sa fille en mariage à M. Ernest de Contigni, futur contrôleur du nouveau Canal; mais les lenteurs apportées à l'inauguration de l'œuvre de Riquet le jettent dans des perplexités et des tribulations incessantes ; il est prêt à opter pour un autre prétendant, M. Lornière, maître de poste, son voisin, et possesseur d'une fortune assez ronde.

Ce changement ne va pas à Mlle Marie Durfort. qui est éprise du futur contrôleur. De là des tiraillements entre la fille et le père auquel M. Lornière à persuadé que la voie d'eau inventée par Riquet ne pourra jamais ni fonctionner ni lutter avec quelque succès contre les voies de terre.

C'est en vain que la jeune fille a gagné à sa cause sa soubrette, qui la plaide chaleureusement auprès de son maître ; tout semble désespéré pour elle quand le bien aimé M. Ernest arrive haletant et s'écrie : *Je viens du Canal ! Déjà sur les bords sont rangés les fontassins de la ville. Le corps des marchands, les corporations des arts et métiers, toute la maison consulaire sont sur le monticule de Fonceranes; les boîtes, les pétards, le canon tout est prêt !*

Et le bateau n'arrive pas, s'écrie Marie !

Oh ! il arrivera, gardez-vous d'en douter, repond Ernest, Rien ne saurait arrêter, entraver sa marche. Tout a été prévu par le puissant génie qui conçut et créa le Canal du Midi. Pourquoi la mort hélas (1) ! lui envia-t-elle son triomphe ! O Riquet ! ô mon maître !

L'émotion déborde chez Ernest et comme inspiré, il chante les couplets suivants :

> Quand tout sourit à ses nobles efforts,
> Quand à sa voix tout s'émeut, tout s'anime,
> Il meurt et laisse aux peuples de ces bords
> L'immense legs de son œuvre sublime.

(1) On sait que Riquet, mort à Toulouse le 1er octobre 1680, ne pût assister à l'inauguration de son Canal, qui n'eût lieu que le 15 mai 1681. (Voir la biographie de Riquet dans le tome Ier des hommes illustres de Béziers.

> Ah ! pour payer ses travaux immortels,
> Lorsqu'en ces lieux le grand homme succombe,
> Rome à sa gloire eût dressé des autels ,
> En France, hélas ! je cherche envain sa tombe (1) !

> Pour te venger, j'évoque l'avenir.
> Je vois déjà, consacrant ta mémoire,
> Dans leurs transports, les peuples te bénir
> Et par leurs chants applaudir à ta gloire.
> La lyre d'or du Barde couronné
> Verse pour toi sa magique harmonie,
> David se lève et le bronze étonné
> Coule vivant sous la main du génie.

Ce chant ramène la confiance dans l'âme de Mlle Marie. De son côté, le maître de poste continue à se flatter que la barque, bien que en vue de Fonceranes, ne pourra pas descendre les écluses. En dépit de ces sinistres prévisions, la descente est opérée et la flottille qui l'accompagne est tout entière réunie dans les eaux du port Notre-Dame.

Le maître de poste est éconduit, Ernest triomphe des hésitations du père Durfort. La foule confond dans ses vivats Riquet, et les membres du cortège officiel qui apparaissent, dans le fond du Théâtre, sur la barque de gala.

Tous les jeunes gens se groupent autour de l'heureux Ernest qui épouse Mlle Durfort et qui traduit sa joie par de nouveaux couplets à la gloire de Riquet :

(1) Ce fut en 1842 seulement que les descendants de Riquet, guidés par la lumière de la tradition orale, découvrirent le véritable lieu où reposait la dépouille de leur illustre aïeul. C'est sous l'un des piliers de la nef de l'église métropolitaine de Saint-Etienne de Toulouse. (Voir la biographie de Paul Riquet, page 131.

1er Couplet

Dans ses rêves brûlants d'où jaillit la pensée
Il disait : Tous mes vœux sont enfin couronnés.
Un fleuve audacieux dont la marche est tracée,
Unira les deux mers sur ces monts étonnés.

Chœur

Noble enfant de Béziers, d'une œuvre sans modèle,
Viens, offre à ton pays le prodige éclatant.
    Courage ! la gloire t'appelle
    Et l'immortalité t'attend.

Nous bornons là nos citations et nous aimons à rappeler que le chant des couplets qui terminent la pièce, électrisa le public au point qu'il mêla sa voix à celle des choristes. On salua le nom de l'auteur par d'unanimes applaudissements et c'était justice, car sous la forme légère du vaudeville, M. Aliés s'était révélé poète et sa poésie était à la hauteur de l'homme et de l'œuvre qu'il avait voulu glorifier.

A la fête, presque toute littéraire du premier jour, succéda le lendemain, la fête populaire, Le son de toutes les cloches et des salves d'artillerie annoncèrent de bonne heure les solennités de la journée. Toutes les avenues de la ville et les rues présentèrent bientôt le spectacle le plus animé. On y voyait entassées des masses de population accourues de tous les points de l'arrondissement et des départements voisins.

A dix heures, le cortège officiel, bien plus nombreux que la veille, se forma à l'"Hôtel-de-Ville et se mit en marche par la rue Française. Il était précédé par le *Chameau*, par toutes les corporations ouvrières, bannière en tête, par la colonne des plâtriers et par l'élégant et gracieux groupe des treilleurs et des treilleuses. La musique de la ville et celle des dragons faisaient entendre alternativement des airs guerriers et nationaux. Descendu par la grande allée de la promenade, le cortège arriva en vue de la statue à travers les flots d'une foule immense. Là se produisit un imposant spectacle. On avait démoli, depuis peu, l'immense rempart qui formait l'enceinte de notre ancienne citadelle. Le sol sur lequel se développait le périmètre de cette forteresse présentait un polygone des plus irréguliers, avec un fort talus produit par un commencement de déblais et inclinant vers l'emplacement du monument qu'on allait inaugurer. Sur ce talus, alors sans limites, car il ne s'élevait encore, sur ses côtés, aucune construction, la foule s'était amoncelée. On eut dit un amphithéâtre romain dans un jour de grande fête.

Sur la promenade basse du fer à cheval, le 4e régiment de dragons se développait en arc de cercle et formait l'enceinte dans laquelle allait s'accomplir la solennité. Le cortège officiel pénétra dans cette enceinte réservée, en passant sous les cerceaux des treilleuses, c'est-à-dire sous une véritable voute de fleurs. Lorsqu'il eût tout entier pris place autour du piédestal, M. Azéma, conservateur des monuments, enleva vivement le voile qui couvrait la statue et un immense cri d'enthousiasme salua l'image de Riquet.

Après quelques instants donnés à l'élan de l'admiration générale, M. le Préfet, se plaçant sur le socle du piédestal du monument, fit entendre les paroles suivantes :

« Les anciens avaient des fêtes publiques instituées dans une hauté pensée morale et politique. Tout dans leurs pompes nationales tendait à développer dans les âmes de nobles sentiments. Alors les services rendus au pays étaient récompensés par des riomphes , par des statues, ou même par des monuments auxquels étaient attachés des noms illustres. Alors aussi la gloire d'un grand citoyen ne laissait point dormir ceux qui se sentaient capables de l'égaler.

« Nos Sociétés modernes ne savent rien pour éveiller le génie , pour encourager le dévouement, pour faire naître ou grandir les vertus publiques. Aussi notre temps est livré aux passions égoïstes. La soif des richesses nous dévore, l'intérêt dessèche les cœurs, le désintéressement passe pour duperie, le dévouement à la chose publique, l'amour de la gloire sont presque ridicules.

« Il en serait autrement si plus souvent une noble pensée réunissait comme aujourd'hui nos populations, si plus souvent était offert aux yeux ce beau spectacle d'un immense concours de peuple entourant des témoignages de sa reconnaissance l'image d'un concitoyen célèbre.

« En érigeant cette statue à l'auteur du Canal des deux Mers, en vengeant son nom de l'oubli où l'avaient laissé nos pères, la Société archéologique de Béziers a fait une belle et utile chose. Qu'elle persévère dans la mission qu'elle s'est donnée d'honorer la mémoire des hommes qui ont illustré ce pays. Cela vaut encore mieux, à mon avis, que de recueillir des médailles, exhumer les ruines des vieux monuments, ou secouer la poussière des chartes communales.

« Dans la science du passé, rien ne peut être plus utile que le culte des grands hommes, que la recherche des pensées qui inspirèrent leur génie, ou des belles qualités qui firent leur force dans les luttes que l'homme a toujours à soutenir pour l'accomplissement de ses travaux. Cette étude n'est plus un simple amusement de l'esprit, elle nourrit l'âme de bons sentiments, elle lui donnes des forces pour remplir ses devoirs, quels qu'ils soient, elle féconde l'avenir par l'influence de glorieux exemples.

« Honneur à cet homme de génie qui, pour réaliser une grande et utile pensée, eut à combattre l'incrédulité ou l'indifférence des esprits faibles, à confondre l'envie, à vaincre la nature et qui sut triompher de tous les obstacles !

« Honneur à Pierre-Paul RIQUET !...

« Puissent les hommages que nous rendons à sa mémoire, éveiller en quelques nobles cœurs, parmi cette population si spirituelle et si vive, l'ambition d'égaler sa gloire !

M. Azaïs, président, s'exprima ainsi :

« Messieurs,

« La Société archéologique s'est acquittée de la noble tâche qu'elle s'était imposée. Un chef-d'œuvre qui suffirait pour immortaliser le ciseau de David, quand même ce grand artiste n'aurait pas d'autres droits à l'immortalité, attestera éternellement la reconnaissance de la ville de Béziers pour celui de ses enfants qui a fait le plus pour sa gloire et sa prospérité.

« Ce monument n'appartient plus à la Société archéologique, elle en abandonne à l'instant même la propriété à ses concitoyens; elle souhaite qu'ils se donnent, pour le conserver, autant de soin qu'elle s'en est donné pour l'ériger.

« Une pensée la dédommage des sacrifices qu'elle a faits, des travaux auxquels elle s'est livrée, même des dégoûts dont elle n'a été que trop abreuvée : c'est que, lorsque le voyageur viendra admirer ce monument de la reconnaissance, ciselé par David, il donnera un souvenir à la Société qui l'érigea.

M. Debés à qui, par modestie ou par déférence, M. Gast avait cédé son droit de parole, dit, au nom du Conseil municipal de la ville de Béziers :

« Messieurs,

« Parmi ces hommes qui ont jeté un si vif éclat sur cette époque brillante de notre histoire, appelée le grand siècle, il en est un que Béziers a vu naître.... Son nom !... l'Europe vous le dirait, si vous aviez pu l'oublier... ses droits à la célébrité !... ils sont écrits autour de vous en caractères indestructibles.

« PIERRE-PAUL RIQUET conçoit un projet empreint de toute la grandeur du temps où il vit ; par la pensée il joint la Méditerranée à l'Océan : sa vie est dès ce moment consacrée à la réalisation de cette œuvre immense qui doit assurer la prospérité de son pays, donner une direction nouvelle au commerce, et contribuer à la gloire de son souverain : en vain la nature veut lui opposer des obstacles qu'elle croit insurmontables ; rien ne saurait ébranler sa volonté fortement arrêtée, détruire sa confiance sans bornes. A sa voix les montagnes s'abaissent, les précipices se comblent, l'onde obéit, et les populations étonnées voient s'ouvrir devant elles une route de géants, tracée par ce puissant génie.

« Donnons, Messieurs, une noble récompense à de si nobles travaux, appelons à notre aide un art sublime et une main habile pour élever au milieu de nous la Statue de ce grand homme. Du haut du monument que nous lui érigeons, RIQUET veillera sur son ouvrage, et inspirera à ses descendants des pensées généreuses qui, leur faisant sacrifier leurs intérêts à l'avantage de tous, les placeront comme lui au rang des bienfaiteurs de nos contrées, et leur mériteront notre reconnaissance.

« Honneur aux RIQUET !... »

Enfin M. Mengault, ingénieur à Cette, au nom de M. Gorse, inspecteur divisionnaire des ponts et chaussées, qui ne put se rendre à la cérémonie, s'avança et après avoir salué la Statue, dit :

« Gloire à RIQUET ! il créa le Canal des deux Mers ;

« Mais en même temps honneur à ses successeurs !

« Non seulement ils continuent d'entretenir ce Canal avec un soin remarquable, mais encore, et depuis 1823 notamment jusques à ce jour ;

« Ils ont obtenu dans le service de la manutention des eaux nourricières une régularité qui assure le maintien constant du niveau de la navigation, lors même des plus fortes crises de sécheresse ;

« Ils ont supprimé les chômages, naguère si multipliés, de la navigation, dans la traversée de la rivière d'Orb.

« Ils ont, en attendant une semblable suppression sur toute l'étendue du Canal, remplacé les chômages annuels par des chômages triennaux ;

« Ils ont créé la traversée constante de l'étang de Thau, en appliquant à cette traversée l'emploi des bateaux à vapeur ;

« Ils ont assigné aux barques de poste portant les voyageurs, et aux bâteaux accélérés qu'ils ont établi pour le transport des marchandises pressées, une marche rapide de nuit comme de jour, et dont l'uniformité garantit la conservation des canaux parcourus entre la Garonne et le Rhône.

« En un mot, les successeurs actuels de RIQUET ont déjà disposé son œuvre de manière à satisfaire, jusques à la limite du possible, à la perfection de la navigation dans le midi de la France.

« Ainsi, gloire à RIQUET ! et honneur à ses successeurs ! »

Ce dernier discours prononcé, on exécuta autour de la statue les gracieuses danses de la colonne et des treilles et l'on entendit la foule confondre dans ses vivats le nom de Riquet et celui de David.

Le souvenir de cette ovation ne s'effaça jamais de la mémoire du grand statuaire (1).

Dans l'après-midi, fut donné le divertissement de Caritach. Comme, cette fois, un même sentiment, celui de la reconnaissance envers un bienfaiteur du

---

(1) Voir la biographie de David, dans le Tome I des hommes illustres de Béziers.

pays, animait tous les cœurs, chaque corporation ouvrière avait tenu non-seulement à suivre les traditions
du passé, mais encore à faire du nouveau. Ainsi, on
vit, sur le char des Tisserands, un ouvrier occupé
à tisser et faire en même temps, par un mécanisme
dont on n'apercevait pas les ressorts, mouvoir un
dévidoir et un tour à filer, fixés sur l'avait-train
de la voiture.

Sur le char des scieurs de long, l'opération du
sciage était exécutée par trois petits automates, articu-
lés et en costume de la profession.

Sur le char des Tonneliers, c'étaient encore des
automates qui fabriquaient une barrique et exécutaient
avec beaucoup de précision les mouvements particuliers à l'art de la tonnellerie.

Les boulangers, du haut de leur char, distribuaient
à la foule de petits pains et d'excellents gâteaux.

Pour la première fois, apparaissait le char des
Typographes. Le divertissement de Caritach remon·
tant à une époque antérieure à la découverte de
l'imprimerie, les ouvriers imprimeurs n'avaient pu
recueillir aucune tradition de leurs devanciers : force
fût d'inventer. Empressons-nous de dire que l'invention fût trouvée ingénieuse et de bon goût. Sur le
char, s'élevait une presse à bras, entourée d'un
matériel de caractères. Tandis qu'un ouvrier, armé
du composteur, se livrait à la composition, un autre
procédait au tirage et de charmantes pièces de vers
en l'honneur de Riquet, de David et du généreux
anonyme étaient instantanément offertes à la foule
ravie.

Le char des Propriétaires n'avait jamais eu un si nombreux et si brillant attelage.

La marche du cortège, qui parcourût la ville dans tous les sens, était fermée par des groupes de jeunes gens et d'officiers de dragons à cheval, précédant et suivant les élégantes voitures découvertes qui contenaient les membres du corps municipal, de la Société archéologique et de la famille Caraman. Jamais le combat des dragées n'avait été aussi animé, jamais les confiseurs n'avaient fait d'aussi abondantes recettes.

Le soir un Banquet fut offert dans la grande salle de l'Évêché par la Société archéologique et par l'élite de la Cité aux descendants de Riquet, à David, au Préfet de l'Hérault et aux étrangers de distinction que la fête avait attirés à Béziers. Le maréchal Soult alors à St-Amans, qui avait reçu une invitation spéciale par quatre délégués de la Société archéologique, s'excusa d'avoir été subitement empêché de tenir sa promesse.

La danse des treilles fût exécutée autour de la table du festin. On illumina, dès l'entrée de la nuit, la statue de Riquet ainsi que tous les édifices publics et privés.

Des bals publics furent ouverts gratuitement à la population et la fête se termina brillamment à l'Hôtel-de-Ville par une soirée à laquelle prirent part plus de deux cents dames.

Le programme de ces fêtes avait été concerté entre la Commission de la Société archéologique et le Maire, M. Gast. Le public rendit aux auteurs l'hommage qui leur était dû, en applaudissant au bon goût qui avait présidé à son élaboration et à l'ordre parfait qui avait régné durant son exécution.

VI.

Une ordonnance de Louis Philippe, en date du 28 janvier 1839, vint appeler les colléges communaux à une vie nouvelle. Elle divisait ces établissements en deux classes. Ceux de première classè devaient avoir, quant aux études, une organisation entièrement conforme à celle des Colléges royaux, et partant, être pourvus de professeurs pris dans les rangs des agrégés de l'Université. Mais pour élever leurs colléges communaux à la première classe, les villes devaient assurer aux professeurs un traitement conforme à celui déterminé eu maximum et en minimum par l'ordonnance. Elles restaient libres de mettre leurs colléges en régie ou au compte du Principal.

Notre Conseil municipal fut invité, dans la séance du 21 avril, a délibérer s'il convenait d'user des avantages offerts aux villes par l'ordonnance nouvelle. Deux questions lui furent soumises : 1° Fallait-il élever notre Collége à la première classe ? — 2° Par quel mode devait-il être régi ? Sur la première question et au point de vue de la dépense, plus d'un Conseiller hésitait ; car tandis que le Collége, maintenu à la seconde classe, n'entraînait pour la caisse communale, qu'un sacrifice de 12,900 fr., porté à la première, il en exigeait une de 23,600 fr. Différence en plus, par année, 10,700 fr.

La discussion ramena les hésitants, car on ne pouvait méconnaître que la ville et les pères de famille de l'arrondissement avaient un intérêt commun à voir s'élever le niveau de l'enseignement secondaire. Aussi, d'une voix unanime, fût-il décidé que notre Collége serait élevé au rang de Collége communal de première classe, rang qu'il a conservé jusqu'à ce jour.

Sur la deuxième question, il se produisit une plus grande divergence. Les uns soutenaient, à bon droit, que le mode de régie adopté, à titre d'essai seulement, amènerait l'accroissement du nombre des pensionnaires et développerait la prospérité de notre Collége.

Les autres, voués au culte de la routine, cette rouille du progrès, s'effrayaient du changement radical proposé et demandaient qu'on laissât le pensionnat au compte du Principal.

Cette dernière opinion prévalut, car elle fut appuyée par neuf voix contre sept.

VII.

L'architecte Isabelle chargé, depuis un an à peine, d'étudier, pour notre ville, un plan de salle de spectacle, s'était acquitté de sa mission avec le plus louable empressement. Aussi le secrétaire de la commission du théâtre, dans son rapport sur les plans et devis lu au Conseil municipal, le 9 juin 1839, lui rendait-il un public hommage :

« L'empressement qu'a mis M. Isabelle à s'occuper du plan
« de nôtre théâtre atteste combien il est fier du choix qu'a fait,
« pour nous, l'illustre auteur de la statue de Riquet :

« Le plan de M. Isabelle appartient au style grec ; il se dis-
« tingue par une élégante simplicité. Mais il ne suffit pas qu'il
« plaise aux yeux, nous devons vous en faire apprécier l'économie
« et les détails.

« Le nouveau théâtre sera situé à l'extrémité nord de la
« promenade et construit sur un parallélogramme rectangle de

« 27 mètres de largeur sur 45 de longueur. Son entrée principale
« sera pratiquée du côté de la promenade ; l'entrée des acteurs et
« des employés sur les façades latérales. Parmi les raisons qui
« militent en faveur de cette disposition, il faut mettre, en
« première ligne, l'avantage de terminer la promenade par la
« façade la plus élégante de l'édifice et celui de donner au foyer
« du théâtre le beau coup d'œil que présentent la grande allée,
« la statue de Riquet qui la décore et la vaste plaine qui s'étend
« jusqu'à la mer.

« Il faut aussi remarquer que le plan de l'édifice a été conçu
« de manière à ménager au rez-de-chaussée un vaste péristyle en
« communication immédiate avec la promenade afin qu'il puisse
« au besoin servir de promenoir couvert ou même de bourse de
« commerce.

« A la suite du péristyle où seront placés deux bureaux pour
« la distribution des billets se dresseront deux grands escaliers
« conduisant au premier et au deuxième étage et au foyer, puis
« deux petits escaliers conduisant aux étages supérieurs et à
« l'amphithéâtre et se dégageant sur les rues latérales pour éviter
« l'encombrement au moment de la sortie.

« Le parterre, dans le projet, ne contient que trois rangs de
« banquettes parce que l'usage et l'intérêt du Directeur paraissent
« l'exiger. Toutefois, MM. les actionnaires ont émis le vœu que
« tous les spectateurs fussent assis au parterre où l'on établirait
« des banquettes mobiles qu'on enlèverait aux jours de représen-
« tation extraordinaire.

« Les deux commissions réunies ont pensé qu'il convenait de
« donner à la scène un peu plus de développement en sorte
« qu'elle ait dix-huit mètres de longueur sur seize de largeur.

« Autour de la scène seront placés les dépôts de décorations
« et de matériel et d'autres pièces nécessaires au service du
« théâtre ; dans les entresols, le foyer et les loges des acteurs.

« Les façades latérales présenteront une série de magasins
« ouvrant sur un trottoir et dont la location sera une nouvelle
« source de revenu pour la commune.

20

« Au-dessus du rez-de-chaussée et dans la hauteur de l'entre-
« sol seront disposées les premières galeries et les loges de pre-
« mière galerie ou d'entresol. Au-dessus et au niveau du foyer
« sera le premier étage. C'est dans ces deux étages de loges,
« également bien situées, que devront être prises celles destinées
« aux actionnaires et qui leur seront attribuées par la voie du
« sort.

CONSTRUCTION.

« La nécessité de donner à l'édifice une étendue suffisante pour
« contenir environ quinze cents personnes et un aspect en har-
« monie avec sa destination et l'emplacement qu'il doit occuper
« a dû faire rechercher tous les moyens de concilier la question
« d'économie avec celle de la solidité.

« Pour atteindre ce but, on n'emploiera la pierre que pour la
« façade principale et les piles importantes des trois autres fa-
« cades. Le gros de la construction sera en moellon avec enduit.

DÉCORATION.

« Un théâtre est, parmi les édifices des temps modernes, un
« de ceux dont la décoration intérieure et extérieure doit présenter
« l'aspect le plus riant et le moins sérieux. On y va pour se
« distraire ou s'amuser et il faut que son caractère d'architecture
« exprime bien cette destination.

« L'auteur du plan s'est efforcé de satisfaire à cette nécessité
« avec toute l'économie possible en ne projetant de décoration
« que sur la façade principale et en ne donnant aux trois autres
« que la valeur de leurs dispositions régulières et l'harmonie de
« leurs proportions.

« Sur la façade principale, les trois grandes arcades, donnant
« accès dans le péristyle, seront flanquées de quatre pilastres
« surmontés d'un grand balcon. Ces pilastres et ce balcon seront

« décorés d'attributs scéniques. Un entablement dorique régnant
« tout autour de l'édifice couronnera ce rez-de-chaussée.

« Au-dessus et dans la hauteur d'une partie du premier étage
« sera un ordre ionique régnant également autour du monument
« et formant avec ses colones les points d'appui qui séparent le
« foyer du grand balcon.

« Dans cette même partie, l'entablement de cet ordre sera orné
« de plaques en marbre sur lesquelles on inscrira les noms des
« principaux auteurs dramatiques dont les bustes encadrés dans
« des couronnes de laurier seront placés au-dessus. Ces neuf
« médaillons pourront être en terre cuite et rapportés par incrus=
« tation. Ce mode d'incrustation, appliqué dans plusieurs édifices
« de l'Italie, joint à une économie sensible une solidité suffisante.

« Enfin tout l'édifice sera couronné par un entablement corin=
« thien dont la frise portera des attributs pour ornement et
« l'attique l'inscription relative à la fondation du monument.

« M. Isabelle a eu soin de joindre à son plan un devis estimatif
« des travaux à exécuter. Chacun de vous peut examiner en détail
« ce devis. Nous nous bornons à vous en rappeler le chiffre total
« qui s'élève à *cent soixante-huit mille huit cent soixante-dix francs*
« *vingt-neuf centimes.*

« Ce chiffre, vous le voyez, dépasse de quarante-huit mille huit
« cent soixante-dix francs celui du capital offert à la ville et
« accepté par elle pour la construction de la nouvelle salle.
« Malgré cette différence, votre commission n'a pas hésité à vous
« proposer l'adoption du plan de M. Isabelle. Ce plan embrasse
« la question d'utilité et d'embellissement. Dans une ville où les
« monuments sont rares, on doit s'empresser d'offrir un modèle
« à la méditation de nos ouvriers.

« Il s'agit maintenant de trouver les voies et moyens de
« compléter la somme nécessaire à l'exécution du plan présenté.

« Deux voies vous sont ouvertes : la première est d'accepter
« l'offre faite par une Compagnie de prêter *quarante-huit mille*
« *francs* à la ville, à de certaines conditions.

« La seconde est de faire supporter par la caisse communale
« l'excédant de dépense en divisant cet excédant sur six budgets.

« Votre commission a été d'avis de rejeter l'offre faite, tant les
« conditions sont onéreuses à la ville. Vous allez en juger par la
« contexture de cette offre :

« *Nous, soussignés, après avoir pris connaissance des plans et*
« *devis dressés par M. Isabelle, architecte, pour la construction*
« *d'une nouvelle salle de spectacle, contractons l'engagement de*
« *verser entre les mains du Receveur municipal, en échange d'une*
« *obligation consentie par la ville, la somme de quarante-huit mille*
« *francs nécessaire à l'achèvement de la construction projetée.*

« *Lesdits quarante-huit mille francs seront comptés par nous :*
« *une moitié le jour de l'adjudication définitive des travaux, l'autre*
« *moitié le jour où ces travaux seront parachevés.*

« *Ils seront remboursés par la ville sans intérêt et par quarantièmes.*
« *Ces quarantièmes, payés annuellement, seront divisés entre les*
« *soussignés au marc le franc.*

« *En représentation de l'intérêt de notre capital, la ville nous*
« *abandonnera jusqu'à remboursement intégral la jouissance de tous*
« *les magasins ou boutiques qui seront disposés dans le pourtour du*
« *nouveau théâtre.*

« *Cette jouissance comprendra le droit d'employer à notre usage*
« *ou de louer à des tiers lesdits magasins ou boutiques.*

« *Il sera fait une masse commune du produit des locations an-*
« *nuelles et ce produit sera distribué entre les soussignés dans la*
« *proportion des drots acquis à chacun d'eux par le chiffre de la*
« *mise individuelle.*

(Suivent les signatures.)

« Votre commission a jugé plus avantageux de faire sup-
« porter par la ville l'excédant de dépense.

« Sans doute, l'état des finances communales ne permettrait
« pas, sans recourir à un emprunt ou à des centimes additionnels,

« de faire, en une seule année, une dépense extraordinaire de
« quarante-huit mille francs ; mais, en la divisant sur six années,
« elle peut être couverte sans recourir aux moyens extraordi-
« naires.

« D'abord, il est probable que sur un devis de travaux dont le
« chiffre s'élève à cent soixante-huit mille francs, vous obtiendrez
« un rabais considérable. Ce rabais ne fut-il que de 10 p. %, la
« charge de la ville se trouve diminuée de 16,800 fr. et réduite
« à 32,000 fr.

« Répartis sur six années, ces trente-deux mille francs ne
« grèvent votre budget que d'une dépense annuelle de 5,333 fr.

« Supposons pour un moment que vous n'obteniez aucun
« rabais, la dépense sera de huit mille francs pendant six ans.

« Quelles sont vos ressources pour couvrir cette dépense ?

« Une première se présente : le produit de la location des
« magasins et boutiques disposés dans les pourtours du monu-
« ment. Ce produit sera variable sans doute ; on peut toutefois
« espérer que la moyenne de six années sera de 150 fr. par
« magasin. Vingt magasins donneront donc trois mille francs.
« Voilà donc votre dépense annuelle réduite à cinq mille francs,
« si vous obtenez le rabais présumé de dix pour cent.

« On nous objectera peut-être qu'il est aussi difficile de couvrir
« avec les ressources ordinaires la dépense de cinq mille francs
« que celle de 2,466 francs.

« Nous répondons que la ville a pu, jusqu'à ce jour, sans se
« livrer à la voie de l'emprunt, couvrir la dépense des nouvelles
« constructions du Collége, car cette dette reportée sur les budgets
« annuels par fractions de cinq mille francs, sera éteinte l'année
« prochaine. Pourquoi, avec les mêmes ressources, ne payerait-
« elle pas la dépense extraordinaire de la salle de spectacle ?

« Remarquez d'ailleurs que s'il y avait gêne et qu'il fallut
« accidentellement se livrer à quelques économies, cette gêne,
« ces économies ne seraient que momentanées.

« A côté de cette gène, de ce besoin d'économie temporaire,
« l'avenir ne se montre-t-il pas riche d'espérances ?

« A l'expiration de cette période de six ans, la ville se trouvera
« propriétaire du quart du monument. A l'aide du revenu de ce
« quart (3,000 fr.), elle amortit annuellement le quarantième
« du capital de cent vingt mille francs dû aux actionnaires. Elle
« est affranchie à tout jamais de la subvention théâtrale (1) qui
« jusqu'à ce jour pèse sur son budget pour deux mille francs.

« Au fur et à mesure de l'extinction des actions, elle perçoit à
« son profit le produit de la location des loges réservées aux ac-
« tionnaires. Et qu'on ne dise pas que ce produit n'est point un
« revenu communal. Rien dans les dispositions des articles 31 et
« 32 de la loi du 18 juillet 1837 ne s'oppose à ce qu'on le con-
« sidère comme tel ; et l'on devrait tout au moins le considérer
« comme *recette accidentelle* tant que la ville trouverait des di-
« recteurs disposés à exploiter la salle avec la réserve des loges
« affectées aux actionnaires. Or, ces directeurs ne manqueront
« pas, accoutumés qu'ils sont à payer jusqu'à ce jour une loca-
« tion aux propriétaires de la salle existante.

« Nous le demandons : Y a-t-il beaucoup d'entreprises indus-
« trielles qui présentent d'aussi beaux résultats ?

« *Le grand moyen d'amener la prospérité dans les finances d'une*
« *ville, nous disent tous les économistes politiques, est de jeter les*
« *capitaux sur des entreprises qui produisent de bons revenus.*

« L'entreprise qu'il s'agit aujourd'hui de mener à fin assure à
« la ville la propriété d'un immeuble de la valeur de 170,000 fr.
« Elle obtient cet immense résultat à l'aide d'une dépense ex-
« traordinaire de trois à cinq mille francs pendant six ans.

« Voilà, en résumé, les motifs qui ont déterminé votre commis-
« sion à vous proposer et l'adoption des plan et devis de M. Isa-

---

(1) Le rapporteur était d'autant plus autorisé à tenir ce langage que déjà plusieurs
directeurs offraient d'exploiter, sans subvention, le nouveau théâtre. Cette offre se réalisa
l'année de l'ouverture, en 1844. Depuis lors, et de nos jours encore, on a vu plus d'un directeur prospérer sur notre scène sans exiger aucun sacrifice de la caisse communale.

— 293 —

« belle et la répartition sur six budgets de l'excédant de dépense
« nécessaire à l'exécution de ces plans.

Le Conseil municipal,

Ouï le rapport ci-dessus.

Vu ses délibérations des 11 février et 25 mars 1838 ;

Vu la lettre du ministre de l'intérieur au préfet de l'Hérault,
sous la date du 24 janvier 1839 ;

Vu les projets plan et devis de la salle de spectacle dressés par
M. Isabelle, architecte, inspecteur de la Madeleine de Paris et
des bâtiments des écoles d'arts et métiers ;

« A délibéré, à la majorité, qu'il y a lieu :

« 1° D'approuver les projets, plans et devis dressés par M.
« Isabelle, nonobstant la différence existante entre le montant du
« devis et les moyens d'exécution acquis à la ville ;

« 2° De rejeter l'offre faite par une compagnie de prêter la
« somme de quarante-huit mille huit cent soixante-dix francs
« vingt-neuf centimes, qui forment cette différence ;

« 3° De faire supporter par la ville cet excédant de dépense,
« qui sera réparti sur huit années successives et acquitté au
« moyen des ressources communales ; en sorte que, pendant ces
« huit années, la ville aura à payer la somme de six mille cent
« huit francs soixante-dix-huit centimes pour l'acquittement de cet
« excédant, indépendamment de celle de trois mille francs dont
« le paiement se continuera pendant les autres trente-deux ans
« nécessaires au remboursement intégral du capital de cent vingt
« mille francs ; l'une et l'autre dépense devant décroître en raison
« du produit annuel de la location des magasins ou boutiques et
« de celui de la location des loges au fur et à mesure de l'extinc-
« tion des droits des actionnaires. »

En présence d'une délibération qui approuve en
termes si exprès les plans et devis du théâtre projeté,
et qui détermine avec tant de soin les ressources à l'aide
desquelles il sera pourvu à la dépense de construction,

on ne pouvait s'attendre à voir surgir, dans les régions supérieures de l'administration, des difficultés, des obstacles qui, s'ils n'eurent pas pour effet l'avortement du projet, en retardèrent du moins, pendant plus de deux ans, l'exécution. La suite de ces annales révèlera tout ce qu'il fallut de persévérance et d'énergie pour mener à bonne fin une entreprise qui préoccupait à si juste titre la population tout entière.

VII.

Le mois de juillet 1839 amenait le renouvellement partiel du Conseil municipal. Ce renouvellement eut lieu aux termes de l'art. 17 de la loi du 21 mars 1831. De cette élection surgirent quelques noms nouveaux, ceux de MM. ALZIEU, président du Tribunal civil, PRADAL, ingénieur, FABRE, juge d'instruction, MARTEL, OLIVIER, LAURÈS, GENSON (Raymond), et de NATTES - VILLE-COMTAL.

Dans la séance du 4 août 1839, M. Gast procéda à l'installation des conseillers nouvellement élus.

Le nom de M. Pradal, ingénieur, se trouvait placé en tête du nouveau tableau, dressé d'après le chiffre des suffrages obtenus par chaque candidat.

Cette priorité de rang souleva un incident qui causa une certaine agitation dans l'assemblée.

Un membre invoquant l'art. 5 de la loi municipale, demanda que la présidence cessât d'appartenir à M. Gast et fût dévolue à M. Pradal, comme premier conseiller.

On lui fit remarquer que l'art. 6 de la même loi déclarait incompatibles les fonctions de Maire avec celles

des ingénieurs des ponts-et-chaussées en activité de
service.

M. Pradal tombait-il sous le coup de cette incompatibilité en sa qualité d'ingénieur du Canal du Midi?
Le Conseil décida que non par deux motifs : le premier,
c'est que la loi n'exclut des fonctions de Maire que les
Ingénieurs des ponts-et-chaussées et des mines et que
les prohibitions ou incapacités, étant de droit étroit,
ne sauraient être étendues d'un cas à un autre.

Le second est pris de ce que l'administration du
canal du Midi n'est plus sous l'empire du décret de
1807 ; qu'elle a des ingénieurs à sa solde et que ces ingénieurs ne sont pas les salariés du gouvernement.

Cette décision ayant été prise à une grande majorité
et sans recours à l'autorité supérieure, comme le demandaient quelques membres, M. Gast céda le fauteuil
de la présidence à M. Pradal, qui s'empressa de lui faire
voter des remercîments, pour le zèle, l'intelligence et
le dévouement dont il avait fait preuve durant une administration intérimaire de deux années. La population
tout entière applaudit à ce vote. Pouvait-il en être autrement? A la courte administration de M. Gast, se rattachaient deux souvenirs qui ne périssent pas. Sous sa
présidence avaient été votés le projet de théâtre et les
fonds nécessaires à son exécution. Une amélioration notable avait été apportée à notre viabilité urbaine. La
circulation des voitures et des piétons était gênée par
des bornes et des bancs de pierre, placés en saillie
devant la façade de presque toutes les maisons. Les fer-
metures des portes et fenêtres étaient disposées de manière à s'ouvrir sur la tête des passants et à causer des
accidents graves. M. Gast avait eu le courage de s'attaquer à ces deux plaies de notre viabilité urbaine et

l'énergie de faire exécuter l'arrêté par lequel il en ordonnait la disparition (1).

Singulière coïncidence ! M. Gast n'avait dû son élévation aux fonctions municipales qu'au rang que lui avaient assigné, dans une élection, les suffrages de ses concitoyens. C'est au même titre et par la même cause que M. Pradal était appelé à lui succéder.

8ᵐᵉ MAIRE.

M. PRADAL,

Ingénieur du Canal du Midi, faisant fonctions de Maire.

4 Août 1839. — 19 Novembre 1839.

I.

Le nouveau maire provisoire fut, en entrant en fonctions, appelé à s'occuper de la formation du budget communal pour l'année 1840. Bien que cette tâche eût incombé à l'administration précédente, les lois de la matière voulant que les budgets soient délibérés par les Conseils municipaux dans la session ordinaire du mois de mai, on comprend qu'elle eût été abandonnée aux successeurs par des conseillers dont le mandat expirait, pour partie, au mois de juin et qui redoutaient peut-être l'épreuve toujours périlleuse d'une élection.

---

(1) On raconte que lors de la mise à exécution de cet arrêté, un vieillard, connu par l'originalité de son esprit, ne sortait de chez lui que muni d'une chaise. A ceux qui lui demandaient le motif de cette singulière précaution, il répondait : *Puisque l'on supprime les bancs, faut-il bien que je fasse suivre un siége pour me reposer*

M. Pradal apporta dans ce travail où l'initiative des propositions appartient de droit au maire le fruit de ses études et de la double expérience qu'il avait acquise dans sa carrière d'ingénieur militaire et d'ingénieur civil.

On signale avec satisfaction, au titre des dépenses, une foule de crédits affectés à des créations d'un intérêt sérieux et depuis longtemps négligé. Citons d'abord un crédit de six cents francs pour la création d'un cabinet de physique au Collége ; puis une somme de trois cents francs allouée à titre d'encouragement à la Société vétérinaire de Béziers (1), à la condition que les membres de cette société seraient tenus de faire gratuitement le service de l'inspection du marché des bestiaux.

On voit en outre un supplément de subvention de la somme de six mille francs, accordé à l'administration des hospices pour l'achat de cent lits en fer pour l'Hôtel-Dieu ; une somme de dix mille cinq cents francs destinée à l'établissement de nouveaux bureaux d'octroi et de bascules : enfin une somme de cinq mille francs pour l'organisation et l'équipement d'une compagnie de pompiers.

Jusqu'à ce jour on n'avait eu, chez nous, pour lutter contre les ravages des incendies qu'un chétif et insuffisant matériel sans aucun personnel pour le manœuvrer. On sait que les pompes à incendie, bien que en usage chez les Grecs et les Romains, n'ont été employées par

(1) M. Miquel (Pierre), ancien répétiteur de pathologie à l'Ecole vétérinaire de Lyon, artiste qui réunissait à une longue pratique de fortes études, venait de former, à Béziers, une société qui comptait dans ses rangs tous les vétérinaires du département de l'Hérault. Cette société publiait un bulletin trimestriel contenant des observations précieuses pour les intérêts de la science vétérinaire et mise à la portée des gens du monde par la simplicité et la lucidité de la rédaction. Elle avait, en outre, fondé un concours et des prix décernés annuellement aux meilleurs mémoires présentés sur des sujets d'économie rurale et d'industrie agricole. M. Miquel resta président de cette société jusqu'à sa mort.

les peuples modernes que depuis environ cent cinquante ans et d'abord par les Hollandais.

Deux systèmes président à l'organisation des compagnies de pompiers : l'un tout militaire, l'autre civil. Dans le premier, chaque pompier reçoit un salaire quotidien, est costumé et équipé aux frais de la commune et se tient constamment prêt à accourir avec les pompes sur les lieux où se déclare un incendie. Dans le second, c'est un groupe d'ouvriers de professions diverses qui se place sous la direction de chefs nommés à l'élection et qui, sans rétribution aucune, se livre, le dimanche, à l'exercice de la manœuvre des pompes et se rend au premier appel de la cloche municipale, sur les points atteints par le feu. En dédommagement de ce service, toujours pénible et souvent dangereux, ces braves ouvriers ne reçoivent de la caisse communale qu'un costume, des armes et une indemnité pécuniaire proportionnée à la gravité et à la durée de l'incendie qu'ils sont appelés à éteindre. A titre de gratification, on les dispense quelquefois du logement des troupes de guerre.

C'est ce dernier mode d'organisation toute civile qui fut adopté pour notre commune et qui a fonctionné pendant un quart de siècle avec un personnel de 60 hommes, officiers compris.

En dehors des frais de premier établissement, la caisse communale n'a eu à subir, pour l'entretien des costumes et du matériel, qu'une dépense de mille francs par année-

La population a applaudi plus d'une fois au zèle, au dévouement et au courage de ces braves pompiers et a vu avec regret que deux maires, sous l'inspiration d'une politique ombrageuse, ont, à vingt ans d'intervalle, provoqué leur suppression. —

II.

Au cours de la discussion du budget des dépenses présenté par M. Pradal, on voit se produire un singulier incident. Deux conseillers demandent la suppression de l'allocation de 750 fr. attribuée à la Société archéologique. Ils se fondent : 1° sur ce qu'ils ne reconnaissent pas l'utilité de cette société ; 2° sur ce qu'ils ne savent pas quel est l'emploi de ses fonds. Ils demandent, en cas de maintien de l'allocation, qu'on l'oblige à soumettre son budget au conseil.

D'autres conseillers, moins étrangers aux choses de la science, s'empressent de répondre :

« L'utilité de la Société archéologique n'a pas besoin d'être dé-
« montrée ; il suffit d'interroger son passé et d'examiner ses pro-
« jets d'avenir. Dans son passé, on trouve : 1° l'érection de la
« statue de Riquet à laquelle elle a concouru pour une somme de
« quatorze mille francs ; 2° la fête donnée à l'occasion de l'inau-
« guration de ce monument ; 3° la publication d'un bulletin se-
« mestriel dont elle supporte les frais. Dans ses projets d'avenir
« figure la création d'un musée pour lequel elle a déjà recueilli
« une riche collection de médailles, des tableaux de prix et des
« vases antiques qui seront un jour livrés généreusement à la
« ville et dont la vue réveillera le goût des arts, presque éteint
« dans nos contrées.

« Si, ajoutent-ils, les travaux et les aspirations de cette société,
« n'ont pas frappé les yeux de ceux qui se déclarent ses adver-
« saires, qu'ils apprennent en quelle estime la tient M. de Sal-
« vandy, ministre de l'instruction publique. *Je vous recommande*
« *la Société archéologique*, écrivait ce ministre à M. Baland, notre
« sous-préfet. *C'est une de celles qui travaillent le plus en France.*
« *Je tiens tellement à encourager ses travaux que tandis que je n'ai*

« *que six mille francs à distribuer à toutes les sociétés scientifiques,*
« *je donne cinq cents francs à celle de Béziers.* »

Cette énergique réponse dans laquelle l'autorité de la parole d'un ministre venait mettre en relief les titres de la société eût un plein succès et le crédit annuel voté depuis sa fondation, fut maintenu au budget.

A la suite de toutes les discussions soulevées par l'introduction des allocations nouvelles ou le maintien des anciennes, le budget de l'année 1840 fut voté dans les conditions suivantes :

Recettes	241,689 fr. 91 1/2
Dépenses	212,797 60
Excédant de recettes	28,892 fr. 51 1/2

III.

Dans la séance du 1er septembre 1839, M. Pradal donne lecture au Conseil d'une lettre du sous-préfet qui lui annonce le prochain passage à Béziers de Son A. R. Madame la duchesse d'Orléans à son retour de Port-vendres où elle doit aller accompagner le prince, son époux, partant pour l'expédition des Portes-de-Fer en Algérie.

Le Conseil ouvre au Maire un crédit de six mille francs pour faire à la princesse une réception digne de son rang et nomme une députation de trois membres, MM. Débès, Fabre et Genson pour aller la complimenter à Narbonne.

La duchesse d'Orléans arriva à Béziers en chaise de posté, le 20 septembre 1839, à trois heures de l'après-midi. Elle fût reçue à l'entrée du vieux pont, par le Corps municipal, les corporations ouvrières et les fonctionnaires de tout ordre.

Le Maire lui adressa une courte harangue et lui offrit une calèche découverte où elle prit place avec M. le duc de Praslin, son chevalier d'honneur.

Le cortége se mit en marche précédé par un groupe de jeunes gens à cheval qui étaient allés au-devant de la princesse. Elle descendit à l'hôtel de la sous-préfecture dont Madame Pradal, femme du maire et Mademoiselle Débès, sœur du député, lui firent les honneurs. (1)

Après le dîner auquel assistèrent les principaux fonctionnaires, on lui donna, dans la grande salle des pas perdus de l'Evêché, la surprise de la gracieuse danse des Treilles, spectacle tout nouveau pour elle, car bien que d'origine payenne, il ne s'est reproduit et perpétué que dans quelques villes du Midi de la France.

La princesse Hélène, on le sait, appartenait à la race de Mecklenbourg-Schwerin et avait reçu une éducation littéraire. Elle parlait aux hommes sérieux de philosophie et d'histoire, aux poètes et aux littérateurs, de Goëthe, de Wieland, de Schiller, avec qui sa famille avait vécu dans la cour toute littéraire de Weimar. Son élocution était facile, son abord bienveillant et gracieux.

C'est le témoignage que se plurent à lui rendre tous ceux qui lui furent présentés pendant son court séjour dans notre ville. Les membres de notre Société archéologique surtout furent de sa part l'objet d'un accueil des plus sympathiques. A la vue du vieux général Henric que le président lui dit avoir pris part à la campagne d'Egypte, la princesse lui adressa un gracieux compliment

---

(1) M. Baland, sous-préfet, alors, était veuf.

qu'elle termina par cette réflexion: *qu'après avoir consacré ses jeunes gens au service de la patrie, il était beau de consacrer ses vieux jours au service de la science.*

Bien que la princesse Hélène appartint à la religion luthérienne, elle n'en témoigna pas moins le désir de visiter l'ancienne cathédrale de Béziers dont on lui avait vanté l'architecture. Le sous-préfet et le maire s'empressèrent de se rendre à ce désir. On improvisa l'éclairage de l'Eglise St - Nazaire et on y conduisit, dans la soirée, la princesse par le petit escalier intérieur qui donne accès dans le cloître.

La duchesse d'Orléans quitta Béziers le lendemain et fut reconduite jusqu'à la porte Napoléon avec le cérémonial déployé à son arrivée.

IV.

Trois mois s'étaient écoulés depuis que M. Pradal remplissait les fonctions de maire. L'autorité supérieure n'avait vu dans sa magistrature ni illégalité, ni usurpation de pouvoir.

Comment expliquer le brusque revirement d'opinion qui se produisit au ministère de l'intérieur et qui provoqua l'étrange arrêté qu'on va lire :

« Nous, conseiller d'Etat, préfet de l'Hérault, vu les procès-
« verbaux tenus en exécution de notre arrêté du 19 juin dernier,
« qui convoque les électeurs communaux des quatre sections de
« Béziers pour procéder à l'élection de huit emplois vacants
« dans le Conseil municipal de ladite ville ;

« Considérant que, par suite de cette élection, M. Pradal, in-

« génieur du canal du Midi, s'est trouvé le premier inscrit sur le
« tableau dans l'ordre des suffrages obtenus ;

« Qu'à défaut de maire et d'adjoints il a été appelé, en cette
« qualité, à remplir provisoirement les fonctions municipales ;

« Considérant que l'art. 6 de la loi du 21 mars 1831 ayant
« établi une incompatibilité entre les fonctions de maire et d'ad-
« joints et celle des ingénieurs des ponts-et-chaussées en activité
« de service, cette incompatibilité doit s'appliquer également à
« l'exercice provisoire de ces mêmes fonctions ;

« Considérant que le deuxième paragraphe de l'art. 5 de la
« même loi, qui charge le premier conseiller municipal dans l'ordre
« du tableau de remplir provisoirement les fonctions de maire
« n'enlève pas à l'administration le droit de désigner les admi-
« nistrateurs provisoires, à son choix, en cas de vacance ;

« Vu la lettre de M. le ministre de l'intérieur,

« Arrêtons :

« Article 1er. — M. Glouteau, père, (Charles-Etienne-Ray-
« mond) est désigné par nous pour remplir provisoirement les
« fonctions de maire de la ville de Béziers, en remplacement de
« M. Pradal. A cet effet, il se fera remettre par son prédécesseur
« tous les papiers et archives de la Mairie dont il sera dressé un
« inventaire ;

« Article 2. — M. le sous-préfet de Béziers est chargé d'as-
« surer l'exécution du présent arrêté.

« Fait à Montpellier, le 6 novembre 1839.

« Achille Bégé, signé . »

M. Pradal ayant reçu de M. le sous-préfet intérimaire
(M. Ferdinand Debès, conseiller général délégué), ampliation de cet arrêté, eût le courage d'en donner lui-
même lecture au Conseil municipal dans la séance du 10

novembre 1839 et d'inviter M. Glouteau à prêter le serment exigé par la loi.

Celui-ci, par un sentiment auquel toutes les âmes délicates rendront hommage, refusa la mission qui lui était dévolue. Le motif apparent de son refus fut puisé dans son âge, ses infirmités et dans l'emploi de percepteur des contributions directes qu'occupait son fils aîné dans la ville de Béziers, emploi qui le mettait en perpétuel contact avec l'Administration municipale.

Le conseil s'émut de ce petit coup d'Etat administratif, qui atteignait un fonctionnaire aussi instruit que modeste, qui comptait de longs services comme ingénieur militaire et civil, qui venait de se dévouer à l'administration provisoire de la cité dont il avait dignement fait les honneurs à la duchesse d'Orléans.

La majorité blâma hautement la mesure ; la minorité y donna son adhésion.

En présence du refus de son successeur, M. Pradal considéra comme un devoir de rester au poste auquel la loi l'avait appelé. Il convoqua, le 17 novembre, le conseil pour l'ouverture de la dernière session légale de l'année. Onze membres seulement s'étant rendus à son appel, la légalité s'opposait à toute délibération utile.

Nouvelle convocation le 19 novembre à laquelle répondirent vingt conseillers. La séance fut orageuse. On protesta d'abord contre la présidence de M. Pradal et puis contre l'illégalité de l'ouverture de la session.

Au premier chef de protestation, M. Pradal répondit que, *s'étant empressé de faire connaître à l'autorité supérieure le refus de M. Glouteau, il avait cru devoir continuer ses fonctions ; qu'il ne reconnaît point au conseil municipal le droit de les lui enlever ; qu'il sait toute l'importance de ses devoirs et qu'il n'est point de ceux qui désertent leur poste.*

Au deuxième chef de protestation il répond que la loi, en indiquant que les conseillers municipaux se réunissent quatre fois l'année, n'a pas attaché la peine de nullité à la tardiveté de l'ouverture d'une session.

Malgré ce langage aussi légal qu'énergique, les protestants persistent et quittent la salle des séances au nombre de dix.

Le conseil, réduit à onze membres, y compris le président, se livre à l'examen de l'ordre du jour qui lui est présenté.

Il nomme une première commission chargée d'examiner le plan général d'alignement de la ville, dressé par M. Lemasson ; une seconde commission pour la rédaction du cahier des charges de la ferme des places et du poids public.

La séance est close par une délibération tendant à supplier le ministre de la guerre de rendre au plus tôt à la ville une garnison de cavalerie.

Le conflit qui venait de se produire, la division qui avait éclaté dans le sein du conseil municipal ne permettaient pas à l'autorité supérieure de rester longtemps spectatrice d'un débat qui pouvait avoir pour les intérêts de la commune des conséquences fâcheuses ; elle prit immédiatement un arrêté pour y mettre fin :

Le conseiller d'Etat, préfet de l'Hérault,

Vu notre arrêté du 6 novembre courant qui déléguait M. Glouteau, père, pour remplir provisoirement les fonctions municipales à Béziers ;

Considérant que, dans la séance du 10 de ce mois, M. Glouteau a déclaré au conseil municipal assemblé qu'il ne pouvait accepter les fonctions de maire provisoire à cause de l'emploi qu'exerce son fils comme percepteur de la ville de Béziers, et, en second lieu, à cause de son âge avancé ;

Que par suite de ce refus, la ville de Béziers se trouve aujourd'hui sans administration municipale ; que dès-lors et jusqu'à ce qu'il ait pu être procédé au remplacement régulier du maire et des adjoints, il y a eu lieu de faire à cette ville application des dispositions de l'instruction ministérielle du 22 avril 1837 (chap. IV.);

Considérant qu'il résulte de ces dispositions que, quand il n'y a dans une commune, ni maire, ni adjoint, ou que plusieurs de ces places sont vacantes, le préfet peut y pourvoir par des désignations provisoires dans le sein du conseil municipal, le premier paragraphe de l'art. 5 de la loi du 21 mars 1831, qui charge le premier conseiller municipal dans l'ordre du tableau de remplir provisoirement les fonctions de maire n'ayant pour objet que de pourvoir à une absence ou un empêchement soudain et imprévu du maire et de l'adjoint ou des adjoints et n'enlevant pas à l'administration supérieure le droit de désigner des administrateurs provisoires de son choix, en cas de vacance,

Par ces motifs, arrêtons :

M. Bernard (Jacques-André), est désigné par nous pour remplir provisoirement les fonctions de maire de la ville de Béziers en remplacement de M. Glouteau non acceptant.

Fait à Montpellier, le 19 novembre 1839.

Signé : Achille Bégé.

A la lecture de ce second arrêté on ne peut se défendre de quelques réflexions sur l'ingratitude des gouvernements et la légèreté de certains hauts fonctionnaires.

Que le gouvernement de Louis-Philippe eût nommé un maire définitif pour mettre fin au provisoire qui régnait depuis plus de deux ans dans l'administration municipale de notre ville, on l'eût compris ; mais que, sans motif, sans événement local qui lui eût fourni prétexte à un changement de personnel, il perpétuât ce provisoire par un choix que ne justifiait pas même la supériorité du rang acquis dans la lutte de l'élection, on ne le comprend plus. On se demande en outre comment le même préfet qui avait sanctionné l'élévation de M. Pradal à l'administration temporaire de la cité, qui, pendant trois mois, avait affirmé, dans ses rapports officiels, le droit de sa gestion et protesté contre la prétendue incompatibilité dont quelques conseillers la disaient entachée, comment ce même préfet consentit à se donner un démenti à lui-même, une entorse à la loi municipale de 1831 et à jeter, par un retrait de confiance, une sorte d'injure à la face d'un homme d'une honorabilité incontestée, qui pouvait montrer avec orgueil ses services d'ingénieur militaire et d'ingénieur civil et qui dans son court passage à l'administration provisoire de la cité, avait conquis de nouveaux titres à l'estime et à la considération de ses concitoyens ! faut-il le dire : Le gouvernement et le préfet se firent, en cette circonstance, les instruments de quelques vengeances privées, les complices de mesquines passions politiques de clocher.

V.

Nous voilà parvenu à la moitié du terme du travail que nous nous étions assigné et que, Dieu aidant, nous poursuivrons dans un second volume.

Ces annales, nous les avons écrites sans autre but que l'instruction des classes ouvrières et la recherche de la vérité sur les événements municipaux accomplis dans la Cité, depuis le commencement du siècle jusqu'à nos jours.

Durant le cours de notre travail, nous avons eu la joie profonde de voir qu'on pouvait, au milieu d'un temps troublé comme le nôtre, dire sa pensée tout entière, sans craindre les accusations de quelques-uns et déchaîner les colères de quelques autres. Nous n'avons ménagé personne, nous avons dit, sur les hommes et sur les choses, ce que nous croyions juste et vrai, et pourtant il ne s'est élevé aucune réclamation de ce nombreux public qui nous a constamment suivi avec un empressement qui a excité notre reconnaissance.

Nous voulons le remercier ici de cette sorte de collaboration qu'il a apportée à notre œuvre. Elle nous a été un encouragement pour le présent, et disons-le aussi pour l'avenir.

Nos lecteurs ont senti que ce que nous écrivions était dicté par une conviction née de l'étude sérieuse et sincère des documents municipaux et surtout de la connaissance des hommes que nous avions presque tous coudoyés. Ils ont senti que nous ne voulions rien cacher de ce que nous croyions le vrai, parce que nous nous souvenons toujours, en faisant œuvre d'annaliste, de cette parole si profonde qui date déjà du seizième siècle : *« C'est la vérité seule qui conduit à la liberté. »*

TABLE DES MATIÈRES.

demande modifiée par le gouvernement et abandonnée. — Offre
de cession à la ville de l'ancien palais épiscopal ; rejet par le conseil municipal. — Etude d'un plan d'alignement, confiée à
M. Revel, notaire et géomètre ; il est approuvé d'abord, puis
abandonné. — Mariage de l'Empereur ; fête à cette occasion et
mariage de cinq militaires en retraite. — Décret qui restitue à la
ville la propriété des casernes ; date de la construction de cet établissement ; lettre de Fléchier, évêque de Nimes. — Budget
de 1811. — M. Guibal fait hommage à la ville de son ouvrage
sur le canal du Midi. — Fêtes pour la naissance et le baptême du
roi de Rome ; le maire est invité à la cérémonie du baptême. —
Le curé Martin demande une subvention pour sa maison d'éducation gratuite des filles pauvres. — Projet avorté d'établissement
d'un écorchoir. — Société de secours pour les pauvres femmes en
couche. — Délibération municipale demandant l'érection de notre Collége en Lycée. — Mesures pour prévenir une disette de
blé. — Etablissement de soupes, dites à la *Rumfort*. — Anniversaire
du couronnement ; mariage d'un ancien militaire. — Désastres
de la campagne de Russie ; allocution du maire pour faire offrir
à l'Empereur six cavaliers montés et équipés. — M Donadieu est
maintenu dans ses fonctions de maire et acclamé par la population.
— Subvention de mille francs accordée aux religieuses de Saint-
Maur pour l'école gratuite des filles pauvres. — Budget de 1814.
— Création des gardes d'honneur ; Béziers en fournit quatre. —
Adresse à l'Impératrice, régente, à l'occasion de la cession de la
Guadeloupe à la Suède. — Rejet de la pétition des boulangers
contre les pangoussiers. — Mesures patriotiques et humanitaires
prises par le maire pendant les premiers mois de l'année 1814. —
Passage du Pape Pie VII à Béziers, le 4 février 1814. — Chute du
gouvernement impérial. — Adresse du maire et du conseil municipal au gouvernement provisoire le 19 avril 1814. — Adresse
au duc d'Angoulême à Narbonne et sollicitation d'une visite de ce
prince à Béziers. — Adresse et envoi d'une députation au roi
Louis XVIII après son entrée à Paris. — Adresse au duc de
Berry et demande, pour tout le conseil municipal, de la décoration
du Lys. — Demande de la suppression des exercices des droits
réunis ; troubles à l'occasion de ces droits ; le calme se rétablit à
la voix du maire. — Célébration d'un service funèbre pour
Louis XVI, Marie Antoinette et le Dauphin. — Fête à l'occasion
de la Saint-Louis. — Arrivée du comte d'Artois à Montpellier ;
envoi d'une députation à ce prince avec une adresse qui l'invite à
honorer Béziers de sa présence. — Installation du sous-préfet et
de ses bureaux dans le palais de l'Évêché. — Le maire demande
que la ville soit autorisée à reprendre ses anciennes armoiries. —
Annonce du passage à Béziers de son altesse le duc d'Angoulême ;
pompeux programme formulé pour sa réception. — Budget

de 1815. — Débarquement de l'île d'Elbe. — Un congrès met Napoléon hors la loi des nations ; le maire fait voter deux adresses d'invariable attachement au roi et au duc d'Angoulême et de plus une haute paie en faveur des volontaires royalistes. — M. Donadieu est nommé maire par l'Empire le 10 mai 1815 ; il donne sa démission. — Appréciation de l'administration de ce premier maire. — Page 1 à 82.

Administration de M. Tudier, 2ᵉ Maire.
Mai 1815. — Juin 1815.

M. Tudier est nommé maire par un arrêté du général Gilly, en date du 1ᵉʳ mai 1815. — Ses titres au choix du second empire. — Motifs de l'adhésion de beaucoup de républicains au gouvernement des cent jours. — Acte additionnel aux constitutions de l'Empire. — Avis du maire et registre ouvert pour le vote. — Résultat inconnu par suite de l'enlèvement du registre des archives. — Invitation aux habitants d'arborer la cocarde tricolore. — Organisation d'un bataillon de fédérés. — Proclamation tendant à obtenir des dons patriotiques. — Nomination de commissaires pour recueillir ces dons. — Désastre de Waterloo. — Manifeste de Louis XVIII. — Proclamation du maire pour le maintien de l'ordre. — Chute du gouvernement des cent jours. — Mouvement royaliste du 28 juin à Béziers. — Démission de M. Tudier. — Son incarcération au fort Brescou. — Fragments de deux discours politiques de M. Tudier pendant la première période de la révolution de 1789. — Page 83 à 97.

Administration de M. le baron Sarret de Coussergues, 3ᵉ Maire. — 28 juin 1815. — 25 décembre 1815.

M. de Sarret est nommé maire, le 28 juin 1815, par M. le marquis de Montcalm, fondé des pouvoirs du duc d'Angoulême ; sa première proclamation aux habitants. — Le 29 juin, le major Glin, à la tête d'un bataillon du 10ᵉ de ligne, est envoyé de Narbonne pour comprimer le mouvement royaliste de Béziers ; il demande à conférer avec le commandant de la place, qui ne juge pas prudent de se rendre. — Le maire va seul à cette conférence et en impose, par son attitude, au major Glin qui, à la vue des préparatifs de défense de la ville, porte son camp au-delà du pont de Narbonne. — 10 juillet 1815, il intervient entre le maire et le général Pelleport un armistice que rend inutile la nouvelle de l'entrée du roi Louis XVIII à Paris. — Adresse de félicitation au roi. — Députation du conseil municipal au duc d'Angoulême à Toulouse; le maire est admis à la table du prince. — 13 juillet 1815, une ordonnance du roi nomme M. de Sarret président du collége électoral de l'arrondissement de Béziers. — Emprunt de cent millions. — M. de Sarret, souscrit pour 6,600 fr. au remboursement desquels il renonce plus tard. — Licenciement de l'armée de la Loire. — Insultes aux soldats rentrés au foyer. — Arrêté du maire pour mettre fin à ces insultes. — Le colonel Renouvier est traqué à Béziers et menacé de mort par un groupe de gardes nationnaux de Pézénas ; M. de Sarret le prend sous sa protection et, par son énergie, l'empêche de tomber au pouvoir de ces forcenés. — 10 novembre 1815, passage du duc d'Angoulême à Béziers ; M. de Sarret le reçoit dans son hôtel et fait tous les frais de la réception. — Sur la proposition de M. de Sarret, le titre de citoyen de Béziers est conféré le 3 décembre 1815, au colonel de Barthez , qui avait commandé notre place pendant les mois de juillet et d'août de cette année. — Appelé par le ministre de la marine à reprendre son service de capitaine de vaisseau, M. de Sarret donne sa démission de maire le 25 décembre 1815. — Elu deux fois député de l'Hérault, M. de Sarret, assiste, en 1825, au sacre de Charles X, en qualité de président du conseil général de ce département. — Après avoir été nommé contre-amiral honoraire, il est, en 1827, élevé à la dignité de Pair de France, dignité que lui enlève la révolution de 1830. Rentré dans la vie privée, il meurt à l'âge de 86 ans, le 26 janvier 1845. — Page 98 à 117.

Administration du comte de Neffiés, 4ᵉ Maire. 1815-1829.

Installation de M. de Neffiés, en décembre 1815. — Vote de remerciements à son prédécesseur. — Adresse au roi pour protester contre l'attentat du 21 janvier 1793. — Réorganisation des commissaires de quartier. — Délibération du conseil municipal qui sollicite le rétablissement du siége épiscopal de Béziers. — Fête de la Saint-Louis. — Arrêté relatif à l'établissement de fosses d'aisance dans toutes les maisons. — Création de gardes de nuit. — Budget de l'année 1817. — Demande pour Béziers du titre de bonne ville et de la modification de ses armoiries. — Mise en ferme de l'octroi. — Rétablissement de la procession du

vœu fait à Saint-Charles, en 1630, pour la délivrance de la peste.
— Création d'un atelier de charité. — Tracé de l'avenue de Sau-
clières. — Budget de 1818. — Création de gardes champêtres. —
Prime offerte au meilleur projet d'alimentation des fontaines. —
Etablissement d'une grille en fer à la halle au blé. — Budget
de 1819. — Etude d'un plan d'alignement confiée à M. Sicard,
géomètre. — Caisse de retraite pour les employés de la mairie.
— Projet d'établissement d'une Eglise au faubourg du pont. —
Projet de changement du marché aux bestiaux. — Souscription au
monument Malesherbes. — Projet d'eau présenté par M. de
Fontenille. — Historique de l'aqueduc romain de Gabian. —
Adresse au roi à l'occasion de l'assassinat du duc de Berry. —
Adoption du projet d'eau Fontenille. — Ouverture d'une bibliothèque publique. — 1re école primaire gratuite fondée par le curé
Martin. — Budget de 1821. — Adresse au roi à l'occasion d'une
conspiration militaire avortée. — Naissance du duc de Bordeaux;
adresse au roi. — Vote de fonds pour la fête du baptême. —
Agrandissement de la maison d'arrêt. — Fête du baptême du duc
de Bordeaux. — Suppression des gardes champêtres. — Budget
de 1822. — Publication du chiffre de la population. — Forage
d'un puits sur la place de l'Hôtel-de-Lille. — Création de l'emploi d'un languayeur juré, refus du gouvernement. — Changement de la bouche d'égoût de la rue de la promenade — Budget
de 1823, — Maintien du rayon de l'octroi de 1812. — Rejet de
plusieurs prétentions du directeur des contributions indirectes. —
Passage de la duchesse d'Angoulême; détails de la réception. —
Campagne du duc d'Angoulême en Espagne; adresses à ce prince
et à Louis XVIII. — Budget de 1824. — Déclassement de Béziers,
comme ville de guerre. — Le conseil sollicite l'autorisation de
vendre les remparts. — Voyage du maire à Paris pour presser
l'approbation de ce vote. — Mort de Louis XVIII. — Adresse du
Conseil municipal à Charles X. — Service funèbre pour Louis XVIII.
Achat du buste de Charles X. — Modifications aux règlement et
tarif de l'octroi. Budget de 1825. — Vote d'une pension annuelle
au frère du curé Martin. — Fête du sacre de Charles X. — Projet
d'élévation des eaux de l'Orb, présenté par Cordier. — Vote ap-
probatif du projet. — Pétition du haut commerce pour la création
d'un dépotoir; rejet par le Conseil municipal. — Budget de 1826.
— Voyage à Paris de MM. de Nessiés et Cordier. — Approbation
par l'institut de la machine élévatoire de Cordier. — Acceptation
des conditions imposées pour l'abandon des remparts à la ville. —
Traité Cordier approuvé par le Conseil. — Budget de 1827. —
Champ de manœuvre refusé à l'Etat par la ville. — Reconstruction du mur du jardin de St-Jacques. — Comblement d'une
mare sur le chemin de Vendres où s'est noyé un gendarme. —
Inauguration des fontaines Cordier. — Substition du mode de la

ferme à celui de régie de l'octroi. — Budget de 1828. — Hommage à la bibliothèque de la ville par M. de Bonnefoux, capitaine de frégate, de son *Traité du vaisseau dans le port*. Vote du prolongement de la promenade du fer à cheval jusqu'au plateau des poètes. — Budget de 1829. Achat de paniers à incendie. — Abandon de l'ancien cimetière à l'Hospice St-Joseph. — Vote de la première subvention théâtrale. — Budget de 1830. — Création d'un dépotoir par un sieur Rouveirolis. — M. de Nefflés quitte la Mairie par suite de sa nomination au poste de secrétaire général de la préfecture de l'Aude. — M. Glouteau, premier adjoint, est appelé à l'intérim de la mairie. — Page 118 à 170.

Administration de M. Glouteau, 5ᵉ Maire.
Mai 1830. — Octobre 1830.

Projet de réfaction du cadastre; nomination des 30 plus forts contribuables, commissaires classificateurs. — Concours de la ville à la location d'un champ de manœuvre. — Budget de 1831. — Incendie des registres des contributions indirectes. — Traité définitif intervenu entre la ville et Cordier. — Chute du Gouvernement de la restauration et avènement du roi Louis-Philippe. — Page 171 à 175.

Administration de M. Vidal, 6ᵉ Maire.
1830 - 1837.

M. Vidal est nommé maire au mois d'octobre 1830. — Son premier acte est une adresse au roi Louis-Philippe. — Budget de 1830 en déficit. — Mesures adoptées pour l'équilibrer. — L'administration des droits réunis demande une indemnité à suite de l'incendie de ses registres. — Refus motivé du Conseil municipal. — Pareille demande du fermier de l'octroi. — Même refus. — L'abonnement des vendanges est inscrit pour la première fois au budget. Elargissement de la place de l'Airette au Capnau. — Acquisition et démolition d'une partie de la maison Bernard, rue Française. — Insuffisance de l'amélioration apportée à la viabilité sur ce point. — M. Murat est nommé receveur municipal en remplacement de M. Régnier. — Modifications apportées aux tarif et réglement de l'octroi. — Fête de l'anniversaire des journées de juillet 1830; absence du Chameau remarquée. — Seconde émeute

contre les employés des droits réunis; incendie des registres. Loi
municipale de 1831; son économie. — Dénombrement des électeurs municipaux. — Division de la ville en sections. — Résultat
des élections; noms des élus. — Budget de 1832. — M. Vidal
est confirmé dans ses fonctions; son allocution au nouveau Conseil. — Indemnité accordée au fermier de l'octroi. — Etablissement d'une forge et d'une infirmerie au quartier de cavalerie. —
Affaire des dragons. — Plusieurs morts, plusieurs blessés. —
Conduite énergique du procureur du roi Peytal. — Refus de concours du maire au colonel de la garde nationale. — Modifications
à l'impôt des boissons; le conseil repousse d'abord, puis adopte
la taxe unique. — Abonnement des vendanges. — Conséquences
de la mesure. — Premier attentat contre le roi Louis-Philippe. —
Adresse du conseil municipal. — Budget de 1833. — Le conseil
municipal, consulté sur l'opportunité de la création d'un tribunal
de commerce à Bédarieux, émet un avis défavorable. — Réclamation des habitants contre l'évaluation excessive des maisons par
le contrôleur des contributions directes. — Réduction de l'estimation première. — Mise en ferme de l'octroi. — Manœuvres employées pour obtenir une adjudication à vil prix. — La découverte
de ces manœuvres amène la révocation du préposé en chef et du
receveur central. — Budget de 1834. — Mise en vente de l'ancien
cimetière. — Rétablissement du nom de Napoléon sur l'ancienne
porte des Carmes. — Elévation de la subvention théâtrale au chiffre
de 1,200 fr. — Réparations à la voûte du clocher de St-Nazaire.
— Note sur la conservation de la grosse cloche. — Mise à l'étude
d'un nouveau plan d'alignement. — Instruction primaire; exécution de la loi de 1833. — Insurrection de Lyon; adresse du Conseil municipal à Louis-Philippe. — Testament de l'abbé Marion.
— Exécution par la commune du legs qu'il contient pour marier
de jeunes filles pauvres. — Rejet par le Conseil de deux projets
d'amélioration de la viabilité urbaine. — Création d'une caisse
d'épargne. — Renouvellement par moitié du Conseil municipal ;
noms des nouveaux élus. — Budget de 1835 — Changement
d'emplacement du champ de voirie. — Fondation de la Société
archéologique. — Le Conseil municipal lui alloue une subvention
de mille francs. — Attentat de Fieschi contre Louis-Philippe. —
Adresse du Conseil municipal au roi. — Demande d'établissement
d'un marché de spiritueux à Cette. — Avis défavorable du Conseil
municipal. — L'Ecole communale des Frères de la doctrine
chrétienne est transférée du quartier St-Aphrodise dans le local de
l'ancien couvent de Ste-Ursule. — 1re apparition du choléra dans
Béziers. — Demandes en indemnité formées par les fermiers de
l'octroi et des places , sous prétexte de la diminution des recettes,
causée par le fléau; le Conseil municipal refuse d'y faire droit. —
Un auxiliaire est donné à l'architecte de la ville sous le nom de

surveillant de voirie. — Budget de 1836. — Rapport au Conseil municipal de la commission chargée de choisir l'emplacement du monument à élever à P. Riquet. — Choix de la promenade du fer à cheval. — Regret exprimé par le statuaire David qu'on ne lui eût pas signalé le monticule des poètes. — Plan d'alignement confié à M. Lemasson. — Aperçu des améliorations à la viabilité urbaine; tracés sur ce plan. — Refus d'adoption par le Conseil.— Translation dans le local, dit de Flore, de l'école d'enseignement mutuel et de dessin. — Vœu émis pour la création d'une Salle d'Asile. — Nomination d'une commission chargée de décider s'il convient d'acquérir la vieille salle de spectacle ou de la prendre en location avec les deniers de la ville. — 2me attentat contre la vie du roi. — Adresse du Conseil. — Vote de fonds pour la fête de la pose de la première pierre du monument Riquet. — Refus de 4 conseillers de s'associer à ce vote. — Discours prononcés à l'occasion de cette fête. — Banquet, concert et bal à l'Hôtel-de-Ville. — 1re délibération du Conseil municipal demandant l'autorisation de faire aux particuliers des concessions de terrain dans le cimetière. — Accident arrivé sur le vieux pont de Béziers à la voiture du maréchal Soult. — Pétition du maître de poste pour l'élargissement de ce pont. — Délibération du Conseil à ce sujet. — Budget de 1837. — Vote relatif à la prorogation de la ferme de l'octroi. — Départ de la garnison de cavalerie. — Délibération du Conseil sollicitant une garnison nouvelle. — Refus du Conseil d'acquérir le passage ouvert par M. de Dulac au plan du Capus. — Lacune regrettable dans les registres du Conseil municipal. — Démission de M. Vidal. — Renouvellement par moitié du Conseil municipal. — Noms des nouveaux conseillers. — Refus de M. Heirissón, 1er conseiller, de remplir les fonctions de maire ; acceptation de M. Gast, 2e conseiller. — Page 175 à 249.

Administration de M. Gast, 7e Maire.
1er août 1837. — 4 août 1839.

M. Gast est appelé à l'administration de la cité par le rang qu'il occupe au tableau du Conseil municipal — Rejet de la prétention de l'intendance militaire au prix de sous location du champ de manœuvre, — Remaniement du tarif de l'octroi. — Projet avorté de démolition de la maison Bringuier-Audouy pour dégager la place du Coq-d'Inde. — Budget de 1838. — Projet de Construction d'une nouvelle salle de spectacle. — Coup d'œil rétrospectif sur l'ancien théâtre de Béziers. — Incident des représentations de Talma. — Procès entre le directeur Rouzié et les propriétaires de l'ancienne salle de spectacle. — Décisions contradictoires du tri-

Administration de M. Pradal, 8ᵉ Maire.
4 août 1839. — 19 novembre 1839.

La formation du budget de 1840 est le 1ᵉʳ acte de l'administration de M. Pradal. — Enumération des subventions nouvelles votées dans ce budget pour des créations utiles, telles que un cabinet de physique au Collége, une compagnie de pompiers, etc. — Tentative de suppression de l'allocation communale accordée à la Société archéologique depuis sa fondation. — Motifs du maintien par le Conseil. — Vote de fonds pour le passage de la duchesse d'Orléans. — Envoi d'une députation à Narbonne et réception de la princesse à Béziers. — Arrêté du Préfet, qui, se fondant sur l'incompatibilité qui existe entre les fonctions de Maire et celle d'Ingénieur des ponts et chaussées, revoque M. Pradal et nomme M. Glouteau, maire provisoire. — Refus de M. Glouteau. — Emotion du Conseil à la vue de ce coup d'état préfectoral. — La majorité refuse de s'y soumettre. — M. Pradal reste à son poste. Arrêté qui se basant sur le refus de M. Glouteau, nomme M. Bernard, maire provisoire. — Réflexions sur la conduite du Préfet mis en contradiction avec lui-même. — Conclusion. — Page 296 à 308.

FIN DU PREMIER VOLUME

BÉZIERS, IMP. RIVIÈRE, SUCC. DE BERTRAND, RUE DE LA CITADELLE, 5.

9 782019 318796